鍾靜談教與學(二)

數學素養導向評量設計實務

鍾靜 ————— 著

五南圖書出版公司 印行

推薦序

師生有感的數學素養評量設計

鍾靜老師推出第二本新書《數學素養導向評量設計實務》，我對這本書期待已久。因為從 106 學年開始，鍾老師帶領新北市輔導員成立非選題小組，每年帶領工作坊成員產出建構反應題，並指導團員進行試題研發、評閱規準制定、預試後修審題、撰寫解題分析及教學建議。過程中，讓團員對於數學素養評量設計有很多啟發與學習，許多精采的見解與案例都呈現在本書中。

書中強調形成性評量的重要性，它須能掌握每一位學生數學學習結果、能即時對學生的學習評量結果回饋，說明有效的形成性評量須有引發高階思維的挑戰性任務，且是持續性的過程與教學整合，而建構反應題即是符合形成性評量的有效工具，讓學生透過評量組織、思考並產生答案，讓教師了解學生如何運用思考、解決問題、組織統整和表達想法。

鍾老師認為數學課室要進行促進學習的評量，建構反應題可視為小型有挑戰的任務，進行建構反應題的「先評量、後討論」活動，學生可以從錯誤例討論中修補概念和澄清迷思，從正確例分享中看到多元解法，也可從優良例中學習較佳的解題思維，在學生間交互辯證的溝通過程中，強化了他們的數學概念，也提升了評析辯證的能力。

本書是現場教師最需要的數學素養評量設計指引，協助教師經由檢視學生的解題歷程，了解學生錯誤的原因，再透過提問與學生進行對話，澄清學生的迷思；若是學生對於概念的理解有困難，教師可以即時調整教學，幫助學生解決學習困難。鍾老師透過多年的現場實務經驗所撰寫的

書，兼具理論與實務，介紹「學習評量與形成性評量」、「數學素養導向評量的設計」、「各數學主題建構反應題簡介」、「建構反應題與學生解題表現」、「數學課堂的評量與教學整合」、「『先評量、後討論』活動的教學案例」等篇章，協助教師透過學生解題表現來確認、提升、延伸、綜合學生數學知能。

我相信《鍾靜談教與學(二)：數學素養導向評量設計實務》一書，能協助現場教師對素養導向評量設計有新觀點和啟發，透過師生有感的評量設計，提升數學教學能力！

新北市數學領域國教輔導團及智慧學習輔導小組召集人

新北市新店區新店國民小學校長

許德田 謹致

2023.9.5

推薦序

　　教育部推動十二年國民基本教育新課綱自 108 學年度上路，迄今已邁向第 5 年，新課綱主軸是素養，號稱是素養導向課程綱要。新課綱「核心素養」強調學習不宜以學科知識及技能為限，而應關注學習與生活的結合，透過實踐力行而彰顯學習者的全人發展，不以「學科知識」為學習的唯一範疇，強調「終身學習」的意涵，注重學習歷程、方法、策略及與情境結合，並在生活中能夠實踐力行的特質。其次，新課綱素養導向教學設計的四個原則——整合、情境、策略、實踐，需要多嘗試應用情境，素養評量則需要儘量應用所學，連結不同領域（科目）所習得的知識、技能與態度，來解決生活情境問題，最大的特點是各校校訂（彈性學習）課程的安排，審酌學生學習需求與學校發展特色，有效整合跨領域的學習重點以發展學生的核心素養，其中第一類校訂課程就是跨領域統整性的主題／專題／議題等探究課程。

　　接續第一本談教與學的書——《鍾靜談教與學(一)：數學素養導向教學設計實務》，鍾靜教授談教與學系列專書的第二本著作也即將出版了，這次專書的內容是談素養導向評量設計。鍾教授自 95 學年度即受聘擔任臺北市國小數學基本學力檢測的指導教授，也是每年度命題種子教師研習、命題、審題的指導教授，對臺北市實施國小數學基本學力檢測的推動居功甚偉。此外，鍾教授亦是臺北市國小數學領域輔導團超過 30 年的指導顧問及數學好友，在本團因應 108 課綱實施出版一系列的素養系列專書中，亦指導了兩本專書：108 年 7 月出版的《建構反應題融入數學領域素養教學活動設計》與 109 年 11 月出版的《數學繪本素養導向教學活動設計》，提供現場教師可以參考的素養教學活動設計，可見鍾教授為十二年國教新課綱推動與臺北市國小數學教育著實貢獻良多！

在鍾教授的這本談教與學系列第二本專書中，其從序曲：從數學素養內涵談評量出發，談論評量題與教學題間之相異；接著從學習評量的趨勢點出形成性評量的再被重視，以及數學素養導向評量的設計：包括建構反應題在檢測中的現身、建構反應題的評量剖析、建構反應題與數學素養導向評量及命題設計探討等；之後分三部分，包括第一部分談及各數學主題的建構反應題的舉例介紹，第二部分從建構反應題與學童解題表現談到學生學習狀況、提升學生學習、教學處理以及學生解題表現案例分享，第三部分談及數學課堂評量與教學的整合、評量和討論活動的教學案例；最後終曲：談到數學素養導向評量的啟動與落實。鍾教授擔任國小教師、校長多年，亦在教育大學培育師資多年，是國內兼具理論與實務的資深數學教育家。本專書內容自理論闡述出發，累積鍾教授在教學與評量多年的寶貴實務經驗，理論與實務兼具的實例介紹，實為第一線教師們的優良參考書籍，亦為深入新課綱素養導向評量內涵與實務最佳的增能教材。

感謝鍾教授長期對臺北市國小數學領域輔導小組的指導與支持，更感謝教授再次邀請為專書寫推薦序，除倍感尊榮與受寵若驚外，更欣喜有這個機會介紹與推薦這本新書，期待本書能在新課綱的素養導向評量發揮重要的關鍵影響力！

臺北市國教輔導團國小數學領域輔導小組召集人兼主任輔導員
臺北市大同區永樂國民小學校長

陳滄智 謹致
2023.9.20

推薦序

　　十二年國教強調的數學素養理念是從「數學是一種語言、一種實用的規律科學，也是一種人文素養」出發，將課程設計和這些特質緊密搭配，以提供每位學生有感的學習機會，並培養學生正確使用工具的素養。學生除了能運用數學解決日常生活周遭問題（帶得走的能力）之外，還能透過數學規劃未來的生活、職業和學習新知識，透過所習得的數學新知識增廣視野。

　　「整合、情境、策略、實踐」是素養導向教學設計的四個原則，因此素養教學設計需要嘗試多元的應用情境，素養評量要能連結不同領域（科目）所習得的知識、技能與態度，來解決生活情境問題。建構反應題正是要求學生運用知識、技能、反思能力，在貼近生活應用的情境中實際應用解題的一項努力，它能進一步幫助教師蒐集學生解題迷思，以調整教學內容適應學生個別差異，作為學習扶助的參考依據，因此建構反應題是數學素養教學評量很好的選擇。

　　過去 5 年來，基隆市國小數學輔導團在鍾靜教授的指導下，專注於數學素養導向建構反應題的研究及開發。希望從命題、預試、建立評閱規準、分析學生解題迷失、教學建議措施等歷程，提升輔導員對建構反應題的理解與應用能力，也期望輔導員們發揮專業運用評量所見學生迷思，研討發展出合適的教學建議，讓一般教師們能在課堂教學中，有效運用建構反應題提升學生學習的效能。

　　在此過程中，鍾靜教授不辭辛勞地全程參與輔導員各項命題會議，在命題內容、評閱規準修訂過程中，點點滴滴發揮她精深的數學專業能力與團員們一路前行，令人印象深刻的是在此期間鍾教授幾次身在國外仍不顧

兩地時差折騰，堅持以線上方式參與討論，對於教授的敬業精神實令我等輔導員們敬佩不已。在教授辛勤指導與輔導團員的努力下，基隆市國小數學輔導團目前已產出國小三到五年級的數學建構反應題題庫，供教學現場教師們參考使用。

　　很高興看到輔導團員的努力成果有機會在鍾靜教授的新作《鍾靜談教與學(二)：數學素養導向評量設計實務》中，作為建構反應題的分享案例介紹給讀者，相信透過教授的數學專業引導與團員們的命題分享例證，可以幫助讀者更精確地了解數學素養導向評量的內涵，我衷心期待這本書能夠協助讀者在素養教學上獲致更優質的教學成效。

基隆市國小數學輔導團召集人
基隆市安樂區武崙國民小學校長

楊坤祥 謹致

2023.9.18

自序

　　寫書不是筆者預期的人生目標，源起於一些外在因素的激勵，讓《鍾靜談教與學(一)：數學素養導向教學設計實務》於 111 年 11 月出版了！當初將這系列書加以編序，考量到談教學、談評量是對等的重要，希望跟讀者溝通有其完整性；而確實就有讀者問筆者第二本內容是什麼？何時會出版？看到讀者們的期盼，讓筆者不得不抽空構思和撰寫，這艱鉅的任務終於再次完成了！基於近一、二十年，數學教育界對形成性評量的重視，以及課室評量典範轉移的提醒，讓筆者認真反思該如何協助親師們面對評量？這就是本書出版的核心目標，協助親師能在符合學理基礎下，實施簡單、有效、可行的數學素養導向評量。

　　臺北市國小數學基本學力檢測，從民國 96 學年開始增加 6 題建構反應題的抽測，到 103 學年改為 2 題普測，到 110 學年因閱卷人力改為 1 題普測；新北市國小數學能力檢測從 102 學年開始增加 2 題非選題（建構反應題）的普測，106 學年除 2 題普測外再增加 6 題抽測，到 110 學年因輔導團不再負責命題任務而暫停。筆者從這些檢測題的結果，看到學童解題表現的不佳，他們有很多學習上的不足；而且它只是總結性評量的作為，也就是學習結果的評量，而現今評量觀點已由教學評量轉為學習評量，也更重視促進學習的評量。筆者從學理和實務上，認為可利用非例行性題型的建構反應題，作為小型稍高層次的數學任務，將評量融入教學來落實形成性評量，以產生促進學習的效果。親師將建構反應題當作高層次的數學任務，藉由「先評量、後討論」活動，可呈現「數學的思維」或「生活的應用」二種數學素養成分。所以，筆者一直大力推廣建構反應題，一則是它本身就是很棒的數學素養導向的評量題，二則是運用它進行評量後討論

活動可培養學童的數學素養能力。

　　本書從理論探討中引出建構反應題，再從不同角度剖析建構反應題，最後再談建構反應題是如何進行評量與教學的整合。書中從不同觀點介紹的建構反應題，都是臺北市、新北市、基隆市國小數學輔導團，以及工作坊研發或修審的題目，這些試題筆者都有參與或親自指導；所有曾參與的夥伴，謝謝你們的投入和付出，筆者能跟大家一起專業成長真棒！還有一些實務的案例、教學的活動，也是筆者指導研究生或帶領研究團隊的成果；夥伴們在學習或參與中留下的痕跡，使得筆者有豐富的實務分享，讓本書增色不少！本書兼顧評量理論和現場實務，又佐以很多實際的試題或案例來說明，它跟讀者是很親近、很容易交流的互動；希望本書能對教學現場的評量有所啟發和提升，對親師們的專業成長、學童們的有效學習，都有所助益！

國立臺北教育大學數學暨資訊教育學系退休教授

鍾靜 謹記

2023.10.20

目 錄

從數學素養內涵
談評量

　　評量和教學是一體的二面，它們相互有關，但各有不同的功能。在講求數學素養導向教學之際，素養導向的評量似乎不能被忽略；雖說評量的主要目的是了解學童學習、調整教學內容，不是在領導教學，但事實上評量在實務上是會領導教學的。本書是繼《鍾靜談教與學（一）：數學素養導向教學設計實務》後，為教師們撰寫的第二本**《數學素養導向評量設計實務》**專書。本書共有八章：從數學素養內涵談評量、學習評量與形成性評量、數學素養導向評量的設計、各數學主題建構反應題簡介、建構反應題與學童解題表現、數學課堂的評量與教學整合、「先評量、後討論」活動的教學案例、數學素養導向評量的啟動與落實，筆者藉此八章的探討，希望能協助親師們輕鬆的、有效的、正確的執行數學素養導向評量。序曲先來談談數學素養內涵的簡述、評量的數學素養探討，以及評量題與教學題的相異。

數學素養內涵的簡述

　　十二年國教課程倡導核心素養，雖數學素養在數學教育界已被關注許久，但教學現場才開始重視數學素養；數學領域針對「自主行動」、「溝通互動」與「社會參與」三個面向，以及其各三項子素養，都有其國小階段的具體內涵（教育部，2018）。國內、外數學素養的論述不少，李國偉、黃文璋、楊德清與劉柏宏（2013）在數學素養白皮書中，綜合國內外文獻定義數學素養的內涵，可歸納為發揮數學思維方式、理性反思與判斷、解題歷程中有效溝通、辨識面臨問題與數學的關聯。林福來、單維彰、李源順與鄭章華（2013）在十二年國教數學領域課程前導性研究中，提出「知」、「行」、「識」數學素養的培養架構。美國數學教師協會（National Council of Teacher of Mathematics, NCTM）提出數學教育改革的願景，認為一個具有數學素養的學生必須要達到以下五項目標：要能了解數學價值、要對自己的能力有信心、要成為數學的解題者、要能用數學

的方式溝通、要會用數學的方式去推理事情（NCTM, 1989）。Kilpatrick 等人（2001）認爲數學素養是由五股數學能力交織而成的數學學習表徵，此五股數學能力分別爲：概念理解（conceptual understanding）、程序流暢（procedural fluency）、策略運用（strategic competence）、適性推論（adaptive reasoning）、建設性傾向（productive disposition）。推動國際 PISA 測驗的經濟合作與發展組織（OECD, 2018）定義了 PISA2022 數學素養，將其與 PISA 2003、PISA 2012-2018 相比，PISA 2022 的評量架構除了維持既有數學素養的基本概念，更重視學生在快速變遷的世界趨勢中，身爲公民需要積極參與社會，使用新科技爲自己和所生活的社會做出富有創意的判斷能力；換言之，學生要有能力去辨識、理解、探索數學在這個世界上的意義，解決私人生活、學校生活、工作與休閒、社區與社會中各種不同情境的問題，能解釋自己做出來的數學判斷，能夠進行邏輯思考，進而探索數學。

　　筆者綜合這些國內、外有代表性的數學文獻分析，進一步探討核心素養及數學素養的重要成分，以明確協助教師掌握素養課程與教學的實踐；將直接與數學知能有關者以「**數學的思維**」稱之，間接與數學知能有關者以「**生活的應用**」稱之。「數學的思維」比數學思維更高位，它不只是要學會數學思維，還要通過數學學會思維，要想的更清晰、更全面、更深、更合理；還需要用數學的眼光來發現問題、表述問題、分析問題、解決問題，並能動手和動腦，提升思維的品質。「生活的應用」比生活應用更寬廣，它不只是數學的生活應用，而是包括對學習數學有信心、有興趣、能探索、能賞析，並且能用數學來溝通、感受數學的價值，解決各種情境中與數學有關聯的問題。從國內、外素養文獻和課綱核心素養中，彙整出二類重要成分「數學的思維」和「生活的應用」，如表 0-1：

表 0-1：數學素養的二類重要成分

	Kilpatrick 等人	NCTM	OECD	李國偉 等人	林福來 等人	核心素養
數學的思維	概念理解 程序流暢 適性推理	數學的解題者 用數學去推理	辨識數學理解 數學理解數學 數學判斷 邏輯思考	發揮數學思維方式 理性反思與判斷	知：學什麼是什麼 行：怎麼做 識：為什麼	A2 系統思考與解決問題 B1 符號運用與溝通表達 B2 科技資訊與媒體素養 C2 人際關係與團隊合作
生活的應用	策略應用 建設傾向	了解數學價值 對能力有信心 用數學去溝通	探索數學解決各種不同情境的問題	解題歷程中有效溝通 辨識面臨問題與數學的關聯	行：怎麼用 識：你認為	A1 身心素質與自我精進 A3 規劃執行與創新應變 B3 藝術涵養與美感素養 C1 道德實踐與公民意識 C3 多元文化與國際理解

　　若用這二類成分對應十二年國教課程數學領域課綱總召集人張鎮華（2017）所述數學素養，他指出數學素養應包含四個面向：(1) 數學學科知識的素養；(2) 應用到學習、生活與職業生涯的素養；(3) 正確使用工具的素養；(4) 有效與他人溝通的素養；並強調數學學科知識也是數學素養的一部分，是最基本的素養，沒有基礎的素養就談不上應用的素養。所以，學科素養、應用素養、工具素養、溝通素養這四種數學素養，其中的「學科素養、應用素養」可分別與「數學的思維、生活的應用」對應，至於工具素養、溝通素養都會在以學生為中心的教學，以及重視操作的實作中培養。

評量的數學素養探討

評量的類型很多，通常有檔案評量、實作評量、紙筆評量等。一般紙筆評量的題型不外是選擇、填充、計算和應用（文字）題等，如何能在文字或內容加以調整，展現數學素養評量呢？

生活情境非素養評量的唯一考量

很多人都以為只要有真實生活情境即可！殊不知這可不一定。如果一個應用題加上很多有生活情境的文字，但拿掉情境就跟原應用題一樣，例如：

> 學校舉辦愛心園遊會，園遊會設立了很多攤位，有的攤位是賣吃的，有的攤位是玩遊戲的。小花帶了 120 元去園遊會，她先逛了一圈，看到賣吃的攤位有烤香腸、烤玉米、中式割包、美式漢堡、三角飯糰、日式煎餃……，還有奶茶、水果茶、愛玉冰、仙草凍、紅豆湯、果汁吧……，真是琳瑯滿目；遊戲攤位有射飛標、轉幸運輪、疊疊樂、戳戳樂、滾圈圈、賓果遊戲……，令人目不暇給。她很難決定要吃什麼、玩什麼，最後被烤玉米吸引花了 40 元，又買了水果茶 50 元，她想去玩個遊戲得大獎，發現玩各項遊戲的錢都一樣，她數一數剩下的錢還差 5 元，只好放棄不玩。請問每項遊戲的費用是多少元？

此題看起來情境很豐富，也接近小朋友的生活經驗，雖可訓練學童閱讀找解題訊息，但從數學素養評量的觀點來看，只是一題有包裝的應用題，拿掉包裝情境的應用題如下，原題：

> 小花帶了 120 元去園遊會，她買烤玉米花了 40 元，又買了水果茶 50 元，最後想玩一項遊戲，她還差 5 元。每項遊戲的費用都一樣，請問是多少元？

不論是前述的情境題，還是原題，它都沒有觸及解題的深層思維，還有未將生活情境和數學概念做很好的連結；這二題都不能算是數學素養題，它屬於多步驟問題，只要能掌握先算什麼，再算什麼，並了解四則運算規則，就可以列出算式：$(120-40-50)+5=35$ 或 $120-(40+50)+5=35$，算出每項遊戲的費用是 35 元。再舉一填充題來討論，例如：

> 臺中市 2022 年 5 月的人口數是 2799312 人，取概數到萬位是（　　　　）萬人。

此題雖然用了生活中的真實數據，但取概數到萬位只是一種程序知識，沒有數學概念的思考、推理、分析、溝通、應用等，還是只能視為一般的填充填。

非以生活情境為主的素養評量探討

有時，非實際、模擬的生活情境，也會是好的數學素養題，例如：

> 今有甲、乙、丙三名候選人參與某村村長選舉，共發出 1800 張選票，得票數最高者為當選人，且廢票不計入任何一位候選人之得票數內。全村設有四個投開票所，目前第一、第二、第三投開票所已開完所有選票，剩下第四投開票所尚未開票，結果如下表所示：

投開票所	候選人			廢票	合計
	甲	乙	丙		
一	200	211	147	12	570
二	286	85	244	15	630
三	97	41	205	7	350
四					250

請回答下列問題：

(1) 請分別寫出目前甲、乙、丙三名候選人的得票數。

(2) 承 (1)，請分別判斷甲、乙兩名候選人是否還有機會當選村長，並詳細解釋或完整寫出你的解題過程。

此題出自 106 年國中會考非選第一題（參考國中教育會考網頁 https://cap.rcpet.edu.tw/examination.html），雖不是真實情境，但也是擬生活情境。

解法：三個投開票所的小計：甲 583 票、乙是 337 票、丙是 596 票，目前領先的是丙，還有 250 票尚未開出；國中學生或國小學童都可用「比較策略」判斷，目前甲比丙少 16 票、乙比丙少 259 票、甲比乙多 246 票。如果第四投開票所沒有廢票，甲全得 250 票或得 $16 + (250 - 16) \div 2 = 133$ 票以上，就會是最高票當選；乙遠遠落後甲 246 票、丙 259 票，就算全得 250 票也不會是最高票，一定不會當選；若有廢票，廢票數是變動的，甲只要得 $16 + (250 - 16 - 廢票數) \div 2$ 票以上，他還是會當選！此題會考的評閱規準是寫出合理的解題策略且答案正確就有 3 分；只有答案正確，但解釋不完整或解題過程不完整，就只有 2 分。曾有臺北市國中數學輔導員拿給鄰近國小很多班的六年級學童試做，答題狀況跟國中生相當接近；所以，這種能了解學童解題思維的題目，才是具有數學素養導向的命題。

再以國中會考 109 年非選第一題來說明素養題，這也是國小高年級學童可以做的題目，例如：

品洌飲料店提供三種品項，其對應兩種容量的價格如下圖所示：

品項	中杯（750 毫升）	大杯（1000 毫升）
古早味紅茶	30 元	45 元
百香綠茶	35 元	50 元
珍珠奶茶	50 元	65 元

品洳飲料店的老闆規劃回饋活動，凡自備容器購買飲料者，每種品項中杯皆折扣 2 元、大杯皆折扣 5 元。請根據上述資訊，回答下列問題：

(1) 老闆收到顧客反映，有些品項在自備容器後大杯的每毫升價格還是比中杯的貴，請問是圖中的哪些品項？

(2) 若老闆想要讓所有品項在自備容器後大杯的每毫升價格都比中杯的便宜，則他應將大杯的折扣都至少改成多少元？請詳細解釋或完整寫出你的解題過程，並求出答案。

此飲料問題很接近生活情境，國小學童可以運用很多解題策略。

解法 1：購買相同容量 3000 毫升進行比較，中杯需要 4 杯，紅茶付 $(30 - 2) \times 4 = 112$ 元、綠茶付 $(35 - 2) \times 4 = 132$ 元、奶茶付 $(50 - 2) \times 4 = 192$ 元；大杯需要 3 杯，紅茶付 $(45 - 5) \times 3 = 120$ 元、綠茶付 $(50 - 5) \times 3 = 135$ 元、奶茶付 $(65 - 5) \times 3 = 180$ 元。大杯的價錢應該比中杯便宜，答案 (1) 是紅茶和綠茶；目前價差最大的是紅茶 8 元，大杯每杯還要降 2.667 元，就是共要降 $3 + 5 = 8$ 元，答案 (2) 大杯的折扣都至少改成 8 元。**解法 2**：利用單價策略算每毫升多少元進行比較，中杯每毫升紅茶 $(30 - 2) \div 750 = 0.0373$ 元、綠茶 $(35 - 2) \div 750 = 0.044$ 元、奶茶 $(50 - 2) \div 750 = 0.064$ 元；大杯每毫升紅茶 $(45 - 5) \div 1000 = 0.04$ 元、綠茶 $(50 - 5) \div 1000 = 0.045$ 元、奶茶 $(65 - 5) \div 1000 = 0.06$ 元。從每毫升的價錢看，大杯的紅茶、綠茶都比小杯貴，答案 (1) 是紅茶和綠茶；大杯的紅茶每毫升單價比小杯多 0.0027 元、綠茶多 0.001 元，所以大杯紅茶每毫升還要再降價至少 0.0027 元，也就是每大杯要再少 $0.0027 \times 1000 = 2.7$ 元，原折扣 5 元要改為 $5 + 2.7 = 7.7$ 元 → 8 元，答案 (2) 大杯的折扣都至少改成 8 元。利用單價法策略除了用每毫升多少元外，也可以用每元有多少毫升來求解；大杯原折扣 5 元要改成折扣多少元，也可用 6、7、8 元來逐一檢視。

學童使用「相同容量策略」、「單價策略」進行比較，都是屬於國小「算術思維」的做法，這二種做法國中學生也可用來求解；另外，國中學生可以用「代數思維」來求解。解法 3：假設 x 代表中杯的價錢，三種茶飲的中和大杯關係的代數式是 $x - \dfrac{2}{750} < x + 15 - \dfrac{5}{1000}$，化簡得 $4x - 8 < 3x + 30$，$x < 38$。中杯的價格比 38 元少者，表示該品項折扣後中杯比大杯合算，也就是紅茶、綠茶的折扣不合理，答案 (1) 是紅茶和綠茶；再假設大杯應折扣 y 元才比中杯便宜，紅茶的代數式 $45 - \dfrac{y}{1000} < 30 - \dfrac{2}{750}$、綠茶的代數式 $50 - \dfrac{y}{1000} < 35 - \dfrac{2}{750}$，前者化簡得 $135 - 3y < 112$，$y > 7\dfrac{2}{3}$，後者化簡得 $150 - 3y < 132$，$y > 6$，所以二者同時考慮 $y > 8$，大杯至少要折扣 8 元，答案 (2) 大杯的折扣都至少改成 8 元。

筆者想藉此兩例的國中會考題，來說明優良的數學素養題，不是以真實情境為主要考量，更重視學生解題思維的表達，還有能解決生活中可能情境的問題。所以，這種類 PISA 題型，強調從生活情境中解決數學問題固然重要，但在國小端有其限制或不足之處；PISA 是針對 15 足歲的學生，他們已有豐富的生活經驗、基本的數學知能，但國小 6 至 12 歲學童尚在充實數學知能階段，不能忽略基本概念的評量。基本概念的評量不能只是傳統紙筆測驗，也應有數學素養評量；好的數學素養題是在命題的內涵，不是在命題的包裝。

非論述題型的素養評量探討

筆者認為一份數學試卷，20-30% 是素養評量題就好，還有 70-80% 可以是傳統的選擇題、填充題、計算題、應用題（國小的題型）等。這 20-30% 的素養導向評量題，可出現在選擇題、填充填、應用題，當然還有非選題等。筆者舉一些有生活情境或擬生活情境的選擇題來說明。

例 1 111 年國中會考選擇題第 11 題

11. 根據圖(三)中兩人的對話紀錄，求出哥哥買遊戲機的預算為多少元？
   (A) 3800　(B) 4800　(C) 5800　(D) 6800

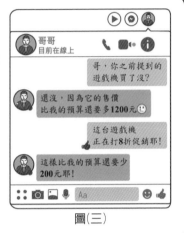

圖(三)

此題的「算數解法」是母子差問題，遊戲機打折後和預算的差價是 $1200 \times 0.8 + 200$，從差價占預算的 $1 - 0.8 = 0.2$，可算出預算是 $(1200 \times 0.8 + 200) \div 0.2 = 5800$（元）；「代數解法」是設預算為 x 元，售價打 8 折後的促銷價是 $(x + 1200) \times 0.8 = x - 200$，化簡得 $0.2x = 1160$，$x = 1160 \div 0.2 = 5800$（元）；答案是（C）。此題國小高年級學童在學過母子和／差問題後，若能了解原差量也會跟著打折，就可以嘗試解這較難的問題。

例 2 111 年國中會考選擇題第 14 題

14. 某國主計處調查 2017 年該國所有受僱員工的年薪資料，並公布調查結果如圖(五)的直方圖所示。
   已知總調查人數為 750 萬人，根據圖中資訊計算，該國受僱員工年薪低於平均數的人數占總調查人數的百分率為下列何者？
   (A)6%　(B)50%　(C)68%　(D)73%

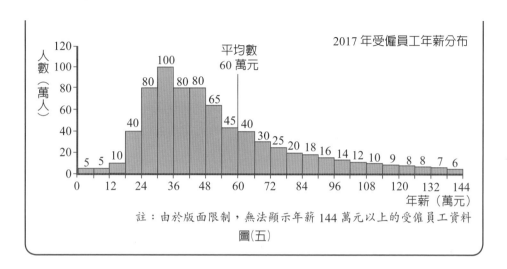

註：由於版面限制，無法顯示年薪 144 萬元以上的受僱員工資料

圖(五)

此題可先算低於 60 萬元年薪的人數是 $5+5+10+40+80+100+80+80+65+45=510$（萬人），所以占總調查人數的 $\frac{510}{750}=68\%$；答案是 (C)。此題的資料是連續資料，它的各組資料依序報讀是：0-6、6-12、12-18……54-60、60-66……126-132、132-138、138-144，組距是 6 萬元，它是直方圖不是長條圖；國小只教長條圖的報讀和繪製，未教直方圖，初看此題不小心會誤以為是長條圖（除非資料呈現是 0-6、6-12、12-18……126-132、132-138、138-144），原題並不適合國小學童求解。

例3 111 年國中會考選擇題第 18 題

18.某鞋店正舉辦開學特惠活動，圖(九)為活動說明。

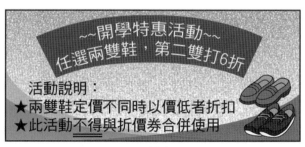

圖(九)

小徹打算在該店同時購買一雙球鞋及一雙皮鞋，且他有一張所有購買的商品定價皆打 8 折的折價券。若小徹計算後發現使用折價券與參加特惠活動兩者的花費相差 50 元，則下列敘述何者正確？
(A) 使用折價券的花費較少，且兩雙鞋的定價相差 100 元
(B) 使用折價券的花費較少，且兩雙鞋的定價相差 250 元
(C) 參加特惠活動的花費較少，且兩雙鞋的定價相差 100 元
(D) 參加特惠活動的花費較少，且兩雙鞋的定價相差 250 元

此題是「定價打 8 折」和「第二雙（低價）打 6 折」的比較，若二雙都以「相同價格策略」來思考，第二雙打 6 折就是 $(1 + 0.6) \div 2 = 0.8$，跟二雙都打 8 折一樣；因為二雙鞋定價有差價，優惠活動只有低價鞋打 6 折，高價鞋＝低價鞋＋定價差，定價差沒有折扣，它一定比二雙（含高價）都打 8 折貴。因為使用折價券比參加特惠活動少花費 50 元，原二雙鞋總價＝低價鞋＋低價鞋＋定價差，二個低價鞋部分打折和優惠都一樣，所以設定價差為 x，$x \times 0.2 = 50$，例用乘除互逆求解，可得定價差 $x = 250$ 元；答案是 (B)。若國小學童不能將高價鞋想成：高價鞋＝低價鞋＋定價差，從二個低價優惠和折扣的結果一樣來簡化問題，再從母子差觀點求解，此題就會是難題，可能不適合國小評量。國中學生學過二元一次方程式，可利用「代數解法」來求解，設 x 是高價鞋定價、y 是低價鞋定價，其中 $x > y$；特惠活動支付 $x + 0.6y$、使用折價券支付 $0.8x + 0.8y$，二者相差 50 元，有兩種可能情形，折價券花費較少：$x + 0.6y - (0.8x + 0.8y) = 50$、優惠活動花費較少：$0.8x + 0.8y - (x + 0.6y) = 50$，前者化簡為 $0.2x - 0.2y = 50$、後者為 $-0.2x + 0.2y = 50$，可知前者 $x - y = 250$、後者 $y - x = 250$（不合 $x > y$）；所以答案是 (B) 使用折價券的花費較少，且兩雙鞋的定價相差 250 元。

• •

本小節這三題 111 年國中會考選擇題都是有情境的試題，第 11、18 題可以說是生活情境，第 14 題是真實情境。第 11 題相較第 18 題簡單，

從國中代數解法來看，前者是一元一次方程式、後者是二元一次方程式，它們都需要藉推理了解數量間變化的關係，至於第 14 題只要能報讀直方圖，正確計算就能正確解答；這三題都可以填充題、應用題型式出現。筆者個人觀點，認為就數學素養的二類重要成分來看，這三題都有「生活的應用」，但第 11、18 題有較多「數學的思維」。

有生活情境的題組評量題探討

筆者再從《素養導向試題研發人才培訓計畫（第二期）：數學科試題研發成果》（國家教育研究院，2021），介紹三題有真實或生活情境的題組評量題。

例 1 元宵猜燈謎（該書 p.5）

幸福國小在元宵節舉辦猜燈謎活動，猜對者可參加抽獎，獎品有神奇寶貝、角落生物及小小兵，其中神奇寶貝有 5 個、角落生物有 10 個、小小兵有 35 個。

問題 1【簡答題】
請問小小兵占全部獎品的比率是多少？

問題 2【選擇題】
小書是第一個猜對燈謎獲得抽獎的學生，請問小書抽到神奇寶貝的可能性為何？
①完全不可能　②不太可能　③大約 50% 的可能　④非常有可能

問題 3【建構反應題】
由於學生參與活動相當熱烈，學校決定額外加碼 20 個燈謎及獎品。為了維持獎品的獨特性，每一種獎品的比率維持不變。請問額外加碼的獎品中有幾個是角落生物？請說明你的理由。

此元宵猜燈謎的**問題 1** 對應的學習內容是〈N-5-10 解題：比率與應用。整數相除的應用。含「百分率」、「折」、「成」〉。問題 1 是簡答題，計算 $35 \div (5 + 10 + 35) = \frac{35}{50} = \frac{7}{10}$，就可得到答案 $\frac{7}{10}$，學童回答 70%、

0.7、$\frac{35}{50}$、$\frac{70}{100}$ 都給分。**問題 2** 對應的學習內容是〈D-6-2 解題：可能性。從統計圖表資料，回答可能性問題。機率前置經驗。「很有可能」、「很不可能」、「A 比 B 可能」〉。此指標是十二年國教課綱數學領域新增的內容，它不是國中的古典機率求算機率值，而是機率的前置經驗，學童憑一些數據提出直觀判斷；問題 2 是選擇題，獎品總共有 50 個，學童以 50% 來思考，大約一半要 25 個，現在神奇寶貝只有 5 個，答案應該是②不太可能。**問題 3** 對應的學習內容是〈N-5-10 解題：比率與應用〉。問題 3 是建構反應題（本書第三幕會詳細介紹和說明），從題目情境中可知獎品共有 $5 + 10 + 35 = 50$（個），現在獎品加碼 20 個，因為獎品的比率不變，角落生物可增加 $20 \times (10 \div 50) = 4$（個）；學童除了寫算式求解或加說明外，不易再寫什麼理由。筆者淺見，若將情境和問題 3 連在一起命題，並刪除「請說明你的理由」，它就是一題須選取資訊進行解題的應用題。

例 2 用水量（該書 p.78）

根據統計，國人平均每人每天用水量為 274 公升，其中馬桶沖廁占 27%、洗衣占 21%、洗澡占 20%、烹飪及飲用占 15%，清潔及其他用途占 17%。

問題 1【簡答題】
國人平均每人每天馬桶沖廁的用水量為多少公升？

問題 2【建構反應題】
下表為韋傑使用盆浴及淋浴用水的參考表：

方式	用水
盆浴	浴缸容量 250 公升，注水一半
淋浴	每次 7 分鐘，每分鐘用水量 10 公升

請問如果韋傑使用淋浴會比盆浴節省多少百分比的水量？請說明你的理由。

問題 3【建構反應題】

韋傑家三個人，他們家一、二月（共 60 天）的用水度數為 45 度。請問「韋傑家平均每人每天的用水量」比「國人平均每人每天用水量」高或低？請說明你的理由。（註：1 度 = 1000 公升）

此用水量的**問題 1** 對應的學習內容是〈N-5-10 解題：比率與應用〉。問題 1 是簡答題，計算 $274 \times 27\% = 73.98$，答案就是 73.98 公升，學童回答 74 公升，或 73-74 公升間的答案都算對。**問題 2** 對應的主要學習內容是〈N-6-8 解題：基準量與比較量。比和比值的應用。含交換基準時之關係〉。問題 2 是建構反應題，學童要先算出盆浴用水 $250 \div 2 = 125$（公升）、淋浴用水 $10 \times 7 = 70$（公升），再計算 $(125 - 70) \div 125 = \frac{55}{125} = 44\%$；學童能寫的理由大都只是計算過程，需要論述的部分不明顯，且此題沒有多元解法，尚不能稱為擴展（申論）式建構反應題。**問題 3** 對應的學習內容是〈N-5-2 解題：多步驟應用問題。除「平均」之外，原則上為三步驟解題應用〉。問題 3 也是建構反應題，先算 45 度 = 45000 公升，$45000 \div 60 \div 3 = 250$（公升），$250 < 274$，答案是平均用水量低；同問題 2，此題尚不能稱為擴展式建構反應題。

例 3 傳統美食（該書 p.127）

下表是 2020 年太魯閣傳統美食的價目表：

代號	A	B	C	D	E
傳統美食	月桃芋頭糕	傳統香蕉飯	三色竹筒飯	快炒鮮山蘇	石板山豬肉
價錢	40 元	55 元	55 元	50 元	60 元

問題 1【簡答題】

瓦力斯有 150 元，他想要買三種不同的美食。請問瓦力斯有「哪幾種」

選購方式？

請用代號寫出所有的可能。

問題 2【簡答題】

達多有一張買三送一的優惠券，它的使用方式是：「任選其中四種傳統美食，其中價位最低的一項免費。」達多使用優惠券買了月桃芋頭糕 2 份、傳統香蕉飯及石板山豬肉各 1 份。請問他要付多少錢？

此傳統美食**問題 1** 對應的學習內容是〈N-3-7 解題：兩步驟應用問題（加減與除、連乘）。連乘、加與除、減與除之應用解題。不含併式〉。問題 1 要用 150 元買 3 種美食，A＋B＋C＝40＋55＋55＝150、A＋B＋D＝40＋55＋50＝145、A＋C＋D＝40＋55＋50＝145、A＋D＋E＝40＋50＋60＝150，答案是 ABC、ABD、ACD 或 ADE；問題 1 是簡答題涉及 5 選 3 的組合有 5×4＝20（種），對於三年級學童而言要找所有可能解，而且還要一一判斷確實有些困難，可能可給更高年級學童作答。若此題要對三年級學童施測，筆者建議可以改為建構反應題「瓦力斯有 150 元，他想要買三種不同的美食。請問瓦力斯想把錢剛好用完，他有哪二種選購方式？請寫出你是怎麼想的或判斷的。」這樣學童以 150 元為目標，較有解題策略，例如：花了 40 元，另外二個要合起來是 110 元，或者花了 55 元，另外二個要合起來是 95 元，很容易判斷出二組答案是 ABC 和 ADE，當然此題的數字設計的不錯；學童比較容易找出二組解外，也較容易寫出他的解題想法或作法。**問題 2** 對應的學習內容是〈N-3-7 解題：兩步驟應用問題（加減與除、連乘）。連乘、加與除、減與除之應用解題。不含併式〉。問題 2 是簡答題，只要將 2 份芋頭糕、1 份香蕉飯、1 份山豬肉的錢加起來，再扣除 1 份最低價的芋頭糕，$40 \times 2 + 55 + 60 - 40 = 155$（元），或 $40 \times (2-1) + 55 + 60 = 155$（元），答案就是 155 元。

　　國家教育研究院出版的素養導向試題研發成果共有二期，第一期有：運動與休閒、衛生與保健、商業活動、藝術與空間、人力規劃、自然與環保、遊戲與教具、餐飲與購物等八類主題，分別呈現 3-10 個題組題；第二期有：運動與休閒、社會與公共、個人與生活、衛生與保健、職業與科學、購物與商業活動等六類主題，分別呈現 4-13 個題組題。這些研究院研發的試題大部分適合高年級、小部分適合中年級評量，教師們可多加參考！

無生活情境的素養評量題探討

　　臺北市國小數學基本學力檢測從 95 學年度開始，當初只有一般測驗概念、程序、解題等數學能力的選擇題；為強化學童數學的推理、溝通、連結等能力，從 96 學年開始與國際「美國國家教育進展評測」（NAEP）和「國際數學與科學成就趨勢調查」（TIMSS）接軌，兩者都在選擇題外，大幅增加建構反應題（Constructed Response Items, CRI），來評量學童對數學解題的思維和應用能力。雖然 108 學年十二年國教素養導向的課綱開始實施，但是基本學力檢測還是維持了在選擇題外，還有建構反應題。因為國小 6 至 12 歲學童尚在充實數學知能階段，基本概念的評量不能忽略、更顯重要。筆者特別選數、量、形各 1 題沒有生活情境的數學素養題（參考臺北市國民小學基本學力檢測網頁 http://tebca.tp.edu.tw/downloads.html），來跟大家分享和說明。

例1 臺北市 104 學年五上普測

有一個數學問題：「爸爸買了兩顆西瓜，分別重 8 公斤和 10 公斤，他一共付了 432 元，西瓜 1 公斤賣多少元？」
全班討論的做法如右：8＋10＝18（公斤）
　　　　　　　　　　432÷18＝24（元）
小傑將這題的做法用一個算式記成：432÷8＋10＝24
你覺得小傑的記法正確嗎？為什麼？把你的想法寫下來。

此題的評量目標是「能用併式記錄兩步驟問題」，屬於概念理解的評量題，可了解學童對併式意義或概念的掌握。普測結果有 41.23% 是 2 分類型、18.16% 是 1 分類型、40.61% 是 0 分類型。再從細部來看學童解題的一些想法：7.69% 是 2A 類型，可指出並說明該算式要「先乘除後加減」，不符合數學問題算式的小傑不正確理由；4.28% 是 2B 類型，只出現該算式是「先乘除後加減」的小傑不正確理由；24.54% 是 2C 類型，雖未指出算式要「先乘除後加減」，但有提到 8＋10 要加括號的小傑不正確理由；4.72% 是 2D 類型，只用 432÷8＋10＝64 答案不符合數學問題的小傑不正確理由。筆者認為「2C 類型」中隱藏著學童另一種解題思維，從數學問題的做法判斷 8＋10 應先做，所以併式中 8＋10 要加括號的小傑不正確理由，還有「2D 類型」的學童並未從併式的觀點回答，只是正確但不算優良例。這些解法中還有人數較多的，有 12.92% 是 1B 類型，指出小傑的記法不正確，但理由說明不完整、錯誤或未說明，因理由不完整只說小傑是錯的有可能是碰對的；17.92% 是 0A 類型，空白；13.19% 是 0C 類型，指出小傑的記法正確，且理由說明錯誤或未說明理由。

例2 臺北市 103 學年五上普測

把一個正方形農地分割成甲、乙、丙、丁四個長方形。甲的面積是 6 平方公尺，乙的面積是 21 平方公尺，並量出乙的一邊長是 7 公尺，如圖。求丙、丁的面積分別是多少平方公尺？把你的想法或做法寫在答案卡上。

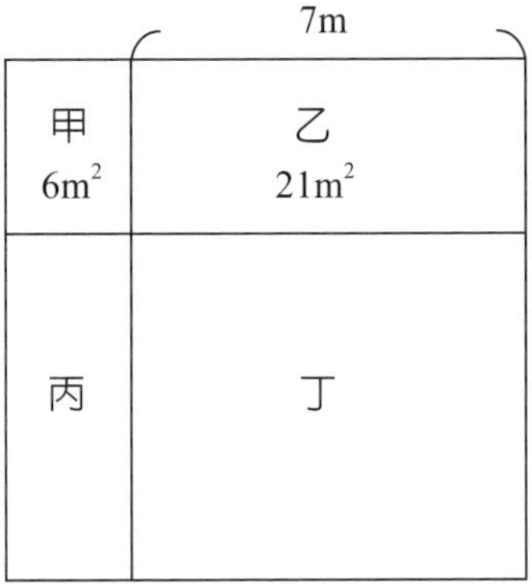

	7m
甲 $6m^2$	乙 $21m^2$
丙	丁

此題的評量目標是「能理解長方形和正方形的面積公式」，屬於推理且應用解題的評量題，學童需要藉正方形四邊等長、長方形對邊等長來進行推理，當然還要會面積公式。普測結果有 16.44% 是 2 分類型、12.89% 是 1 分類型、70.68% 是 0 分類型。再從細部來看學童解題的一些做法：11.82% 是 2A 類型，利用甲和乙面積及正方形農地的關係，先正確算出丙、丁的長和寬，再分別求出面積；2.20% 是 2B 類型，直接在題目的圖示上，正確標出甲、乙、丙、丁四塊的邊長，並正確算出丙、丁的面積；2.42% 是 2C 類型，只有正確算出丙、丁的邊長和面積。筆者認為 2B 類型的學童是直觀的從圖示和資訊，推算出甲、乙、丙、丁四塊的邊長後標示，再算出答案，2B 類型的學童沒有完整的呈現丙、丁邊長的計算方法，不能算優良解。這些解法中還有人數較多的，有 9.95% 是 1C 類型，直接使用丙的面積是甲的兩倍、丁的面積是乙的兩倍，正確算出丙、丁的面積，雖然答案正確，但缺少推理或論證過程；26.15% 是 0A 類型，空白；10.07% 是 0D 類型，將丁看成正方形來求算面積，或把面積算成周長；30.95% 是 0X 類型，不是空白而是屬其他，就是不知學童在寫什麼？

例 3 臺北市 102 學年五上抽測

有一個長方形（如下圖），請將長方形分割成 3 個三角形，其中至少有一個是等腰三角形。把做法畫在下圖中，並標示出哪一個是等腰三角形。

此題的評量目標是「能知道基本三角形的簡單性質」，屬於應用解題的評量題，可了解學童對三角形有三個邊，且等腰三角形有二邊等長的掌握程度及應用情形。抽測 647 人的結果有 64.30% 是 2 分類型、35.70% 是 0 分類型。再從細部來看學童解題的一些做法：35.55% 是 2A 類型，正確做出 3 個三角形，其中等腰三角形在中間，以長方形某邊為等腰三角形的底邊；11.90% 是 2B 類型，正確做出 3 個三角形，其中一個三角形是長方形的對角線所形成、等腰三角形的二等長邊在長方形相鄰的二邊；11.44% 是 2C 類型，正確做出 3 個三角形，其中一個三角形是長方形的對角線所形成、等腰三角形的底在長方形的某邊；5.41% 是 2D 類型，正確做出 3 個三角形，其中一個三角形是長方形的對角線所形成、等腰三角形的一腰是長方形的某邊。筆者認為 2A、2B、2C、2D 這四種類型的想法都很不錯，學童會利用長方形的一邊作為等腰三角形的底，或長方形的二鄰邊作為等腰三角形的二腰。這些解法中還有人數較多的，有 20.71% 是 0X 類型，不是空白而是屬其他，就是不知學童在寫什麼？

從國中會考、國家教育研究院、臺北市基本學力檢測的試題探討，教師們可能已感覺到**建構反應題**（含非選題）的重要。數學素養導向的試題可從數學的思維、生活的應用二大成分來設計外，建構反應題不同於一般的應用題，特別能了解學童的解題想法，以及對所學概念的掌握情形。筆者認為這種評量題型在教學現場最容易入手，而且利用錯誤、正確、優良例的討論，都能產生教學上的功能。

評量題與教學題的相異

　　教學和評量是相關的，因為教了什麼，就要評量什麼。但是它只是原則，不全然一致；有時需要看學些什麼、學習目的為何？才能決定評量的方式和內容。筆者提出一些例子，提供參考：

一、學童剛學習乘法算式，允許評量可不熟背，在解題中逐步熟練

　　教師往往教了乘法第一個單元是 2、5 和 4、8 的九九乘法，學童已從兒童解法，例如：從 5＋5＋5＋5＝20 中，察覺「5 有 4 個」或「有 4 個 5」，進而再次轉換語意為「5 的 4 倍」，才引入乘法算式 5×4＝20 的專家解法。數學學習不是教師教完，學童就能熟背，評量時進入自動化反應階段。第二個乘法單元，通常是 3、6 和 7、9 的九九乘法，教師可以嘗試讓學童記錄問題，他們此時已有乘法算式的經驗，可根據新情境寫出有括號的算式，例如：6×5＝（　　），但學童尚不知答案，教師可鼓勵學童用已會的加法或乘法算式：6＋6＋6＋6＋6＝30、6＋6＝12 & 12＋12＝24 & 24＋6＝30、6×4＝24 & 24＋6＝30、6×6＝36 & 36－6＝30 找出答案；這時，學童對乘法概念更能掌握，也適合進階教學 6 的 5 倍是 30，再多 1 個 6，就是 6 的 6 倍是 36。教學若是重視概念的學習，希望兼顧理解和熟練時，學童可從解題中熟稔，並逐步深化概念。

二、學童解起始量或改變量未知問題，評量不宜規範直譯或轉譯求解

　　基本加、減、乘、除算式的學習，都是從結果量未知的基本型問題開始；本段只以加、減法的進階型問題來說明，例如：加數未知 9＋（　　）＝15、被減數未知 （　　）－9＝6。若教師要幫助學童能有效解題，最好是用直譯（按題意記錄問題）來搭建鷹架進行教學，而非轉譯（融入解題想法的記錄問題）直接解題來進行教學，例 1：直譯是

9 + （　）= 15，記成轉譯是 15 − 9 = （　）；例 2：直譯是（　）− 9 = 6，記成轉譯是 6 + 9 = （　）。對學童而言，例 1 是加法語意，卻要用減法解題；例 2 是減法語意，卻要用加法解題；碰到 15 − （　）= 6 的減法語意問題，還是要用減法 15 − 6 = 9 來解題，此題並沒有加減互逆的關係。

　　教師引導學童解起始量或改變量未知的問題，若引入「先記錄問題，再算算看」，就是要透過依題意記錄的有括號算式，來察覺二量關係進行解題，這就是鷹架教學的做法。因為程度較優的學童經過一些學習，已能察覺有些題目中的加減或乘除互逆關係，所以這些學童的記錄問題，可能會按解法寫出有括號的算式，例如：追加型問題的轉譯是 23 − 16 = （　），但大多數學童還是會將問題直譯寫成 16 + （　）= 23，再從二量關係中進行解題，這樣只要會按題意記錄問題，任何問題都可從二量關係來求解。因此「記錄問題」從嚴的說法是依題意記錄，從寬的說法是融入解題想法也可以；學童能掌握問題且正確解題最重要。所以評量時教師對「先記錄問題，再解題」不宜限制做法，一定要依題意記錄問題；但教學時須確定學童都會依題意記錄問題，以利未來代數列式和解題的學習。

三、學童剛學習併式記錄解題，評量不宜規範一個算式或省略括號

　　通常教材安排在一年級加減法、二年級乘法、三年級除法教學後，會引入相關的不併式二步驟問題，然後才引導學童用一個算式記錄解題，例如：小美帶了 100 元去買 2 個價錢一樣的飯糰，還剩下 10 元，請問 1 個飯糰多少元？學童可能的解法是：100 − 10 = 90、90 ÷ 2 = 45（元），教師可問學童 90 ÷ 2 = 45 的算式，哪一個數是題目中沒有的，它是怎麼算出來的？先算的加括號（100 − 10），替換 90 就是（100 − 10）÷ 2 = 45。下一階段，學童要直接併式列算式外，教師還須讓學童認識括號先算、先乘除後加減、由左到右的三種運算規則，並配合題意指導學童檢查這一個算式中是否有可省略的括號？例如：針對（100 − 10）÷ 2 = 45 的括號要先算，就

不可省略；若對 $100-(90÷2)=55$ 的括號，符合先乘除後加減，就可省略括號爲 $100-90÷2=55$。當學童進到多步驟問題階段的應用（文字）題時，他們是要能先掌握解法，才可能寫出「一個算式」來解題，再用逐次減項及四則運算的運算規則來求答，例如：$100-1430÷(9+13)=100-1430÷22=100-65=35$（元）。

當學童在這三個不同階段：用併式（一個算式）記錄二步驟解題、列出符合運算規則的併式並求解、三步驟以上應用題的解題，剛學習高階解法時，評量可不必嚴格要求，鼓勵解題比要求教學（同課本）一樣的解法重要。從國小現場的實務考量，教師已教學「一個算式」提升學童用高階解法，筆者的建議是段考時酌量一、二題要求即可，而且剛學時有多的括號也無妨，這樣可鼓勵學童們勇於解題，也可區分出成就稍高者。因爲讓學童評量成績有成就感，絕對比讓學童害怕和排斥數學更重要。

從這幾個案例中，說明當教學目標是**逐步發展、搭建鷹架、高階解法**……時，評量暫不強求或規範一些特定的解法；通常，國際性或國內大型評量很少規範解法，只分析學童能否成功解題等；「解題」是數學教育重視的核心能力之一，所以從評量觀點來看，成功解題比規範或指定解法重要，評量題比教學題的彈性要大。

再者，教師們常常問筆者，教科書提供的練習題或習題可當做評量題嗎？筆者認爲，若學童未經過家長、安親班的指導，這些題目是有評量課本例行性題是否會做或熟練的功能。但是，當我們希望學童有數學素養導向評量時，因它們往往跟課本教學題很類似，學童很容易模仿解題，而不一定理解或活用；親師不容易看到學童所學知能的思考、推論、評析……，或者可解決生活情境中的數學問題。通常，教師們易於忽略**教學題和評量題**的差異，課本或自編的教學題，其目的是協助學童發展新概念或學習新解法；評量題在於了解學童學習的結果，還有在情境中應用或解

題的狀況。若以教師行間巡視的角色來探討，做教學題時不論是個別或小組解題，大都可說明題目的資訊，以及提醒已有概念和解題的關聯，幫助學童聚焦，並成功解題；而評量題時，學童應該都是個別做，教師不宜提供任何說明和提示，只有可帶一年級學童念念題目外，以了解學童的解題狀況爲主。所以，教學題和評量題的功能是不一樣的，雖然有人會說教學就是評量、評量就是教學，這只是表述評量、教學是一體的二面，但它們一定有所差異。所以，建構反應題（或稱非選題）是國小現場實務上，不同於例行性的評量題，非常可行的一種素養評量題，本書將於後面的章節，利用實例逐一介紹其理論和實務，並進行分析。

第 **1** 幕

學習評量與
形成性評量

　　教學現場已從「教學評量」改稱「學習評量」，這表示以學生學習為核心的評量被重視，身為教師應對學習評量有所認識，並有深入的了解。學習評量和NCTM（1995）所指的評量目的：促進成長（監控學生進展）、認知成就（評價學生成就）、改善教學（做教學決定）、修訂課程（評鑑課程），從學生、教師二軸來掌握教學的相關歷程；評量是為了了解與促進學生學習，須考量學生的學習狀況來實施。本章將進而探討學習評量的趨勢與重點，以及形成性評量的再被重視。

學習評量的趨勢與重點

　　課程、教學、評量三者之間的關係是一個均衡的正三角形（Tayler, 1949），表示這三者一樣重要，不可有所偏廢，但是課室中的學習評量長期被忽視，多數以小考、練習題來處置，或多是採用總結性評量。教師在教學歷程中，會在教學前進行安置性評量、教學中進行形成性評量、教學後進行總結性評量。依據教育部（2019）公告的法規《國民小學及國民中學學生成績評量準則》針對十二年國教素養導向課程，成績評量應以第三條規定，視學生身心發展及個別差異，採取下列適當之方式辦理，包含：一、紙筆測驗及表單；二、實作評量（書面報告、口頭報告、口語溝通、實際操作、作品製作、展演、行為觀查等）；三、檔案評量，這些多元評量方式，以協助學生德智體群美五育均衡發展為目標；學生據以了解自我表現，並調整學習方法與態度，教師據以調整教學與評量方式，並輔導學生適性學習。紙筆測驗為書面形式的測驗工具，主要評定學生學科知識的學習或認知能力的發展；實作評量則在評定學生學科的情意、動作技能方面的學習成效。

學習評量的內涵

　　素養導向的課程與教學，一方面重視學生的學習歷程；另一方面，也重視學生的學習成果，從學生的「學習表現」來評量其學習的狀況或成果；學習評量常在教學過程中實施，也會在教學告一段落時發生，教學和評量形成一種連續而累進的歷程（吳璧純，2017）。傳統上對於課程、教學與學習三者關係的學習三角形（learning triangle）呈現出一種線性觀點，由於該種觀點受到「侷限路徑流動模式」的影響，致使評量功能的展現僅止於在核對學習、評分與排序等作為；然而晚近形成性取向的學習三角形強調的是，教學的結果藉由評量而顯現，並且能將評量的結果回饋至課程，不僅三者兩兩之間皆有交互作用，其中並以兒童的學習理論為核心，影響與詮釋課程、教學與評量兩兩之間的關係（Wilson, 2009），如圖 1-1。

圖 1-1：傳統與形成性取向學習三角形

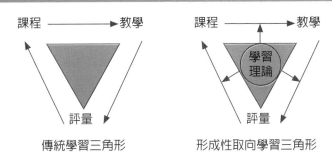

傳統學習三角形　　　　　　形成性取向學習三角形

資料來源：Wilson. M. (2009). Assessment for Learning and for Accountability. *Exploratory Seminar: Measurement challenges within the race-to-the-top agenda* (p.5-6). Copyright 2010 by Educational Testing Service.

　　學習評量有三種取向：按評量的功能可以區分為學習結果的評量（assessment of learning）、促進學習的評量（assessment for learning）、評量即學習（assessment as learning）等三個面向（Earl, 2013）。「學習

結果的評量」是依據教學目標來評量學生的學習成果，用來評定等第或是提出報告；「促進學習的評量」是在協助教師獲得教學的回饋，據此進一步調整教學，並幫助學生學習；「評量即學習」是以學生為評量的主體，讓其主動參與評量，並反省、調整自己的學習策略，進而達到更好的學習成效。這三種取向的評量，對於學生的學習都有其價值和貢獻，教師都須認識和了解。它們的特徵，詳表 1-1：

表 1-1：學習結果的評量、促進學習的評量、評量即學習三者的特徵			
取向	目的	參照點	主要評量者
學習結果的評量	關於安置、進級、認證等的判斷	其他學生、標準或期望	教師
促進學習的評量	提供教師教學決定的訊息	外在標準或期望	教師
評量即學習	自我監控、自我修正或調整	個人目標與外在標準	學生

資料來源：Earl. L. M. (2013). *Assessment as learning: Using Classroom assessment to maximize student learning* (2nd ed.) (p.31). Thousand Oaks, CA: Corwin Press.

　　教師在教學過程中，試圖尋求、詮釋某些資料或獲得證據，以了解學生現在的學習狀況、達到學習目標的差距，以及有什麼最好的方法可以邁向學習目標，這樣的評量就是「促進學習的評量」（Stiggins, 2002）。但在教學現場實踐，長期以來課堂中的教師將評量重點置放在測量學生的學習成效與判斷學生的學習表現，在評量功能的呈現上出現極度傾向針對學習的評量之不平衡的現況，即使課堂中有促進學習的評量作為，卻都以一種非正式（informal）或隱默的（implicit）方式呈現；並認為教師若要提升所有孩子的學習，**促進學習的評量**及**評量即學習**應當占有更多的比重，而非如傳統的課室評量以**學習結果的評量**為主軸（Earl, 2006）。如圖 1-2。

圖 1-2：平衡課室評量目的意涵的轉變

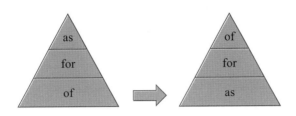

　　國內的課程與教學專家也大聲疾呼，以教師為主要評量者，所執行的學習評量，應該要從重視學習結果的評量，轉到重視促進學習的評量（甄曉蘭，2008）。筆者在教學現場的觀察，覺得國內在左圖的現況是下方的「of」為主，學習結果的評量是向上占更大塊；希望我們可以共同努力，改善數學課室中教學評量，將右圖的期望是以中間的「for」為主，促進學習的評量是向下占更大塊。

課室評量典範的轉移

　　大多數的教師認為，課室評量只是一種提供學習的指標，教師完成教學的目標、檢測學生的知識、判斷學生的成就，繼而進行下一個單元的教學，成為教學實踐上可被預測的模式。然而，由於社會的期待，對於學習知識、動機處理看法等的改變，使得課室中的評量應當具有不同的面貌與意涵（Earl, 2006）。近年來，教育場域隨著哲學思潮改變的影響，對於**知識**的觀點，從客觀獨立存在的實體，走向認為知識是由個體建構而成；**評量**的觀點，也從強調以客觀量化的方式檢測片段的知識，轉而著重問題解決能力，以及師生同儕共同參與的評量（江文慈，2007）。隨著改革的課程觀點、認知與建構取向學習理論，它正與評量之間逐步相容為一致，對於評量來說也就是轉向強調課堂脈絡的評量（江文慈，2007；Shepard, 2000）。從教學與評量典範的轉移（Shepard, 2000）趨勢來看，我們推動「學生為中心的教學」已有很長的時間，但評量還是停留在傳統測驗為多

數的階段，就是處於**舊典範的困境**；符合數學教育界期望的狀態就是朝向**目前的典範**，須大大改變的就是「課室評量」。這些轉移趨勢的內涵，如圖 1-3。

圖 1-3：教學與評量典範的轉移

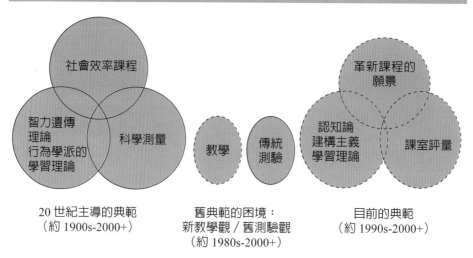

20 世紀主導的典範
（約 1900s-2000+）

舊典範的困境：
新教學觀／舊測驗觀
（約 1980s-2000+）

目前的典範
（約 1990s-2000+）

資料來源：Shepard. L. A. (2000). *The role of classroom assessment in teaching and learning* (p.16). Los Angeles: National Center for Research on Evaluation, Standards, and Student Testing. Copyright 2000 by the Regents of the University of California.

　　晚近，對於課室評量觀點的發展，是以過去對於精熟學習模型與標準參照評量、可被接受之多樣化課室評量方法、教師課室評量能力標準的說明，以及重新定義評量與學生的學習動機等爲基礎，進而逐步發展而來（Stiggins, 2001）。從而可知，由於典範的改變，使得課室評量受到應有的重視，也讓課程、教學與評量理論之間有一致性的對應。有關**課程改革願景**、認知與建構取向**學習理論**的典範下，所相應的**課室評量**特徵關係（Shepard, 2000），如圖 1-4。

圖 1-4：課程、學習理論與評量理論典範下的相容特徵

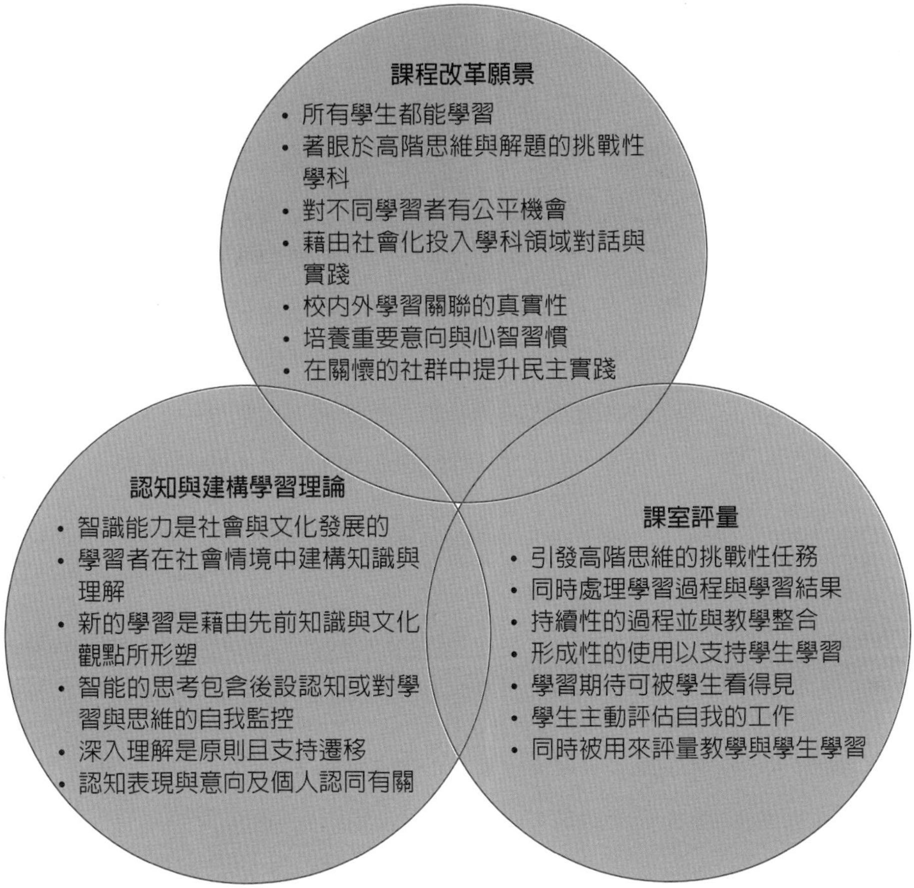

課程改革願景

- 所有學生都能學習
- 著眼於高階思維與解題的挑戰性學科
- 對不同學習者有公平機會
- 藉由社會化投入學科領域對話與實踐
- 校內外學習關聯的真實性
- 培養重要意向與心智習慣
- 在關懷的社群中提升民主實踐

認知與建構學習理論

- 智識能力是社會與文化發展的
- 學習者在社會情境中建構知識與理解
- 新的學習是藉由先前知識與文化觀點所形塑
- 智能的思考包含後設認知或對學習與思維的自我監控
- 深入理解是原則且支持遷移
- 認知表現與意向及個人認同有關

課室評量

- 引發高階思維的挑戰性任務
- 同時處理學習過程與學習結果
- 持續性的過程並與教學整合
- 形成性的使用以支持學生學習
- 學習期待可被學生看得見
- 學生主動評估自我的工作
- 同時被用來評量教學與學生學習

資料來源：Shepard. L. A. (2000). *The role of classroom assessment in teaching and learning* (p.17). Los Angeles: National Center for Research on Evaluation, Standards, and Student Testing. Copyright 2000 by The Regents of the University of California.

　　分析圖 1-3 和圖 1-4 的關聯，若要朝向課程、教學、評量三者對等的目標，我們就是要從重視「傳統測驗」，轉爲重視「課室評量」。課室評量強調持續與教學整合的過程，教師運用形成性以支持學生學習，而且是學習過程與學習結果並重；並藉高階思維的挑戰性任務，來協助學生看見

學習期待，以及主動評估自我的學習。Shepard（2000）指出新典範的課室評量應該具備：(1) 引發高階思維的挑戰性任務，(2) 同時處理學習過程與學習結果，(3) 持續性的過程並與教學整合，(4) 形成性的使用以支持學生學習，(5) 學習期待可被學生看見，(6) 學生主動評估自我工作，以及 (7) 同時被用來評量教學與學生學習等七點外；並認為評量要在教室中真的被用來幫助學生學習，它就必須要做根本的轉變，不僅評量的內容與角色必須被顯著地改善，而且評量資訊的蒐集、洞察與使用，必須成為持續學習過程的一部分。同時 Stiggins（2010）也認為在課室評量中「正確評量」與「有效使用」兩者缺一不可，前者關注正確的評量目的、清晰的學習目標，以及健全的設計，以蒐集學生的學習表現；後者則是有效的回饋溝通及促進學生的參與。因為，課室評量要同時處理學習過程與學習結果，所以，形成性評量被重新重視，形成性評量可以兼顧總結性評量，但總結性評量無法兼顧形成性評量。

形成性評量的再被重視

教師們在接受師資培育階段，對安置性評量、形成性評量、總結性評量的概念必不陌生，但一到實務現場，往往是用習題、小考、單元考、大考或定期考，來了解學生的學習狀況，大都以執行「學習結果的評量」為主；在課室中雖會以觀察、提問來確認學生的學習，殊不知這樣的做法只是很表面、未到位的形成性評量。Black 和 William（1998）的研究指出，在課室中若以形成性評量的方式進行評量活動，對學生學習有充分的幫助；而 Moss 和 Brookhart（2009）認為促進學習的評量就是形成性評量，形成性評量是主動性與意圖性的學習過程，是持續性與系統性的蒐集資料，目的在於改善學生的學習。有關課室中的形成性評量，已出現「持續性的總結性評量」、「評量及教學目的的多樣性」、「評量的概念發展」三個趨勢（Bell & Cowie, 2001），而這種持續不斷的總結性評量是形成

性評量的早期說法。教師甚少接觸課室評量的理論和實務，通常將配合每節教學內容的習作或小考，或課堂中一般的觀察和提問，就視為課室教學中的評量是形成性評量。

形成性評量的特徵

諸多研究證據皆顯示，課堂中的形成性評量對於促進學生的學習具有重要的角色（Black & William, 1998; Hodgen & William, 2006; National Council of Teachers of Mathematics [NCTM], 2013）。一般而言，課堂中的評量可以區分為總結性評量與形成性評量，所謂總結性評量是指教學若干單元後或課程結束後，用來評量學生學習結果的一種測驗，測驗後會給予成績或等第，通常用於判斷教學目標的適切性與教學的有效性（郭生玉，1999）；晚近形成性評量由於已成為課室評量的熱門議題，不同的學者或機構皆針對該形成性評量提出各自的觀點與看法。例如：Popham（2008）認為形成性評量是一個計畫的過程，透過評量引出的學生學習狀況的證據，教師可以調整其後續的教學程序，學生可以調整其當下的學習策略；Heritage（2007）則認為形成性評量是持續蒐集學習證據的系統性過程，這些資料被用來確認學習的狀況及調整課業（lesson）以幫助學生達到預期的目標；Moss 和 Brookhart（2009）提出形成性評量是一個主動且有意圖的學習過程，在改善學生成就有明確的目標下，教師和學生持續且系統地蒐集學習的證據。整體來說，總結性評量與形成性評量就幾個特徵來比較（McMillan, 2007），可整理如表 1-2：

表 1-2：形成性與總結性評量比較

特徵	形成性評量	總結性評量
目的	提供持續回饋以改善學習	呈現學生教學一段落的學習
何時運作	教學中	教學後
學生參與	被鼓勵	不鼓勵
學生動機	內在，精熟取向	外在，表現取向

特徵	形成性評量	總結性評量
教師角色	提供即時明確的回饋與教學調整	測量學生學習與給予評分
強調的認知層次	深度理解、應用與推理	知識與理解
明確性	高度明確與個別化	一般性與群體導向
結構	彈性、可調整	固定、高度結構性
評量技術	非正式	正式
學習效應	強、正向、長期持續	弱、極為簡短

　　從表 1-2 形成性評量與總結性評量的比較可知，形成性評量可協助學生在認知層次上，產生深度理解、應用與推理的重要特徵；其次，形成性評量在進行上也強調高度明確與個別化，還有學生參與是被鼓勵的，動機是內在的且為精熟取向，並對學習效應是強的、正向的、長期持續的，相較總結性評量只是弱的，且極為簡短、不能持久。對教師而言，形成性評量是提供持續回饋以改善學生學習，進行即時明確的回饋與教學的調整，其評量內容的結構有彈性、可調整，不須以正式的評量技術來處理，也就是不進行常模相關的難度、鑑別度等分析。

　　傳統的學習評量幾乎都採用總結性評量，聚焦在學習後的評量，將學生依成就判斷或分類；較少教師使用促進學習的評量，在課程教學的各個階段，透過診斷的程序、形成性評量和回饋，提供學生有第二次學習機會，來改善他們的學習表現（Earl, 2013）。形成性評量意涵的演進，從關注學習過程的資訊、用於教師教學決定、用於學生改善學習表現，一直到促進學生動機（Brookhart, 2007）。這三篇文獻都共同地強調，要持續地蒐集學習的證據，以改善學習和調整教學；這是判斷教學活動是否達成目標的一種過程，藉此了解教學是否有效，希望學生隨著教學歷程而逐漸改變，最後能達成教學目標。一般來說，形成性評量主要包含引發、解釋與行動三個階段；除了單一計畫性的觀點看形成性評量外，課室中的形成

性評量也產生其他二分法的說法，認為形成性評量是指在學習中教師與學生**交互的過程**，用來辨識／確認（recognize）與回應（respond）學生學習的過程，以作為提升其學習之用，並且可分為**計畫式**（planned）**形成性評量**及**交互式**（interactive）**形成性評量**兩類，兩類型形成性評量的特徵，如表 1-3：

表 1-3：計畫式與互動式形成性評量的特徵

計畫式形成性評量	互動式形成性評量
過程包含引發（eliciting）、解釋（interpreting）與行動（acting）	過程包含注意（noticing）、辨識（recognizing）與回應（responding）
傾向於針對全班一起進行	傾向於針對一些個別學生或小組進行
發生在較長的時段	發生在短暫的時間
學科參照為其主要目的	學科、學生與關懷參照為其主要目的
作為精熟課程要求的回應	作為學生學習的回應
評量的重點主要是學科	評量的重點主要是學科、個人與社會學習
所獲得的評量訊息有過程和結果	所獲得的評量訊息是短暫的過程和結果
解釋為常模、學科與學生參照	辨識為常模、學科與學生參照
行動為學科、學生與關懷參照	回應為學科、學生與關懷參照
依賴教師的專業知識	依賴教師的專業知識

資料來源：Cowie & Bell (1999). A model of formative assessment in science education. *Assessment in Education: Principles, Policy & Practice*, 6(1), 114.

　　Cowie 和 Bell（1999）也進一步以圖 1-5 的雙環，來說明兩類型形成性評量在課室中實施的模式，實施的過程中由於一些關鍵事件的發生，課室中的目的開始改變，使得原本屬於**計畫式的形成性評量**轉變為**交互式的形成性評量**。

圖1-5：形成性評量雙環

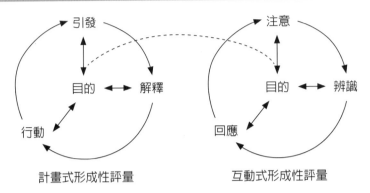

計畫式形成性評量　　　　　　互動式形成性評量

資料來源：Cowie & Bell (1999). A model of formative assessment in science education. *Assessment in Education: Principles, Policy & Practice*, 6(1), 113.

這些過程（Bell & Cowie, 2001）包含了具回應性（responsiveness）、訊息與證據的來源、默契（tacit）的態度、使用專業知識與經驗、教與學的整合、師生共同實施、評量的目的、情境脈絡化、不確定性等。

形成性評量的實施是一項複雜技術性的任務，相當依賴專業知能；一般而言，教師知道形成性評量的過程，會提升他們對於形成性評量的覺知，並能促使反思其新的教學實務與學生的學習。考量 Ginsburg（2009）將形成性評量的類型分為觀察（observation）、任務（task）、臨場對話（clinical interview）/提問，以及 Cowie 和 Bell（1996, 1999）提出計畫式形成性評量、交互式形成性評量的雙環模型，還有 Shepard（2000）指出課室評量的一些特徵，所以，引發高階思維的挑戰性任務在課堂活動中很重要，這樣的任務要能展現學習的過程與學習的結果，並為後續所用。至於，教師們習慣的觀察、提問在教學現場已存在舊有模式很久，不容易將它們改變、有不同做法，以達到形成性評量的二個重要內涵，就是要藉由「計畫式」確實掌握每一位學生評量的結果，以及「互動式」給予學生即時的回饋和教學處理。所以，筆者擬從一條新途徑任務，來落實在數學課室中的形成性評量。

形成性評量的任務探討

　　形成性評量只是一種方法、工具，而不是終極的目的；教學倘若結合形成性評量，將能協助教師於教學活動過程中，進行診斷和補救，協助並促進學生的學習。Anderson（1993）認為學生在數學評量的過程中，要**增能賦權須同時考量教師的角色、任務的特性、學生的作為**三個面向。因此，課室評量要被良好的實施，會涉及諸多的要素，數學課室中良好設計的**學習任務**更是共通的核心；強調的是促進學生思考的學習任務，有意義的將教學與評量整合以支持學生的學習，同時讓學生為自己的學習負責。

　　在教師變革基礎的課室評量（Classroom Assessment as a Basis for Teacher Change）方案，以學習任務的設計作為改變教師形成性評量實務的基礎，該方案是以「評量金字塔」的概念模型為架構，用來支持不同類型學習任務的設計（Webb, 2009）。在評量金字塔中主要包含**學科內容、思考層次**以及**問題呈現（難度）**三個面向，三個層次是相互獨立的，思考層次高的學習任務不見得代表難度就一定困難。一般來說，**層次一**的學習任務類似常見的標準化測驗試題，而**層次二**與**層次三**的學習任務則是可以提升用來作為教學獲知與提升學習證據的品質，且可延伸為形成性評量的功能，使教師監控學生學習的進程、提供回饋使得學生有機會考量下一步的修正。該模型用在數學學習任務的思考層次，包括**再製**（reproduction）層次，基本上是知識與技能的再製與回憶，這個層次主要處理已知事實、回憶數學物件與性質、例行性程序、應用標準算則、標準算式的運作，且任務上是教師所熟悉，也常見於標準測驗及課室總結性評量；**連結**（connection）層次的數學思維包含數學內部的連結，學生被期待能依據情境與目的處理不同的表徵，它們需要有能力區分與關聯不同的說明陳述（例如：定義、主張、例子、條件與證明），試題上需要學生決定適當的數學策略以簡單的回答問題；**分析**（analysis）這個層次學生被要求數學化情境，問題能呈現學生在不熟悉的問題中計畫與執行解題的能力，且問

題可能包含模糊性與開放性，需要學生進行一些假設以成功解題。應用於數學課室的評量金字塔，如圖 1-6。

圖 1-6：評量金字塔

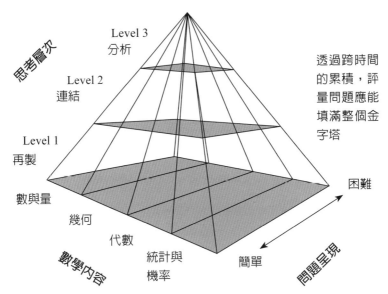

資料來源：筆者參考 Webb（2009）文獻中原圖重繪。

由圖中顯見，課室評量的學習任務需要的是一個能引發高階思維，並且能同時處理學習過程與學習結果的挑戰性任務，這是相應於典範變革下課室評量所需要的條件，因此一個有品質、須思考、高層次的學習任務，而且不是難題的**建構反應題**，就成為反映此一典範轉移中，課室評量要發揮功能的可能作為。

有關數學課室的學習任務，也有學者直接稱為數學任務。Henningsen 和 Stein（1997）、Stein 和 Smith（1998）對於數學任務的分類，主要依認知需求面向將任務分為四類，所謂的認知需求所指的是在解決任務所涉及思考過程的類型，這些思考過程包含記憶（memorization）、**不具連結的程序**（procedures without connections）、**具連結的程序**（procedures with connections）以及**做數學**（doing mathematics），其中記憶和不具連結的程序屬於低層次認知需求，具連結的程序和做數學屬於高層次認知需求。但 Munter（2014）在發展〈高品質數學教學的願景〉（Visions of High-Quality Mathematics Instruction, VHQMI）一文中，提到**數學教學改革導向**的要素是強調動手任務、使用教具、形成性評量、高層次的問題外，還指出 Stein 等人的四項數學任務只是「任務本身的形式」，並針對教師角色（Role of Teacher, RT）、課室討論（Classroom Discussion, CD）、數學任務（Math Tasks, MT）發展層級表。若從「任務本身的功能」來看，數學任務可分五級，如表 1-4：

表 1-4：VHQMI 數學任務功能的層級說明

層次	說明
Level 0	數學任務並無高、低品質的區別，或未將任務視為課堂教學中可操作的特徵。
Level 1	數學任務有品質上的區別，提供學生實踐的機會，實際運用前會先做步驟化的練習。
Level 2	數學任務的性質是以改革為導向，是可操作的，讓學生動手操作或實際解題。
Level 3	高品質的數學任務會要求學生對任務做出更詳盡的敘述，讓學生知道多元的解題方法。
Level 4	高品質的數學任務是強調學生參與「做數學」，提供洞察數學結構、解決問題的策略和方法，透過討論將想法連結起來。

　　表中所指最高層次數學任務所產生的功能，除了是以支持學生學習和做數學為基礎外，還要讓學生知道有多種解題方法，並透過全班討論來協助學生，將解決任務的想法和所學的內容連結起來。所以只有計畫式的評量，沒有互動式的討論，不可能成為對學生有幫助、有意義的數學任務。

　　數學課室中的活動、主題、課題、問題、結構、應用或是練習都是數學任務，以學生「具體數學概念的練習」為焦點（Stein, Grover &

Henningsen, 1996）。數學課室內所實施的課程，主要是由師生所參與的活動所建構而成，透過數學任務的觀點，可以了解教室內數學課程實施的情形。數學任務包括教師在數學課堂中所設計的教案、提出的問題，或是給學生的練習，一個數學任務會引發一段學生聚焦於特定數學概念學習的工作時間（Remillard & Bryans, 2004）。良好的數學任務要考慮學生的先備知識，在學生的近側發展區激發他們的好奇心，培養問題解決的能力，並鼓勵多元的解題方式（NCTM, 2000）。因此，以**建構反應題**作為小型數學任務，進行形成性評量教學活動，促進師生、生生間的溝通討論，產生有意義、有思考的學習，這就是高層次數學任務所要的功能。

‧‧‧

總之，數學課室需要實施促進學生學習的評量，從 Schoenfeld（2016）認為要創造一個培育**有數學想法學生的教室**（Teaching Mathematics for Robust Understanding, TRU Math），最重要的是數學、認知需求、獲得（access）數學內容、主導與身分（agency authority identity）、**形成性評量**等五種內涵，可知不能輕忽形成性評量。筆者參加 2017 年 NCTM 年會，在一場大型的演講中，前主席和他的研究團隊就大力推廣**形成性評量**，提出形成性評量五（formative five）的做法：觀察（observations）、訪談（interviews）、展示（show me）、鉸鏈問題（hinge questions）、**挑戰任務**（exit tasks），這些技巧可用來引導和監控教學計畫，掌握和促進學生學習；經常使用這些評量技巧，數學教室就會產生變化（Fennell, Kobett & Wray, 2017）。由此可知，課室評量應更加重視形成性評量，以建構反應題作為小型數學任務，來進行計畫式形成性評量，並即時以互動式形成性評量給予學生回饋，讓教師在數學課室中有明顯的評量意識和行為。

第**2**幕

數學素養導向評量的設計

　　目前，國內的教學以學生為中心已被重視，但評量仍多處在學習結果的評量，有關促進學習評量或形成性評量尚未落實。十二年國教數學領綱在教學評量注意事項中，強調教師可依據學生個人評量結果，從學生發生的錯誤，回溯其學習上的問題並加以輔導修正；除了單一選擇題與填充題外，其他題型宜要求學生將過程寫下，以了解學生思考的步驟（教育部，2018）。形成性評量相較總結性評量，它提供持續回饋以改善教學，不僅是呈現學生學習的狀況外，教師須提供即時、明確的回饋與教學調整；對學生而言，形成性評量產生了內在動機、鼓勵參與、深度理解、正向效應等（McMillan, 2007, 2011）。雖然，形成性評量可以透過觀察、任務、提問／對話三種方式實施，然而觀察和提問不能確實掌握每位學生的學習狀況，也常流於形式，所以建議可利用小型任務，例如建構反應題來落實（鍾靜，2017），在評量後藉由師生與同儕的討論和分享，進行對學生重要概念的修補和強化，分享不同解法等教學處理的即時回饋。本章將介紹建構反應題的一些基本概念。

建構反應題在數學學力檢測的現身

　　國際的大型測驗包括美國教育部國家教育統計中心（National Center for Education Statistics）的「國家教育進展評測」（National Assessment of Educational Progress, NAEP），以及國際教育成就評量學會（The International Association for the Evaluation of Educational Achievement, IEA）舉辦的「國際數學與科學成就趨勢調查」（Trends in International Mathematics and Science Study, TIMSS），除了選擇題，都是以**建構反應題**（Constructed Response Items, CRI）來了解學生溝通、推理和連結的能力，並評量學生對數學知能的理解和應用能力，而且大幅增加**建構反應題**的題數。

臺北市、新北市和基隆市的國小數學學力檢測

國小數學基本學力檢測大都以選擇題來施測，臺北市基本學力檢測於 95 學年度開始於六年級數學實施，並於 96 學年度起每年增加 6 題**建構反應題**，抽測約 300 多名學童；但自 102 學年度起改爲五年級外，並自 103 學年度以 2 題建構反應題進行普測，110 學年度起因考量建構反應題批閱之輔導員人力有限，改爲 1 題普測。新北市國小數學能力檢測自 91 學年度起，從 102 學年度增加每年 2 題**非選題**普測五年級學童，此非選題就是建構反應題，並自 106 學年度起增加每年 6 題抽測，以加速掌握學童的學習狀況；但從 109 學年度起，不再由輔導團進行選擇題修審，該學年度進行最後一次建構反應題研發。基隆市數學輔導團有鑒於**建構反應題**比選擇題更能掌握學童的數學學習狀況，從 108-110 學年度起進行研發，並對五年級、四年級、三年級各抽測 10 題。建構反應題，其評量目的是爲了解學童數學概念理解情形、解題思考歷程、解題推理能力、情境應用能力、數學表徵能力等，一般的選擇題、填充題、計算題和應用題並不能反映出這種現象。基本學力檢測的**建構反應題**，不以艱深題、資優題、大型題爲訴求，而以小型且貼近教學內容的親民題爲主。筆者長期參與臺北市國小檢測的指導工作，並親自指導新北市國小檢測非選題（建構反應題）的修審、基隆市建構反應題的研發，每每看到這些建構反應題的施測結果，深感得 0 分類型的學童太多，得 2 分類型學童中也有很多的做法並不優良，我們必須在數學課堂評量上有進一步的想法或作爲。

教育現場對素養導向課綱的評量作為

十二年國教課程總綱（教育部，2014）公告「核心素養」內涵後，2018 年數學領域綱要（教育部，2018）以呼應數學教育潮流的「數學素養」爲重點。隨後，國中會考出現數學科**非選擇題**這樣的名稱，事實上並非很嚴謹的用法，是非題、配對題等等也是非選擇題；但在國中基測時

期，僅以選擇題評量學生，教育會考新增加的題型是開放式的，沒有選項供學生選擇，故簡稱為非選擇題；學生須自己建構解題方法並得出解答。傳統上我國稱這種題目為計算題或應用題，西方國家往往稱其為 word problems、open-ended problems 或 constructed-response item（CRI），臺灣目前也稱這種題目為**建構反應題**（謝豐瑞，2016）。國教院也出版素養導向試題研發成果共有二期（國家教育研究院，2020、2021），第一期有八類主題 39 個題組、第二期有六類主題 45 個題組，每個題組幾乎都有**建構反應題**；這些試題大部分適合高年級、小部分適合中年級進行評量。

數學素養包括數學的思維、生活的應用二大成分，數學素養導向的試題可從這二大成分來設計，而國中會考、研究院研發的建構反應題，都較強調和生活情境連結。基本學力的建構反應題，強調數學基本概念或知能，可以充分達成數學素養中「數學的思維」評量，至於「生活的應用」評量則需要適當且自然的真實情境來結合。建構反應題不同於一般的應用題，特別能了解學童的解題想法，以及對所學概念的掌握情形，筆者認為這種評量題型在教學現場最容易入手，而且利用錯誤例、正確或優良例的討論，都能產生教學上的功能。

建構反應題的評量剖析

國際學生評量方案（Programme for International Student Assessment, PISA）的數學素養測驗是針對完成國民教育且滿 15 足歲者，以了解學生是否能在情境脈絡中使用數學，成為問題的解決者；學生需要將真實世界和數學世界相互連結，藉由轉化、解題的數學歷程，形成數學建模循環。因此，在強調數學素養評量的風潮下，國小階段學童尚未完成九年的國民教育，也未具有豐富的生活經驗，具備數學知能的基本知能更顯重要；因此，我們應重視以**建構反應題**來評量學童，這種題型的解題必須整合所學知識內容，以文字或圖表等方式，呈現解題思考過程等。

建構反應題的評量特色

　　建構反應題是指由學生自行組織、思考產生答案之試題；論文形式的建構反應題，能測量複雜的學習成果，特別是應用思考、解決問題，以及組織、統整和寫作表達的能力（教育部，2004）。傳統的建構反應題分為填充題（completion item）和論文題（essay question）二類（盧雪梅，2009）；論文題又可分為限制反應題、擴展反應題（expend constructed response）或**延伸建構反應題**（extended constructed response），也有人將限制反應題稱為簡答題。限制反應題明確指定學生的主題和反應方式；擴展反應題給予學生自由組織、整合相關知識，並將其呈現出來，可用來評量最高層次的認知能力（Linn & Gronlund, 2000）。建構反應題可幫助學生做深層思考，而不是表面思考（Tankersley, 2007），其最主要的優點是要求學生去發揮、創造他們的回應，他們要自己創造答案而不是從現有的答案中選擇；因為，學生需要真正的理解，才能建構基於這種理解的答案（Popham, 2003）。筆者認為一般選擇題、填充題、計算題和應用題不能反映出這種現象；**擴展式建構反應題**（通稱建構反應題）是比較有彈性的，能夠用來測量學生在課程目標下的熟練度。建構反應題的評量目的是為了解學生數學概念理解情形、解題思考歷程、解題推理能力、解題應用能力、數學表徵能力等，並透過學生解題表現來確認、提升、延伸、綜合學生數學知能。

建構反應題與開放形試題

　　建構反應題是一種要求學生可以選擇有關的知識、根據自己的判斷組織答案，最後合成適當的想法並呈現出來；解題過程同時在訓練學生運用思考、組織統整和表達想法的能力，而這些能力都是學校教育的重要目標（教育部，2004）。建構反應題有人也稱為開放反應題（open-response items）或開放式問題（open-ended problem）；因為通常不只一

種方法可以正確回答這個問題，學生是在沒有任何建議或選擇的情況下，「建構」或「發展」自己的答案（Tankersley, 2007）。透過開放性問題的學習環境，可以培養學生的創造力和解決問題的能力（Kwon, Park & Park, 2006）。從開放性問題的情境，可以培養學生數學探索，並由解題策略、概念形成中學習（Cifarelli & Cai, 2005）。通常，開放性問題可以是答案開放，也可以是形成問題、解決問題開放；開放性問題不能只用「是」、「不是」，或是簡單的語詞、數字來回答；一般會請答題者將事件做比較具體或進一步的描述。即使建構反應題有難易之分，但所有的建構反應題都要求學生運用知識、技能和批判性思維能力來建構自己的回答，用更抽象的方式衡量學生分析、評估及整合所學知識的能力（Tankersley, 2007）。不論是建構反應題或開放型問題，當學生寫下如何理解問題以及如何解決問題，透過分析學生答案與思考歷程，實有助於教師了解學生概念的理解程度。

目前，臺北、新北、基隆輔導團研發或修審的建構反應題，都以學童有多元解法，展現不同解題思維為主，答案不採開放只是偶爾有多解。因此，我們應以緊扣教材內容的親民題，重視能了解思維的建構反應題來評量學童；這種題型的解題必須整合所學知識內容，以文字或圖表等方式呈現解題思考過程等。

建構反應題與數學素養導向評量

我國 108 學年度開始，逐年實施十二年國教課程，強調要培養學生的核心素養，在數學領域早已重視數學素養。分析數學素養相關文獻，不外與「數學的思維」、「生活的應用」有關。十二年國教除了「知能」外，非常強調「態度」的培養，所以數學教材的安排、教學的落實更顯重要。在教學中進行數學素養的培養，就是以「數學的思維」對應內部連結的深度，以「生活的應用」對應外部連結的廣度。連結不是數學內容，它是察

覺、轉換、溝通、解題、評析的數學過程，教師協助學生伺機接觸真實世界和數學問題的關聯外，還須加強培養學生主動探索、討論發表、批判思維的能力。

數學素養導向評量的內涵

大考中心（2017）精進素養導向命題的三大重點：(1) **情境化**：生活情境或學術探究情境；(2) **整合運用能力**：運用知識與技能，以處理真實情境脈絡中的問題；(3) **跨領域或跨學科能力**：能夠融會貫通，善用不同領域或學科所學，來處理一個主題中的相關問題。並就素養導向的測驗設計指出：考生應能將知識整合運用於日常與校園生活情境，以及課程與學術探究情境；還針對數學考科提出：在演算、推理、解題之外，應能以數學觀念，運用數學符號進行邏輯思考，處理真實世界的問題，並用以呈現關係，表示問題內涵等。根據十二年國教課程，素養導向命題的二項基本要素（任宗浩，2018）：(1) **布題強調真實的情境與真實的問題**：從著墨於知識和理解層次的評量，轉為強調應用知識與技能解決真實情境脈絡中的問題；(2) **評量強調總綱核心素養或領域／科目核心素養、學科本質及學習重點**：①以總綱的三面九項及跨領域／科目的共同核心能力為跨領域核心素養；②強調「學習表現」和「學習內容」的結合，並應用於理解或解決真實情境脈絡中的問題。所謂「真實情境」可以是生活情境、學習脈絡情境、學術探究情境，它可以是學生曾經歷過的、學生未來可能經歷的、他人經歷值得參考的。以情境題來辨識素養導向試題，可以說是一種狹義的定義，廣義的素養還包括知識、技能、態度，而且生活情境只是真實情境之一，還有學習脈絡情境、學術探究情境。

實踐素養導向評量**常見的問題**：(1) 評量與課程、教學脫節；(2) 試題冗長忽視學科與學習者特性；(3) 未考量問題情境的合理性；(4) 表現任務欠缺適切的評量回饋設計；(5) 規準等級彈性及合理性待斟酌（王淵智，

2021），同時提出四點**改進建議**：(1) 參採逆向設計多層次檢視：在「確認期望的學習成果」之後，接著「決定可接受的學習成果」，最後才是「設計學習經驗及教學活動」，主要是讓評量緊扣著學習目標；(2) 確認評量的對象回歸學習本質：素養導向評量雖鼓勵加入生活情境，但應以合理的真實情境及問題為依歸，且只有必要的描述，才不會混淆評量的結果；(3) 提升評量回饋功能與訊息強度：評量應該具備支持學習和教學的功能；(4) 組織專業學習社群提升評量品質。素養導向評量的**迷思與困境**（鄭章華，2018）：(1) 素養導向評量當成閱讀素養的評量；(2) 素養導向評量只是針對領域／科目，無法跨領域／科目思考；(3) 加上生活情境就是素養導向評量；(4) 素養導向評量和教學的關係不明確（引導素養導向的教學）。筆者認為，素養導向評量的推動初期，確實有些現場教師以為有生活情境，從閱讀資訊中解題，這樣的命題就是素養評量題，而未能考量素養評量要緊扣學習目標、文字量要簡潔外，評量重點能配合真實情境最好，切記生活情境只是真實情境之一，評量後還須進行有意義的回饋機制。

因此，素養導向試題的基本要素是「生活情境」以及「問題解決」，目的是要透過測驗提升學生的學習動機，並讓學生了解數學在生活中的實用性，因此在設計試題時，會有情境的鋪陳以及問題的提問。然而，為了結合生活情境發展數學素養導向試題，命題時經常會：(1) 刻意將解題資訊藏在長篇文章之中；(2) 情境的鋪陳與說明太過詳細；(3) 提供過多與解題不相干的資訊與說明。這些過多或不必要的資訊或說明，不但影響了原本的評量目標，也無法提升學生的作答動機，更無法讓學生體會到數學在生活中的用處，只是徒增解題的閱讀負荷量（吳正新，2020）。所以，數學素養導向的評量，若要考量課室評量的挑戰性任務、形成性評量等，還有落實「促進學習的評量」，以及生活情境、學術探究情境中的問題，又要兼顧學科本質和學習重點，基於**建構反應題**的被重視，我們可用親民的建構反應題當做約 5 分鐘的小型任務，進行評量和教學的整合。

建構反應題的評量張力

建構反應題的評量目的是爲了解學童數學概念的理解情形、解題的思考歷程、推理能力、應用能力，以及數學表徵能力等，並透過學童的解題表現來確認、提升、延伸、綜合他們的數學知能。筆者長期參與北、北、基國小學力檢測有關建構反應題的研發或修審，每每看到學童的施測結果，深感得 0 分的學童過多。到底國小數學教學或學童學習哪裡出了問題？還是數學課室的教學方法要改變？實施課後補救教學有用嗎？親師需要藉由建構反應題，它可看到學童的數學概念是否到位，評估學童的學習成效如何。當然，從學童的 2 分類型中，可以看到學童不同的解題思維外，也可了解學童的解題層次和應用情形。

以臺北市 101 年「一盒蘋果有 6 個，請畫圖表示 $\frac{8}{3}$ 盒蘋果」和 96 年「一盒巧克力有 4 顆，請畫圖表示 $\frac{5}{2}$ 盒巧克力」的相似題爲例，它們都是六年級上學期的抽測題，範圍爲五年級。建構反應題採用 TIMSS 相同的評閱方式：2 分類型是正確解題且能清楚說明、1 分類型是正確解題但未完整說明或部分正確解題、0 分類型是不正確解題或空白。學童的解題表現如表 2-1：

學年度	學童	0 分類型	1 分類型	2 分類型
101	六上	44.11%	4.04%	51.85%
96	六上	37.63%	6.10%	56.27%

表 2-1：假分數（內容物為多個個數）圖形表徵問題的類型百分比

得 0 分類型的學童算很多，且有增加，代表什麼？顯示建構反應題未被重視，其結果並未影響數學課室的教學改變，數學教學的現場依然如故。學童已六年級，雖然這二題屬於假分數的表徵題，學童能將假分數換成帶分數，寫出 $\frac{8}{3} = 2\frac{2}{3}$、$\frac{8}{3} = \frac{1}{3} \times 8$，或 $\frac{5}{2} = 2\frac{1}{2}$、$\frac{5}{2} = \frac{1}{2} \times 5$，但只是數

學形式上的機械式運思；他們尚須了解帶分數的眞分數部分有幾個單位分數，且單位分數的內容物是多個個數。典型 0 分類型的案例，如下表 2-2、2-3：

表 2-2：101 學年蘋果題六上學童解題 0 分類型的案例	
【例 1】	**說明**
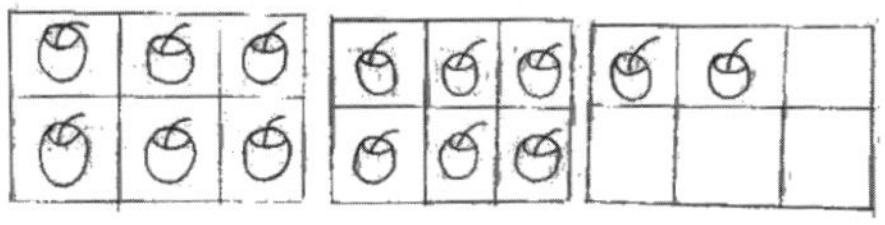	知道 1 盒有 6 個，知道 $\frac{8}{3}=2\frac{2}{3}$，但把 $\frac{2}{3}$ 盒圖示成 2 個蘋果。
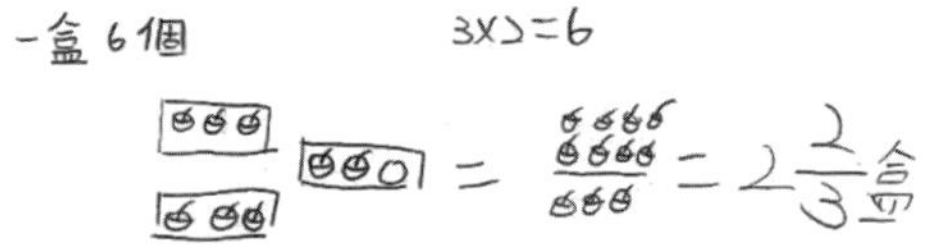	知道一盒 6 個，知道 $\frac{8}{3}=2\frac{2}{3}$（盒），但畫出一盒 3 個，把 $\frac{8}{3}$ 盒畫成 8 個。

表 2-3：96 學年巧克力題六上學童解題 0 分類型的案例	
【例 2】	**說明**
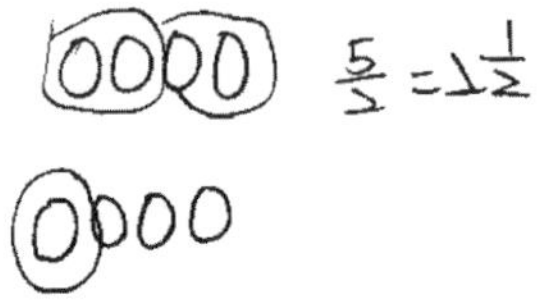	知道一排畫 4 顆，也知道 $\frac{5}{2}=2\frac{1}{2}$，但 $\frac{1}{2}$ 是 1 顆、1 是 2 顆。
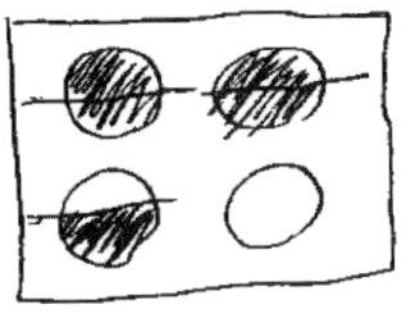	知道 1 盒有 4 顆，也圖示 $\frac{5}{2}$ 是 2 又 $\frac{1}{2}$，但混淆 1 盒和 1 顆的關係。

這些 0 分類型的學童，顯見對單位分數 $\frac{1}{3}$、$\frac{1}{2}$ 的認識，沒有「單位量 1」的概念，不知道「1 盒」有 6 個或 4 顆，它們的單位分數爲何？通常學童最典型的迷思概念是「單位分數都是 1 個或 1 顆內容物」。更重要的是這些單位分數的概念理解，應該在四年級以「單位分數」或「眞分數」表徵題發現學童的解題狀況，並及時補救，並非等六上基本學力測驗

時才知道，而且學童在五、六年級要學習分數加、減、乘、除運算，以及四則運算的規則，運算的方法各有不同，因爲計算規則複雜，可能淪爲不理解、背公式的狀態。因爲，抽測只抽 300 名左右學童，教師並不知該班全體同學的狀況；就算臺北市學力檢測 103 年度起，建構反應題由抽測改普測，建構反應題的張力在數學課室中也尚未發生效應。

例 1 和例 2 的這二題假分數表徵題屬於概念理解、沒有情境，但屬學科本質和學習重點題。我們再看一些例子，進一步了解建構反應題的張力：

例 3 整數除法、程序知識的學習情境題

此題也是臺北市 101 學年六年級上學期的抽測題，範圍爲五年級。

老師出了「200200÷400＝？」的問題，小平把 200200 和 400 都刪掉兩個 0，寫成直式計算如下：

$$
\begin{array}{r}
500 \\
400\ \overline{)\ 200200} \\
2000 \\
\hline
2
\end{array}
$$

答案是 500 餘 2。你認爲小平的答案正確嗎？把你的理由寫下來。

此題的 2 分類型有 32.66%、1 分類型有 14.14%、0 分類型有 53.2%。**2 分類型**的解題分析：全體抽測學童的 22.90% 是說明餘數要補回 2 個 0，9.43% 使用不刪除 0 重新計算說明餘數應該是 200，只有 0.34% 能合理說明餘數的 2 代表 2 個一百是 200。**0 分類型**的解題分析：全體抽測學童的 32.32% 認爲正確，因爲 200200 和 400 都各畫掉兩個零後，就成爲 2002÷4，因此答案也就是 500 餘 2。可見學童並不能理解使用「被除數與除數同時轉換另一種單位」的概念及算法，對簡化一些大數字的除法問

題，其直式計算的過程、商及餘數的意義不了解。若考計算題，學童回答 500 餘 2，很多親師會認為是學童粗心、餘數忘記補 0，這就可看出學童只以口訣來學習的缺點。

例4 空間與形狀的幾何量——面積概念、概念理解的生活情境題

此題是新北市修改自 104 學年五年級下學期的普測題，範圍為五年級，本次修改只是增加情境。

新北國小推廣「食農教育」，培養學生簡單的耕食技能。學校規劃一塊長方形菜圃，讓五年級甲、乙、丙三個班認養（如下圖）。丙班認養的面積是甲班的 2 倍，乙班認養的面積會是甲班的幾倍？並請說明你的理由。

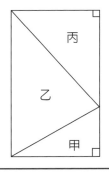

此題的 2 分類型有 20.73%、1 分類型有 29.96%、0 分類型有 49.31%。**2 分類型**的解題分析：全體學童只有 5.61% 能利用甲、乙、丙三者的高相同之條件，由「丙面積是甲的 2 倍」，推知甲、乙、丙三者底長或面積的倍數關係；有 10.12% 學童利用作圖畫線的方式推算出甲、乙面積的關係；有 4.99% 學童是用測量或假設出各邊線段的長度、部分面積，直接計算後得出面積關係。**1 分類型**的解題分析：全體學童的 20.04% 雖能正確回答，但無法說明理由或空白；且有 7.63% 學童能利用甲、乙、丙之間面積的倍數關係，推論出甲、乙面積的關係，卻未能將理由說明完整。至

於 **0** 分類型的解題分析：全體學童的 25.31% 都是無法由題目訊息中掌握正確的面積、倍數關係而推論錯誤；有 19.36% 學童是空白的。此題在圖形上完全沒有數字，要學童觀察「丙面積是甲面積的 2 倍」，因爲它們同高，「丙的底長」會是「甲的底長」的 2 倍；以及「乙的底長」和「甲＋丙的底長」是長方形的對邊，它們一樣長；所以「乙的底長」是「甲的底長」的 3 倍，甲、乙同高，面積就是 3 倍。大多數學童只能靠數字運算，不能掌握在長方形中甲、乙、丙三角形底和高的關係；學童欠缺圖形性質的推理和運用，也可說對圖形性質的概念只有表面。還有一些學童，雖然正確指出乙面積是甲面積的 3 倍，但他們有可能是從直觀上來判斷，未能充分掌握長方形、三角形的圖形性質。

例 5　分小數的數線概念、程序知識的擬生活情境題

此題是基隆市 109 學年五年級上學期的抽測題，範圍爲四年級。

一隻小螞蟻從 0 開始沿著數線走，如下圖，走到甲地位置就休息，請問甲代表的數是多少？你是怎麼知道的？

此題的 2 分類型有 51.89%、1 分類型有 8.49%、0 分類型有 39.62%。**2 分類型**的解題分析：全體學童的 37.74% 能說明每一大格平分成 4 小格，每一小格代表 $\frac{1}{4}$，甲就是 $2\frac{2}{4}$；有 6.60% 的學童能說明數線上每一小格代表 $\frac{1}{4}$，從 0 到甲剛好是 10 格，甲就是 $\frac{10}{4}$；有 7.55% 的學童能說明數線上每一大格平分成 4 小格，一小格代表 0.25，甲就是 2.5。**1 分類型**的解題分析：全體學童的 8.49% 答案正確，但敘明理由不完整。**0 分類型**的解題分析：全體學童的 18.87% 把數線上每一小格當成 0.1 來計數；7.08%

的學童把數線上每一大格分成 4 小格，只看到 3 個刻度，將每一小格看成 $\frac{1}{3}$，甲就是 $2\frac{2}{3}$；7.55% 的學童無法看出數線上的單位量 1，將二大格視爲單位量 1，每一小格當成 $\frac{1}{8}$ 來計數，甲就是 $2\frac{2}{8}$；6.13% 的學童無法判讀或沒有作答。此題雖然正確作答的學童過半，但錯誤的學童將近四成、作答不完整的將近一成。這是分小數數線很基本的概念，學童要能掌握單位量 1 外，還要能了解間距的大小，以及刻度（位置）和間距（距離）的關係。

· ·

　　總之，這些建構反應題不論有無生活情境，它們都是在評量學童重要的、基本的數學概念學習狀況，試題都無法讓學童模仿解題，必須以他們自己理解或想法來解題；教師很容易掌握學童的各種解法，尤其是錯誤的解法，若不及時補救、補強或鞏固概念，會對學童當下或往後的學習產生死記做法或學習障礙。

建構反應題的命題設計探討

　　素養導向試題以眞實情境來辨識，可說是較狹義的看法，廣義的素養還包括知識、技能、態度；生活情境只是眞實情境之一，還有學習脈絡情境、學術探究情境。建構反應題的評量目的，主要是爲了解學童數學思維、解題應用等數學概念的掌握狀況。一般傳統紙筆測驗的選擇題、填充題、計算題，以及應用題，並不能反映出這種現象；前三者只能看到答題結果，後者只有列式、求解和作答，並不能了解學童的解題思維及運用情形。教師在數學課室中有限的教學時數，需要一個高品質、小型的好任務，以促發學童自主學習、溝通、討論，使用貼近教學內容且親民的建構反應題，應該是不錯的考量。若從學習和學術脈絡的學科知識來命題，它

可充分達成數學素養中「數學的思維」為主的素養評量；若從生活情境中數學相關來命題，則需要適當且自然的情境來結合，它可呈現「生活的應用」為主的素養評量。

建構反應題的命題考量

生活情境並非素養評量題必要的考量，若有必要須能實質的解決生活問題，而課本的練習題或習題雖可用來評量學童單元學習的情形，但作為素養評量遠遠不足，因為學童可用模仿的方式來解這些題目，看不到學童概念理解、解題想法等。很多教師想嘗試在應用題加情境，或在應用題加一句「把你的解法寫出來」或「請說明你的理由」等，以為這樣可當做素養評量題，但實質上它們仍是列式、計算、作答的唯一解法。素養評量題的解題方式，須與應用題的標準程序解法有所區隔；它可有多元解法、不同途徑外，但以唯一解為原則。

通常建構反應題的命題首先要掌握「評量目標」，它不是某一條學習內容，而是該學習內容的一部分，只能說是對應該指標而已；試題的「內容向度」屬於數與計算（整數、分數、小數、概數）、量與實測（長度、面積、體積、容量、角度、重量、時間）、關係（數量關係、數量模型與推理）、空間與形狀（平面、立體、性質）、資料與不確定性（統計表、統計圖）之一；試題的「認知向度」採美國教育部國家教育統計中心的「國家教育進展評測」（NAEP），將學童數學能力分為三個向度，包括概念理解（conceptual understanding）、程序知識（procedural knowledge）、應用解題（problem solving）之一。國內很多大型測驗，例如：縣市基本學力檢測、國中會考、大學指考等，也是採用這三個題型分類。

建構反應題不宜類似課本的例行性問題，命題要能激發學童的思考，讓其反應出他所學的知能，可以「非例行性問題」，但是接地氣的親民題來挑戰學童。若以本章前一小節的示例來說明，例一、二：假分數作圖題，讓學童表徵內容物為多個個數的分數概念；例三：大數去零的除

法，讓學童判斷答案的正確性；例四：在長方型菜圃中，從二個三角形面積的關係，讓學童推算第三個三角形的面積，題目中未提供數字；例五：在未明示單位量 1 的數線上，讓學童自己判斷間距，然後找出某刻度的分數或小數。這些建構反應題都是數學課堂中教師單元教學的重要概念，它們都不是難題，也不是資優題，只是小小的挑戰性任務。

建構反應題的命題原則

　　教師可從數學「建構反應題」的評量結果，了解學童數學概念的理解情形、表徵能力，以及解題思考歷程、推理能力、應用能力等。因此，建構反應題的命題，雖有前一小節談及的評量目標、內容向度、認知向度的考量，以及以「非例行性問題」為主，然而針對建構反應題，筆者在國小推廣的，不是填充題、簡答題，也不是長篇大論的申論題，而是相較於簡答題，強調擴展式或延伸式建構反應題。還有一些一般性的命題原則及建議（鍾靜，2016）：(1) 評量目標單一且明確；(2) 題意及文字清楚明白；(3) 可呈現學生的解題想法或高階思考。另有二個建議：(1) 不要類似課本、習作或測驗卷常見的題型；(2) 解題時間大多數學生不超過 5-10 分鐘（小型任務即可）較佳。這些一般原則的第 3 點和二個建議是建構反應題特別要注意的。

　　近年，吳正新（2019）提出三種將數學素養導向評量的特色融入試題中的命題策略：(1) 從學習內容出發；(2) 從生活情境出發，要避免不合理或不適切的情境、避免不合理的問題、減化超範圍的試題；(3) 從數學家建立數學知識的角度出發。吳正新等人（2022）介紹三種研發數學素養導向試題的策略與方法，包括：(1) 從數學內容出發；(2) 從生活情境出發；(3) 在學術與學習脈絡情境中發現數學；並從這些方向，分別提出詳細說明和案例。溫世展（2022）認為新北市數學素養評量所發展出來的建構反應題紙筆評量，相較傳統紙筆測驗的不同處有：(1)「封閉式問題」轉為「開放式問題」；(2)「簡單資訊文字題」轉為「豐富資訊圖表題」；(3)「結

果導向」轉為「過程導向」；(4)「問題的難易度層次」轉為「學生的解題策略層次」；而且還有二項命題設計原則是：(5) 符應大多數學生的能力範圍；(6) 評量語言具可讀性；並從前四點命題原則各舉一普測或抽測的檢測題做詳細說明。筆者在參與臺北市修審，指導新北市修審、基隆市研發的過程中，產生一些建構反應題的命題方向、提醒事項的想法，在此跟親師們分享。

建構反應題的命題方向

設計建構反應題首要的事，就是要評量學童什麼「數學概念」？這個數學概念會在生活中怎麼使用，須考量情境是否合理？所以，教師不必刻意的用生活情境來包裝，有時用學術情境、學習情境也很不錯，但是不要完全沒有描述的裸題。以下介紹七點可以命題的方向。

一、從學童應有的數學概念命題

以新北市 106 學年五下抽測（五年級範圍為主）為例，評量目標是利用複合圖形中各圖形間的邊長與面積關係，推論並計算出等腰三角形面積。

學校有一個花圃，是由一個「正方形甲」和兩個「等腰直角三角形乙、丙」組成，如下圖。小華量了甲的周長是 36 公尺，那麼丙的面積是多少平方公尺？請寫出你的做法和答案。

一般正方形求算面積，題目上會有邊長；三角形會有底和高，學童往往就是不假思索，用這些數字來操作。學童學過正方形、等腰直角三角形的構成要素，本題雖只有告知甲是正方形周長 36 公尺，以及乙、丙是等腰直角三角形，但學童可先算出甲正方形的邊長是 9 公尺，因此，可推理得知乙的底邊和高（二個腰）都是 9 公尺，並推算出丙的底和高（二個腰）都是 18 公尺，最後可算出丙的面積是 $18 \times 18 \div 2 = 162$（平方公尺）。當然也有一些學童在丙上畫切割線，說明這些分割後的小圖形和甲、乙的關係，進而推論出丙的面積是甲的 2 倍，因而，丙是 $9 \times 9 \times 2 = 162$（平方公尺）。憑心而論，本題不是難題，只是要確認學童是否能活用正方形、等腰直角三角形的邊、角關係或性質？再從邊長推算出面積。

二、從學童應會的數學表徵命題

以基隆市 108 學年五上抽測（四年級範圍）為例，評量目標能用圖示表徵等值分數，進行簡單異分母分數的比較。

> 一盒牛奶糖有 10 顆，小明吃了 $\frac{3}{10}$ 盒，小新吃了 4 顆，小美吃了 $\frac{1}{2}$ 盒，請畫圖表示誰吃的牛奶糖最多？

有些學童往往對離散量的內容物和整體量的關係不能確知，透過畫圖表徵，可以了解學童的概念是否清楚？本題的整體量是 1 盒、內容物是 10 顆，學童可將 4 顆用 $\frac{4}{10}$ 或 $\frac{2}{5}$ 盒表示，再進行異分母分數 $\frac{3}{10}$、$\frac{2}{5}$（$\frac{4}{10}$）、$\frac{1}{2}$（$\frac{5}{10}$）的比較，因為 $\frac{5}{10} > \frac{4}{10} > \frac{3}{10}$，所以 $\frac{1}{2}$（$\frac{5}{10}$）盒最多。有些學童用內容物來比較，$\frac{3}{10}$ 盒是單位分數的內容物為單一個數共有 3 顆、$\frac{1}{2}$ 盒是單位分數的內容物為多個個數共有 5 顆，從 3 顆、4 顆、5 顆來比，5 顆（$\frac{1}{2}$ 盒）最多，表示小美吃的最多。本題主要想了解學童是否能掌握

分數和內容物的關係和互換？不須用很複雜的數字來考倒學童，而是要從圖示表徵了解學童的 $\frac{1}{2}$ 盒是畫 1 顆，還是 5 顆？數學概念正確的學童是畫 5 顆。

三、從確認學童的數學想法命題

以臺北市 100 學年六上抽測（五年級範圍為主）為例，評量目標能熟練整數四則混合計算，以及併式記錄。

> 請你設計一個數學題目，這個題目可以用「100×(3＋5)」算出答案。把你設計的題目寫下來。

學童一般會接觸到的是應用題，他們根據題意呈現的文字內容，可用三步驟問題：100×3＝300、100×5＝500、300＋500＝800 來解題，也可用一個算式 100×(3＋5)＝100×8＝800 來解題。本題是想了解學童對「100×(3＋5)」併式記錄的理解，他們想像中的數學題目是什麼？學童的正確作答有「奶奶給孫子和孫女壓歲錢，每人 100 元，奶奶有 3 個孫子和 5 個孫女，請問奶奶要給的錢是多少元？」「毛毛、小灰、仔仔和 5 位同學要參加露營，每人要繳交費用 100 元。請問他們一共要交多少元？」錯誤的作答有「一袋糖果有 100 顆糖，小明原有 100 顆糖果，媽媽再給他三袋，小華和小美總共給了小明五袋，請問現在小明有幾顆糖？」「小明的數學作業簿有一題不會寫，題目是 100×(3＋5)，請幫小明算出答案？100×(3＋5)＝800，A：800。」

四、從生活情境中數學概念命題

以新北市 107 學年五下抽測（五年級範圍為主）為例，評量目標能應用比率解決生活中的問題。

爸爸收到來自愛心加油站的優惠訊息:

加油站刷卡優惠即日起至 108 年 12 月 31 日

銀行	優惠
甲銀行信用卡	每公升售價降價 0.8 元
乙銀行信用卡	每公升售價降價 3%

爸爸想要加 40 公升的汽油,汽油每公升 32 元,他應該使用哪一家銀行的信用卡比較划算?並說明理由。

生活中,學童常有機會跟父母親去加油站為機車或汽車加油;優惠活動在超市更多,學童一點都不陌生。本題是希望學童能算出甲信用卡,每公升售價降價 0.8 元,就是降價 $0.8 \div 32 = 2.5\%$,算出 $3\% > 2.5\%$,而知使用乙信用卡比較划算。學童也可從乙信用卡每公升售價降價 3% 算出 $32 \times 3\% = 0.96$(元),每公升降價 0.96 元,$0.96 > 0.8$,乙信用卡優惠比較多。有些學童不是從每公升的降價來比,而是要算 40 公升的總降價;或是要算優惠後,每公升的售價、40 公升的總售價,亦無不可。可是有不少學童把每公升售價降 3% 直接當做售價降價 0.03 元來比較,或者把降價多、售價少是比較划算的觀念混淆。這種未在題意中直接告知是從售價降價金額算百分比,或是從售價降價百分比算金額,學童須自己決定時就不會了,可見學童對數學概念的理解和應用,還有待加強。還有,學童解題的靈活度,算每公升降價百分比或金額、每公升售價百分比或金額、40 公升降價總金額、40 公升售價總金額,從本題可見是有很大差異的。

五、從學童常見的錯誤解法命題

以基隆市 109 學年六上抽測(五年級範圍)為例,評量目標能在具體情境中,辨別最大公因數或最小公倍數的意義及應用。

有一數學問題，「泥水師傅利用每小塊長為 16 公分，寬為 8 公分的長方形瓷磚，在牆壁上貼成最小的正方形圖案，請問這個正方形圖案的邊長是幾公分？」

明仁的算法如下：

　　16 的因數：1、2、4、$\boxed{8}$、16
　　8 的因數：1、2、4、$\boxed{8}$　　　　答：8 公分

鴻鈞說明仁算錯了，請指出明仁的錯誤，並寫出你的理由。

學童常有一些錯誤解法，例如：四則運算的「先乘除後加減」，卻用「從左算到右」來計算；邊長、周長、面積不分，看到數字就解題；大數去零的除法，餘數常常弄錯……。本題中的數學問題「泥水師傅利用每小塊長為 16 公分，寬為 8 公分的長方形瓷磚，在牆壁上貼成最小的正方形圖案，請問這個正方形圖案的邊長是幾公分？」是典型的課本練習題。因為該問題未告知要求算「最小公倍數」，學童要從題意判斷，用小塊長方形貼成正方形，這正方形要最小。很多學童就像本題的做法，求算「最大公因數」。本題未採用「請你判斷明仁的做法是否正確？並寫出你的想法或理由。」而是直接告知「鴻鈞說明仁算錯了，請指出明仁的錯誤，並寫出你的理由。」命題設計不想學童被問是否正確？就回答不正確，而不去思考，寫不出想法或理由；所以，有時會指出這解法是正確的，請說明為什麼正確？或是指出是錯誤的，請找出錯誤之處，也可能請學童寫出正確的解法。本題是希望學童能看出錯誤或不合理之處，例如：從小長方形拼出最小正方形，是求 16、8 的最小公倍數；若 8 公分是正方形的邊長，它比小長方形還小，求最大公因數不合理，應該要求最小公倍數。

六、從學童常見的迷思概念命題

　　以新北市修改自 102 學年五下普測（五年級範圍為主）為例，評量目標是認識公因數的意義並能應用於解決公因數的問題，修改只是增加生活情境。

學校有一面美勞作品展覽牆，一邊長 5 公尺、另一邊長 8 公尺，準備展覽學生的版畫作品。現在有 A、B、C、D 四種規格的版畫（如下表），展覽時每一件版畫作品都必須是完整的，且整面展覽牆必須鋪滿同一種規格的版畫（鋪排時不能有空隙）。

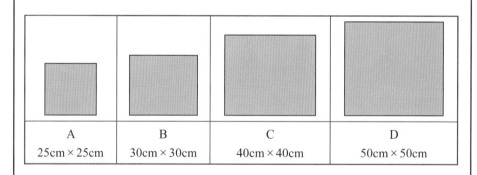

A	B	C	D
25cm×25cm	30cm×30cm	40cm×40cm	50cm×50cm

哪些規格符合學校的展覽需求？將你判斷的理由寫下來。

學童的數學學習常有一些迷思概念，例如：越乘越大、越除越小；周長一樣，面積就一樣；面積一樣，周長就一樣；體積一樣，表面積就一樣；表面積一樣，體積就一樣；角的邊越長，角就越大……。學童在本題的解題，會以為展覽牆總面積除以各規格的版畫，只要除的盡，就是符合需求。此題的正確解法，可以用 500 公分、800 公分分別檢查，是否 25 公分、30 公分、40 公分、50 公分是二個邊長的公因數；當然，學童用 25公分、30 公分、40 公分、50 公分的公倍數概念來檢查，也是可以的；若學童學過短除法，就可找出 500 公分、800 公分的公因數和最大公因數。這三種解題思維，都可找出 25 公分、50 公分是公因數，可以符合學校的

展覽需求。但是，學童用展覽牆總面積除以各版畫的大小，規格 A、C、D 都可除盡，產出了錯誤答案規格 C。因此，設計建構反應題時，要多考慮學童在這個題目有無迷思概念的存在。

七、利用學童的數感或量感命題

以臺北市 99 學年六上抽測（五年級範圍為主）為例，評量目標能用通分做簡單異分母分數的比較與加減。

> 比比看，$\frac{19}{40}$ 和 $\frac{18}{35}$ 哪一個分數比較大？（把你的想法寫下來，只有答案不予給分）

學童常常只會按照計算規則解題，自己算對了沒有，不會用「數感」監控，例如：$56.12 + 40.3 = 60.15$（用整數算法，再加二位小數），$1604 \div 4 = 41$（401，漏了0）。若學童有數感進行自我監控，$56.12 + 40.3 = (\quad)$，50 幾加 40 幾是 90 幾，明顯 60.15 是錯的；還有 $1604 \div 4 = (\quad)$，1600 多除以 4 是 400 多，明顯 41 是錯的。有時，利用整數、分數、小數的錯誤解法來設計建構反應題，學童可用「數感」來指出錯誤是優解，重算一次說明錯誤只是正確解。本題是分數題，通常要進行比較 $\frac{10}{11}$、$\frac{12}{13}$、$\frac{16}{17}$、$\frac{18}{19}$ 四個分數誰大或誰小？若無數感的學童，會先求算 11、13、17、19 四個質數的最小公倍數，再分別將四個分數通分，計算過程費時費工；若有數感的學童，他們觀察這四個分數都很接近「1」，以「1」為參照點的差距是：$\frac{1}{11}$、$\frac{1}{13}$、$\frac{1}{17}$、$\frac{1}{19}$，此時很容易判斷出 $\frac{1}{11}$ 最大、$\frac{1}{19}$ 最小，所以 $\frac{10}{11}$ 最小、$\frac{18}{19}$ 最大。本題 40 和 35 的最小公倍數是 $8 \times 5 \times 7 = 280$，用擴分算 $\frac{19}{40}$、$\frac{18}{35}$ 還好；但是，學童若能利用數感先觀察出 $\frac{19}{40}$ 比 $\frac{1}{2}$ 小、$\frac{18}{35}$ 比 $\frac{1}{2}$ 大，答案顯然就是 $\frac{18}{35}$ 比 $\frac{19}{20}$ 大。學童若

有機會常接觸這類建構反應題的評量，讓他們感受到用「數感」解題的優勢，我想會對他們使用數感來思考問題有所促進和幫助！

∙∙

這七點命題方向提供大家參考，這些命題方向是較常見的，也許還有其他的好想法，教師們可以多嘗試、同事們多討論，再分析學童們的解題狀態和結果，進行文句和內容的修改。從上面這七題建構反應題來看，它一定是有多元解法，可以幫助教師了解學童的解題思維；若有情境時，也可了解他們在生活、學術、學習脈絡的應用狀況。總之，建構反應題不同於應用題，它不會只是列式、計算、作答的程序，也大都不會是唯一解法。

建構反應題的命題提醒

從前三小節建構反應題的命題考量、命題原則、命題方向，我想親師們對怎麼設計一個不錯的建構反應題應有一定的理解和認識。但是，根據筆者的經驗，還有一些細節會影響建構反應題的品質，以及學童作答的結果，以下提出七點須提醒的事項。

一、題目中只宜有一個問號出現

以新北市 106 學年五下抽測（五年級範圍為主）為例，評量目標能理解單位分數內容物為多個個物及分數整數倍的意義，並畫圖表示。

老師出了一個數學問題「一盒鳳梨酥有 8 顆，媽媽準備了一些鳳梨酥請同學吃，每人吃 $\frac{1}{4}$ 盒，5 位小朋友共吃了多少盒的鳳梨酥？」請你先畫出 $\frac{1}{4}$ 盒，再畫出 5 位小朋友共吃了幾盒？並寫出答案。

通常一個問題只有一個主要的提問，以免學童不能確知題目在問什麼。所

以，本題以一個數學問題爲核心，該問題標出上、下引號「一盒……鳳梨酥？」作爲解題的訊息。

二、題目中的數量設計應合理且簡單

以基隆市 109 學年六上抽測（五年級範圍）爲例，評量目標能在具體情境中應用「折扣」、「百分率」解決比大小的問題。

> 學校要採購 60 顆籃球，同一品牌的籃球訂價是 500 元，現在有 A、B、C 三家商店可以選擇，每家店的優惠方案如下表，請你幫忙找出優惠最多的商店，並説明你的理由。
>
> | A 商店 | 每買 10 顆籃球，免費送 2 顆籃球，不足 10 顆不贈送。 |
> | --- | --- |
> | B 商店 | 全部商品 15% off。 |
> | C 商店 | 購物每滿 3000 元，可折回現金 300 元；不滿 3000 元，不折回現金。 |

建構反應題主要是想了解學童的解題思維，題目中的數量不必很複雜，或者產生一些不同的解題觀點。本題要買 60 顆籃球，A 商店「買 10 顆、送 2 顆」，爲讓生活經驗較少的學童理解，改寫爲「每買 10 顆、免費送 2 顆」；此時，買 50 顆就會送 10 顆，合起來共 60 顆不多也不少。C 商店「每滿 3000 元，可折回現金 300 元」，買 6 顆就會是 3000 元，採購 60 顆有 10 次 3000 元，共可折回 $300 \times 10 = 3000$（元），沒有不滿 3000 元的狀況。若本題不是採購 60 顆籃球，例如：80 顆，A 商店若買 70 顆送 14 顆，共有 84 顆多了 4 顆；若買 60 顆送 12 顆，共有 72 顆，還要再買 8 顆，怎麼買優惠最多？可能見人見智。若本題還是採購 60 顆籃球，但 A 商店「每買 12 顆、免費送 2 顆」，若買 60 顆送 10 顆，這 10 顆可否換現金？還是買 48 顆送 8 顆，再買 4 顆。所以，設計建構反應題時，教師要先作答，掌握答題的各種可能狀況，再想想評量的目的，根據評量重點來修正題目。

三、題目的數字設計宜顧及錯誤解法

以新北市 106 學年五下抽測（五年級範圍爲主）爲例，評量目的是了解整數四則運算的運算次序。

老師出了一個計算題：「$2000-800÷4×5=?$」下面是兩位小朋友的做法：

小芳：

$2000-800÷4×5$
$=1200÷4×5$
$=300×5$
$=1500$

小瑤：

$2000-800÷4×5$
$=2000-800÷20$
$=2000-40$
$=1960$

老師説兩位小朋友的計算過程都有些錯誤，老師圈出了小芳錯誤的地方：

$2000-800÷4×5$
$\enclose{circle}{=1200÷4×5}$
$=300×5$
$=1500$

請你圈出小瑤錯誤的地方，並寫出正確的計算過程及答案。

如果此題是要學童併式記錄二步驟問題：$8 + 10 = 18$（公斤）、$432 ÷ 18 = 24$（元），正確的併式是 $432 ÷ (8 + 10) = 24$，錯誤的是 $432 ÷ 8 + 10 = 24$。設計建構反應題時，不論是在題目上，或是學童作答，都須考慮錯誤做法可按錯誤的想法求解，$432 ÷ 8 + 10 = 54 + 10 = 64$。若是 $432 ÷ (3 + 15) = 24$，但 $432 ÷ 3 + 15 = (\quad)$，$432 ÷ 3$ 除不盡就不宜。但是 $4×4$ 的面積，和 $4×4$ 周長一樣，學童答 16 是面積還是周長？$6×6×6$ 的體積，和 $(6×6)×6$ 的表面積一樣，學童答 216 是體積還是表面積？

這樣不能確認解題想法的要避免。本題 2000 − 800 ÷ 4 × 5 ＝？學童不是「先乘除後加減」的做法是：若是「從左算到右」，2000 − 800 ＝ 1200、1200 ÷ 4 ＝ 300、300 × 5 ＝ 1500；若是「先乘後除，再加減」，4 × 5 ＝ 20、800 ÷ 20 ＝ 40、2000 − 40 ＝ 1960，二種常見的錯誤做法都能完成計算。

四、題目中圖示的比例須正確

以臺北市 100 學年六上抽測（五年級範圍為主）為例，評量目標能理解長方形和正方形的面積公式與周長公式。

下圖四邊形 ABCD 是一個邊長 8 公分的正方形，四邊形 DCEF 是一個面積 32 平方公分的長方形，長方形 ABEF 的周長是多少公分？

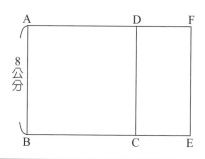

凡是較大規模的評量，對於題目中的圖示一定會注意其比例和正確性，不會將正方形的邊長，一組畫長些、一組畫短些；尤其三角形的底、高，以及各邊的長度都須圖示正確。筆者舉一例，讓親師了解圖示上的數字不能隨便給：

等腰梯形的對角線形成四個三角形，求算二腰的三角形灰色面積是多少平方公分？

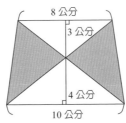

此題可從三個解法入手：(1) 先算整個梯形面積，再扣除上、下二個三角形面積，$(8+10) \times (3+4) \div 2 = 63$、$63 - 8 \times 3 \div 2 - 10 \times 4 \div 2 = 31$；(2) 因為是等腰梯形，可先算下底的大三角形，扣除下三角形面積後，再乘以 2 個，$10 \times (3+4) \div 2 = 35$、$(35 - 10 \times 4 \div 2) \times 2 = 30$；(3) 因為是等腰梯形，也可先算上底的大三角形，扣除上三角形面積後，再乘以 2 個，$8 \times (3+4) \div 2 = 28$、$(28 - 8 \times 3 \div 2) \times 2 = 32$。因為圖示的數字不正確或不成比例，造成不同解法得到的灰色面積是 31、30、32 不一致。上一題的圖示只有正方形的邊長 8 公分，雖然小長方形在題目中提到是 32 平方公分，但很容易得知短邊長是 4 公分，因此在圖示上還是要跟 8 公分成比例。

五、題目中數線單位量的間距長度易測量

以臺北市 101 學年六上抽測（五年級範圍為主）為例，評量目標能將分數、小數標記在數線上。

1. 在下面的數線上正確標示出 A 點，使 A 點在 0.7 的位置。你是怎麼標出 A 點的位置呢？把你的想法或做法寫下來。
2. 在下面的數線上正確標示出 B 點，使 B 點在 $2\frac{4}{5}$ 的位置。你是怎麼標出 B 點的位置呢？把你的想法或做法寫下來。

通常這類在數線上標出指定的分數或小數，會期望學童能自己等分小刻度，例如：將單位量 1 進行 2、3、4……10 等分；雖然教師會允許學童示意（不須很精準）即可，但很多學童會用尺測量單位量 1 的長度，再進行等分。所以，視題目需求設計單位量 1 的間距，以利學童操作。另外，還值得一提的，就是一到四年級的學童尚未進入形式運思期，對長度、面積等「量」的掌握，教學時須提供實際的尺寸，例如：公分尺、1 公分、1公尺、1 平方公分、1 平方公尺、1 立方公分、1 立方公尺；評量時，至少公分尺、1 公分、1 平方公分、1 立方公分在試題上不宜放大或縮小。本題設計時，單位量 1 的長度是 4 公分，要 5 等分、10 等分都很容易；需要特別注意的是，印製出來的評量題「單位量 1」的長度要是「4 公分」，否則會造成學童答題的困擾。

六、提供間接線索於分數表徵命題

　　以臺北市 108 學年五上普測（四年級範圍）為例，評量目標能認識等值分數並應用。

平安國小有一塊長方形小田園，如下圖。規劃 $\frac{1}{3}$ 塊地種青江菜，$\frac{1}{4}$ 塊地種空心菜，剩下的地種植小白菜。

(1) 請你幫這所學校規劃，在下圖中清楚畫出種植這三種菜的位置並寫出菜名。（每一個格子內只種植一種菜）

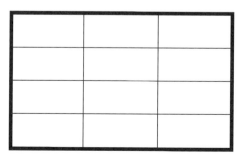

(2) 小白菜是占小田園的幾分之幾塊地？

有些分數有關的建構反應題，會請學童在正方形、長方形、圓……上做等分，如果等分份數是 2 等分、4 等分，可以完全留白；份數較多或為 3 等分、5 等分……，如果不提供等分的線索，恐怕學童會從先測量、再等分入手，這樣他們可能為求精準費時很多，尤其碰到除不盡時造成一些不必要的困擾。但是，圖形上等分的線索要怎麼給？最好不要直接提供解題暗示，只要提供「間接」線索即可！而且不要限定了解題方法。本題是要畫出 $\frac{1}{3}$ 塊、$\frac{1}{4}$ 塊土地，採用的是畫好 $4 \times 3 = 12$（格），學童可以從 3 條豎格畫 $\frac{1}{3}$、可以從 4 條橫格畫 $\frac{1}{4}$，當然也可以擴分後再畫 $\frac{4}{12}$（$\frac{1}{3}$）、$\frac{3}{12}$（$\frac{1}{4}$）；另外，圖形上只在二個短邊標示 3 個等分點（4 等分）、長邊標示 2 個等分點（3 等分）亦可！

七、避免學童用精算處理估算或概算的命題

以基隆市 110 學年四上抽測（三年級範圍）為例，評量目標是應用估算概念解決生活問題。

> 媽媽去市場買衣服，看見一件衣服很喜歡，剛好價目表上的標價個位數是模糊的，只看得到 79▓。媽媽想要買 4 件，身上只帶了 3000 元，你覺得夠不夠？為什麼？

通常命題是要學童用估算來解決問題，設計時關鍵是「要估的數字」就不宜出現，這樣進行估算才有意義。本題的原題是「一件衣服 795 元，媽媽想要買 4 件，她身上帶了 3000 元，你覺得夠不夠？為什麼？」學童就會用 $795 \times 4 = 3180$（元）來解題，達不到估算的評量目的。還有，概算的命題更須注意，例如：「$354589 + 243956 = ?$」，先取概數到萬位、再計算有幾個萬？此題是 355 萬 + 244 萬 = 599 萬，學童先進行精算 $354589 + 243956 = 598545$，取概數到萬位也是 599 萬，這就不是好的

命題;如果改成「354489＋244096＝?」,取概數到萬位是 354 萬＋244
萬＝598 萬,先精算是 354489＋244096＝598585,取概數到萬位是 599
萬,這就可看出哪些學童的概算有問題。本題是估算,學童只看到 79、
個位不知,此時學童想成 800×4＝3200(元),比 3000 元多 200 元,個
位最多是 9、9×4＝36,確定不夠買;若學童用可能最小 790×4＝3160
(元)去估算,還是比 3000 元多,也是可以!

．．．．．．．．．．．．．．．．．．．．．．．．．．．．．．．．．．．．．

　　上述七點是建構反應題設計時較常碰到須提醒之處,教師們在命題
時,只要常去想:題目的內容或圖示是否會造成學童解題困擾?學童解題
是否要花很多不必要的時間?還有,學童的錯誤解法是否考慮?最後,筆
者想再提醒的,就是建構反應題儘量不要在一題中,要學童算三、四個
小題才能找出最佳的答案。本小節中在具體情境 A、B、C 商店應用「折
扣」、「百分率」找出最優惠的方案,考量三種方案都很常見,偶而破
例出現,不宜是常態。況且,建構反應題本身就不包括選擇題,教師們
不要為了閱卷方便而採用選擇題,再請學童說明選它的理由;這種「選擇
題＋說明理由」的型態,正是二階段評量的題型。

　　本章所介紹的建構反應題(非選題)共有 19 題,包括臺北市 8 題、
新北市 6 題、基隆市 5 題,均來自臺北市、新北市、基隆市之國小基本學
力檢測的普測或抽測題。可詳:臺北市國民小學基本學力檢測網頁 http://
tebca.tp.edu.tw/downloads.html;新北市國民教育輔導團網頁 https://ceag.
ntpc.edu.tw/p/412-1007-608.php?Lang＝zh-tw;基隆市國小數學輔導團網頁
https://king.kl.edu.tw/13

各數學主題
建構反應題簡介

本章將參照課綱學習內容的主題，藉北北基國小學力檢測普測或抽測的試題，讓大家多認識一些三到**五年級**範圍的建構反應題，說明以五年級範圍為主，是表示有些試題可能四年級也適用；以四年級範圍為主，是表示有些試題可能三年級也適用，親師們可視學童學習的內容來決定。北北基檢測試題是本章的主要部分，每個題目筆者都會寫一些設計想法和分析；至於六年級、低年級的建構反應題，筆者另會分享一些親自參與和指導的工作坊作品，例如：新北市非選題命題工作坊的**六年級**試題，臺北市劍潭國小、龍安國小數學領域小組工作坊的**低年級**試題；參與教師在研發後，一定會經過實作及討論的修改後題目。最後，筆者再提供指導的翰林版教科書團隊所研發的**中、高年級**「一單元一素養評量」，提供大家參考；這些建構反應題也都有小規模的施測，經過討論和修改。筆者所介紹的試題只有考量主題、類型、年級，沒有針對特定的研發者挑選，只想讓親師多感受一些不同題型的題目，增加對這類題目的了解。

數與計算的建構反應題

數與計算是「數與量」主題的一部分，因其占國小數學內容的二分之一左右，所以專節呈現，內容包括整數、概數、分數、小數等的概念和計算。因為這些內容的特性不同，將分成幾個小節來介紹。

整數與概數：北北基檢測試題

例 1 概數的概念

以臺北市 98 學年六上抽測（五年級範圍為主）為例，評量目標能用四捨五入的方法，對大數在指定位數取概數，並做加、減之估算。

「請從 0、2、3、4、5、6、9 這七個數字中,選出兩個數填入下面的空格裡,使得組成的五位數用四捨五入法取概數到千位,得到的答案是 15000。請把所有可能的五位數寫出來。

1			8	7

請寫出所有可能的五位數。

本題是想了解學童對「四捨五入」能否理解?還是只能記得口訣。這五位數的數字不能重複,有可能是 14000 多,但百位要比 5 大;也有可能是 15000 多,但百位要比 4 小;正確解是 14587、14687、14987,以及 15087、15287、15387、15487。這題是需要系統思考的,很多學童只寫出比 15000 多的 15087、15287、15387、15487 四個數。

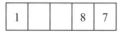 大數去零除法

以新北市 109 學年五下普測(五年級範圍爲主,因新冠疫情延至六上施測)爲例,評量目標是理解以換單位方式進行多 0 整數直式除法計算時,餘數數值所代表的意義。

過年了,甲、乙兩個公司各準備 80000 元發紅包當獎金,甲公司準備了 80 張千元鈔票,乙公司則準備了 800 張百元鈔票,他們都在每一個紅包內放入 3000 元。

小明用下面的直式計算後說:「甲、乙兩個公司都準備了 26 包的紅包當獎金,但是乙公司用百元鈔票包紅包,剩下沒發出去的錢比較多。」

甲公司	乙公司
$\begin{array}{r} 26 \\ 3\overline{\smash{)}80} \\ \underline{6} \\ 20 \\ \underline{18} \\ 2 \end{array}$	$\begin{array}{r} 26 \\ 30\overline{\smash{)}800} \\ \underline{60} \\ 200 \\ \underline{180} \\ 20 \end{array}$

小明的說法正確嗎？說明你的理由。

本題是想藉發獎金的情境，以及「商都是 26，甲公司的餘數是 2、乙公司的餘數是 20」，確認學童能否以百元、千元的生活情境，了解除法不同換單位時餘數的結果。甲公司餘 2 是 2 個 1000 元、乙公司餘 20 是 20 個 100 元，沒發出去的錢都是 2000 元一樣多。若學童是用不去零再算一次，發現商都是 2、餘數都是 2000，以此為理由指出說法不正確，他有可能不理解大數去零除法的意義，未用「換單位」的想法來判斷。

例 3　分配律與解題

以基隆市 109 學年六上抽測（五年級範圍）為例，評量目標能在具體情境中解決兩步驟問題，並辨別併式的記法與計算是否正確。

媽媽看到賣場舉辦特賣會，保暖衣一件 245 元，買了 6 件；又看到襪子一雙 55 元，也買了 6 雙。
欣茹用這個算式 $(245 + 55) \times 6$ 幫媽媽算要付多少錢。
你認為欣茹列的算式對嗎？並說明你的想法。

通常這種問題可以用三步驟：$245 \times 6 = 1470$、$55 \times 6 = 330$、$1470 + 330 = 1800$（元）來解題；也可併成一個二步驟算式：$(245 + 55) \times 6 = 300 \times 6$

＝1800（元），用逐步減項來解題。因為，大規模的評量不會限定解題的方法，建構反應題也不會設計成應用題型態；所以，本題直接出現併成的一個算式（245＋55）×6，讓學童判斷是否正確？而且可引導學童體會併式後，245＋5＝300、300×6＝1800（元）可以巧算得出。

例 4 平均問題

以臺北市 102 學年五上抽測（四年級範圍為主）為例，評量目標能做整數四則混合計算（多步驟問題）。

有 4 瓶彈珠：甲瓶 24 顆、乙瓶 17 顆、丙瓶 29 顆、丁瓶 10 顆。他想讓每一瓶的彈珠數量都一樣多，請你幫他想想看，可以怎麼做？把你的做法畫出來或寫下來。

通常平均問題的標準做法是「總數量÷總個數」，本題就是四瓶的總顆數 80 顆除以 4 瓶，每瓶有 20 顆彈珠。因為本題不是典型應用題的問法「每瓶裝的一樣多是幾顆彈珠？」而是問「他想讓每一瓶的彈珠數量都一樣多，請你幫他想想看，可以怎麼做？」想要確認學童是否理解平均問題？他們可用「差多補少」的方法解題，過程中有些調整無妨。若學童先算出平均顆數是 20 顆，再把甲瓶 24 顆的 4 顆、丙瓶 29 顆的 9 顆，分別補到乙瓶的 17 顆、丁瓶的 10 顆亦可。

例 5　概數的應用

　　以基隆市 108 學年五上抽測（四年級範圍）為例，評量目標能對大數在指定位數取概數（含四捨五入法），並做乘、除之估算。

> 基隆市和六都的人口統計如下表，小黑用四捨五入取概數到十萬位後指出：「六都中有些都市的人數是基隆市的 7 倍以上（含 7 倍）」，請問他指的是哪幾個都市？把你的判斷方式寫出來。

縣市名	人口	備註
基隆市	369987	
臺北市	2666908	
新北市	3997189	
桃園市	2223733	
臺中市	2806406	
臺南市	1883723	
高雄市	2773607	

　　本題係生活中真實情境，讓學童體會先取概數、再比較的便利和有用，否則要判斷哪些縣市人口是基隆的 7 倍以上（含 7 倍），計算是很複雜的。基隆和六都人口取概數到十萬位，分別是 40 萬、270 萬、400 萬、220萬、280 萬、190 萬、280 萬；所以，新北市 400 萬、臺中市 280 萬、高雄市 280 萬都是基隆市 40 萬的 7 倍以上（含 7 倍）。若學童未取概數，就找基隆市 40 萬的 7 倍以上（含 7 倍）的縣市，則有臺北市、新北市、臺中市、高雄市；其中臺北市就是錯誤答案。此設計可掌握學童是從精算求解外，也讓學童體會求概數的好處。

例 6 錢幣的分配與金額計算

　　以基隆市 110 學年四上抽測（三年級範圍）為例，評量目標是運用乘法與除法概念進行生活情境的解題。

> 奶奶有「4 張 500 元紙鈔、8 個 50 元硬幣和 5 個 10 元硬幣」。她想直接把這些錢幣平分給 4 個小孫子。請你先幫奶奶分分看，把你的分法畫出來，再回答每個人可以分得多少元？還剩多少元？

本題設計理念是想了解學童在實際生活中的解題能力，題目特別說明「奶奶想直接把這些錢幣平分給 4 個小孫子」，也就是錢幣數量平分時，須特別考量；因為以乘除應用問題的解題為主，所以 500 元紙鈔、50 元硬幣的數量都是 4 的倍數，只有 10 元硬幣不是 4 的倍數。學童面對跟課本練習不同的非例行性問題，要在平分錢幣有限制的情況下解題；他們有很多人是沒注意或是不理解，先計算奶奶總共有的錢、再算每人分得多少元，或是用不同錢幣的總金額逐一平分後，再加總，答案都是 612 元餘 2 元。正確解題的學童知道 5 個 10 元硬幣平分給 4 人，每人分 1 個剩 1 個，答案是每人有 1 張 500 元、2 個 50 元、1 個 10 元，每人共有 610 元，還剩 10 元。有部分學童不理解錢幣包括紙幣和硬幣，而是認為錢幣就是硬幣，親師可加強他們的生活經驗和語詞能力。

分數：北北基檢測試題

例 1 商為分數

　　以臺北市 98 學年六上抽測（五年級範圍為主）為例，評量目標能在平分情境中，理解分數之「整數相除」的意涵。

「8 個人平分 3 個喜餅，每個人可以分到幾個喜餅？」請畫圖表示怎麼分，並寫出做法及答案。

本題是想藉由圖示表徵，確認被除數比除數小、商為分數的「整數相除」意涵；很多學童對除法問題的概念，受限於被除數比除數大，剛學「商為分數」的除法時，相當困惑和不理解。分數概念從二年級「等分割」，以及部分—整體關係認識單位分數；三年級透過「累積單位分數」認識真分數和假分數；四年級在不同等分割狀態下，認識等值分數；五年級將異分母分數透過擴分或約分，進行「通分」，接著就是擴充分數為「兩整數相除」的結果，進而才會進行分數倍的運算，將分數當做一種操作或倍數關係就是「運算子」意義。本題設計時，採用「8 個人平分 3 個喜餅」，而非「3 個喜餅平分給 8 個人」，學童須從題意了解誰被等分，而不是大的數除以小的數，或第一個數除以第二個數。

例2 分小數的數線

以新北市 107 學年五下普測（五年級範圍為主）為例，評量目標能將分數正確標記在小數數線上。

龜兔賽跑中，兔子在數線 $\frac{3}{5}$ 的位置睡著了，直到烏龜爬到數線 1.9 的位置才醒來。數線上烏龜的位置是正確的，請你畫出兔子的位置，並說明你的做法。

本題的數線標有完整的大刻度和小刻度，目的是要確認學童能否看出大刻度、小刻度代表的數值？為了不讓學童有不同觀點造成困擾，題目中特別說明「數線上烏龜的位置 1.9 是正確的」，學童應該可以明確找出大刻度 0、1、2 的位置，並了解每個小刻度間的長度是 0.1。但是，兔子在數線 $\frac{3}{5}$ 的位置，$\frac{3}{5}$＝0.6 找錯的學童仍然不少，不能從分小數的互換來解題；很多學童就只是數 3 小格，不是把 10 小格 5 等分，要點數 6 小格。

例3 比率的應用

以新北市 108 學年五下抽測（五年級範圍為主）為例，評量目標能依據情境判斷運用比率的時機，並正確進行比較。

> 學校舉辦班際投籃競賽，小明、小華都想代表班級參加比賽，老師請他們說明最近一次練習的情況，以作為推薦選手的依據。
> 小明：「我投進 35 球，沒投進 15 球。」
> 小華：「我共投了 60 球，進球率是 $\frac{3}{5}$。」
> 根據二人的說法，你會推薦哪一位選手參加比賽，為什麼？請說明原因。

本題是利用班際投籃競賽的情境，讓學童感受到學會「比率」的用處。小華的進球率已知是 $\frac{3}{5}$，小明的未直接告知，須求算 $35 \div (35 + 15) = 35 \div 50 = \frac{7}{10}$，以確認學童是否能理解進球率的意涵和算法？因為，$\frac{7}{10} > \frac{3}{5}$，所以，小明的進球率比較高，推薦小明參加比賽。本題的數字都很容易計算，很多學童看到數字就直接相除 $15 \div 35 = \frac{3}{7}$，再和 $\frac{3}{5}$ 比較，錯誤解法的數字也都能運算，這也是命題設計時要考慮的。

例 4 分數除以整數

　　以新北市 109 學年五下普測（五年級範圍爲主，因新冠疫情延至六上施測）爲例，評量目標能理解除數爲整數的分數除法並解決問題。

> 小青有一塊正方形土地（如下圖），將其中的 $\frac{3}{4}$ 塊地平分成 2 份，分別種植高麗菜及小白菜，種植小白菜的區域是多少塊地？
> 請在這塊正方形土地上畫出小白菜的種植區域，並寫出算式與答案。
>
> ┌─────────┐
> │   │
> │   土地   │
> │   │
> └─────────┘

　　通常學童會按題意列式、求算，但未必了解算式的概念或意義；透過圖示的表徵、寫出的算式，可確認他們的解法。本題是將正方形土地 4 等分，在題目的正方形上，沒有任何協助等分的註記，以免暗示或影響學童解題。$\frac{3}{4}$ 塊土地不是很困難的操作，先 4 等分後，再取其中 3 份，只要看出學童表徵的表達正確，不須要求圖示很精準，到此大部分的學童是沒有問題的。接著，再進行平分成 2 份；算式和答案是 $\frac{3}{4} \div 2 = \frac{3}{8}$。不少學童在圖示中無法表達「$\div 2$」，以及 $\frac{3}{8}$ 的表徵，但算式和答案正確，由此可見學童是在做沒有意義的運算。

例 5 異分母分數

　　以臺北市 107 學年五上普測（四年級範圍爲主）爲例，評量目標能進行簡單異分母分數的比較。

從 1、2、3、4 中，選出 2 張不同的數字卡一張放分子、一張放分母，組成最大的真分數。

(1) 此最大的真分數是多少？

(2) 請說明：為什麼它是最大的真分數？（須詳細說明理由，否則不予計分）

學童須理解何謂「真分數」？才能從 1、2、3、4 數字卡中組成真分數。本題的真分數有：$\frac{1}{2}$、$\frac{1}{3}$、$\frac{1}{4}$、$\frac{2}{3}$、$\frac{2}{4}$、$\frac{3}{4}$，學童不一定能有系統且完全列出。接著可用通分來比較，也可從分母一樣的找出 $\frac{3}{4}$、$\frac{2}{3}$ 較大，和 $\frac{1}{2}$ 比大；也可從分子一樣的 $\frac{1}{2}$、$\frac{2}{3}$ 較大，和 $\frac{3}{4}$ 比大，三種比較都是 $\frac{3}{4}$ 最大。若學童未列出合乎題意的所有真分數，但能清楚說明 $\frac{3}{4}$ 最大，也是可以！

例 6 分數的表徵和比較

以基隆市 110 學年四上抽測（三年級範圍）為例，評量目標是簡單同分母分數比較。

媽媽買了一盒湯圓有 6 顆，多多吃掉了 $\frac{2}{6}$ 盒，小黑吃掉了 3 顆，誰吃的比較多？請畫畫看並說明理由。

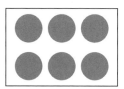

通常進行分數比較，可從內容物的顆數來比，也可直接從分數來比；本題主要想了解學童能否將內容物用分數表示？再進行分數的比較。本題受限

於三年級學童的學習內容，若要處理離散量情境，分數的分母要跟整體量的總數一致。一盒有 6 顆，3 顆就是 $\frac{3}{6}$ 盒、$\frac{2}{6}$ 盒就是 2 顆，小黑吃的比較多。但是，仍有很多的學童可以寫出 $\frac{3}{6} > \frac{2}{6}$ 或 3 > 2，但不能正確寫出單位盒或個、畫出圖示表徵等。本題仍是一盒有 6 顆，若改成 $\frac{1}{3}$ 盒和 3 顆、$\frac{1}{3}$ 盒和 $\frac{1}{2}$ 盒來比，就適合四年級學童來評量。

小數：北北基檢測試題

例1 小數的整數倍

以臺北市 99 學年六上抽測（五年級範圍為主）為例，評量目標能用直式處理二、三位小數加、減與整數倍的計算，並解決生活中的問題。

> 請你使用畫圖的方式說明「0.2×6」的答案是多少？
> （只計算而沒有畫圖說明不予給分）

小數乘法的計算，基本上是比照整數乘法；但是，學童要能將本題的 0.2 想成「2 個 0.1」，計算 2 個的 6 倍是 12 個，「12 個 0.1」就是 1.2。若學童不理解運算背後的概念，只記得一位小數乘以整數就是一位小數、一位小數乘以一位小數就是二位小數⋯⋯，恐怕很難圖示表徵。本題是整數倍，想了解學童能否把整數乘法的意義，運用到小數的整數倍？也就是 0.2 的 5 倍是 1，再加上 0.2 的 1 倍是 0.2，合起來 0.2 的 6 倍就是 1.2；學童使用數線、 0.2 等表徵均可，只要表達的意思對了就好。

例2 小數的加法

以臺北市 100 學年六上抽測（五年級範圍為主）為例，評量目標能用直式處理二、三位小數加、減與整數倍的計算。

> 小蘭做「15.12＋0.1」的數學題目，算出來的答案是「15.13」。想一想，
> 小蘭的答案正確嗎？為什麼？請把理由寫出來。

有些建構反應題會將小數計算的直式列出，列出直式可明顯看到小數點沒
有對齊，但教學的重點在「幾個 0.1 要和幾個 0.1 相加」、「幾個 0.01 要
和幾個 0.01 相加」，強調同單位才能相加。若未列出直式，學童可以自
行列直式求解，再用同單位（0.1/0.01）才能相加、十分位和十分位要對
齊／百分位和百分位要對齊、小數點要對齊（只會此口訣不宜）。若本題
將數字改成「15.12＋8.1」、答案是「15.93」時，學童就可用數感來回答，
「15 加 8」不會還是「15 多」。

例 3　小數的表徵

以臺北市 101 學年六上抽測（五年級範圍為主）為例，評量目標能知
道一位小數與二位小數的意義，並畫圖表徵。

右圖是一張百格板，請你在下圖中用塗色或畫斜線
的方式分別畫出 0.6 張和 0.24 張百格板。

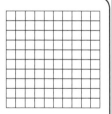

(1)　　　0.6 張

(2)　　　0.24 張

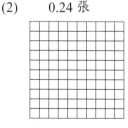

這種圖示問題雖然看起來很簡單，但是還是想了解學童腦袋中一位小數、二位小數的概念為何？本題使用學童在課本常見的百格板，學童只要知道 0.6 是 6 個 0.1，0.1 是「1」分成 10 份中的 1 份，重點是百格板的 0.1 是 10 格，一共要標出 60 格；0.24 是 24 個 0.01，0.01 是「1」分成 100 份中的 1 份，重點是百格板的 0.01 是 1 格，一共要標出 24 格。很多學童在這題「0.6」張的圖示，只有標出 6 格，顯然只有 0.1 張是 1 格的錯誤概念，不能從整體「1 張」來看「0.1 張」是 10 排中的 1 排、10 行中的 1 行、100 格中的 10 格；其實，這些學童的 0.24 張是標示了 24 格，他們對小數 0.01 張的概念，可能只是看到 24 就畫 24 格，未必有 0.01 張是 100 格中的 1 格的概念。

例 4　小數的乘法

　　以新北市 106 學年五下抽測（五年級範圍為主）為例，評量目標能用直式處理被乘數及乘數是小數的計算。

老師出了一個數學問題「一條彩帶長 3.5 公尺，姊姊布置教室用了 2.7 條，姊姊共用掉多少公尺的彩帶？」小平先寫了算式「3.5×2.7＝」，再用直式計算出結果如下：

$$\begin{array}{r} 3.5 \\ \times\ 2.7 \\ \hline 245 \\ 70\ \ \\ \hline 94.5 \end{array}$$

你覺得他的直式計算做對了嗎？請說明理由。

學童受到小數加減的影響，會認為小數乘法只要對齊小數點就好。這題和例 1「0.2×6」表徵題所想評量的重點不同，主要想了解學童能否正確計

算外,還知道小數乘法的概念。若學童用「形式」來記小數的運算規則,加減法、乘法、除法各有不同,常常容易出錯;用「概念」掌握運算規則,相對提高正確性。小數乘法要先將被乘數 3.5 想成 35 個 0.1、乘數 2.7 想成 27 的 0.1 倍,才能比照整數 35×27＝945 運算,因為 0.1 的 0.1 倍是 0.01,所以 945 個 0.01 就是 9.45。

本題可用數感來判斷,將 3.5 估成 4、2.7 估成 3,心算 4×3＝12,答案最多不會超過 12,顯然 94.5 不對,這是優良解!學童自行重算一次,或用口訣「一位小數乘以一位小數是二位小數」指出不正確,雖算正確解,但未能直接判斷說出不正確的理由。親師應該知道,一位小數乘以一位小數通常雖是二位小數,但有時會有例外,例如:3.5×2.4＝8.4。

例 5　小數的加減與應用

以新北市 108 學年五下抽測(五年級範圍為主)為例,評量目標能進行多位小數的加減計算,解決生活中實際遇到的問題。

小蘿的媽媽讓她今天到便利商店買套餐吃,她要從 A、B、C 三種套餐(如下表)中,選擇不一樣的兩種套餐當做中餐和晚餐,並且要全部吃完零剩食。

便利商店套餐內容含鈉量表

套餐種類	套餐組合食品及含鈉量標示(公克)
A 套餐	肉醬義大利麵(0.712 公克)、玉米濃湯(0.28 公克)
B 套餐	肉片炒麵(0.955 公克)、味噌湯(0.3 公克)
C 套餐	雞丁燴飯(0.693 公克)、海帶湯(0.387 公克)

依據健康研究報導的建議,媽媽希望小蘿這兩餐的鈉攝取量總和須在 1.2 公克～2.3 公克之間。想想看,在 A、B、C 中可以選擇哪兩種套餐呢?把可能的答案都寫出來,並說明你的做法。

生活中小數生活情境的應用，對學童有意義且適合進行多位小數的計算，實在很難找到。接著要考慮不能是一般應用題型態，學童只是將題目中的小數直接相加減。本題設計三種套餐有主食和湯品要先算含鈉量，再選二種套餐，三種套餐含鈉量分別為：A：0.992 公克、B：1.255 公克、C：1.08 公克，可以 A＋B、B＋C、A＋C 三種組合都算，也可以判斷 B＋C 超過 2.3 公克不算，所以有 A＋B 及 A＋C 二種選擇方式。可是這題錯誤的學童相當多，不是只選一種組合，就是只選 B 套餐（＞ 1.2 公克），還有小數加法不正確。

例6 小數的比大小

以基隆市 108 學年五上抽測（四年級範圍）為例，評量目標能理解單位量下的一位小數與兩位小數和整數量之間的關係，並做比較。

> 一包色紙 100 張。小馨有 2.5 包，仟榕有 2.09 包，小熙有 215 張，請說明誰的色紙最多？

學童在中年級開始學小數，他們要能掌握內容物 100 張和「整體量 1」一包的關係。本題是想了解學童能否掌握 2.5 包、2.09 包是幾張紙？還有 215 張是幾包紙？再從 2.5 包、2.09 包、2.15 包，或 250 張、209 張、215 張去比較，誰的色紙比較多？這題不少學童會將 2.5 包寫成 205 張，或 2.15 包＞2.5 包；所以，教師們在小數（含分數）教學時，務必強調單位，例如：包和張、盒和個、張和片，協助學童了解 0.1 和 0.01 跟「整體量 1」的關係和差別。

數與計算：工作坊研發試題

例 1 從質因數分解式找因數

老師說：「$60 = 2 \times 2 \times 3 \times 5$，$2$、$3$、$5$ 都是 60 的因數，60 還有沒有其他的因數？」

小華說：「$2 \times 2 = 4$，4 是 60 的因數；$2 \times 3 = 6$，6 是 60 的因數。爲什麼 $4 \times 6 = 24$ 不是 60 的因數呢？」

請你想一想，如何向小華說明原因呢？

（六年級／新北市 110 學年非選題工作坊）

例 2 最小公倍數的生活應用

爲了配合校慶舉辦美展活動，學校蒐集學生創作的作品，每張作品的規格是寬 12 公分、長 27 公分的畫紙，要將這些作品以相同方向拼貼（如下圖），做成一張正方形的大圖，並貼在邊長爲 126 公分的正方形白板上。

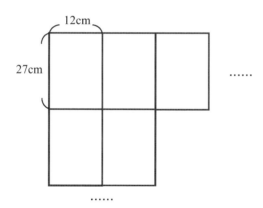

小華說：「用白板面積除以作品的面積，得到的商是 49，所以可以貼 49 張。」小華的說法正確嗎？請說明你的理由。

（六年級／新北市 110 學年非選題工作坊）

例3 比與比值的生活應用

校園中通常以稀釋過的漂白水來環境消毒，稀釋漂白水的調製比例為 1 毫升的漂白水，加入 100 毫升的清水，這樣就可以達到殺菌效果。

小明提了一桶 6 公升的清水，加入 2 個瓶蓋的漂白水，市售漂白水 1 瓶蓋量約 25 毫升。他說：「這桶水已經達到殺菌效果了。」你認為小明的說法正確嗎？請寫出你的理由。

（六年級／新北市 110 學年非選題工作坊）

例4 應用速度概念解決生活問題

學校舉辦健行活動，同學們要從步道入口統一出發，走到觀景台後折返原路線回入口處（路線如下圖）。

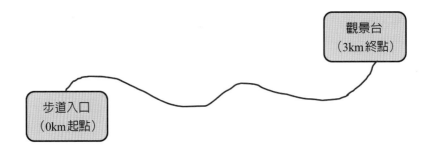

觀景台
（3km 終點）

步道入口
（0km 起點）

甲班同學早上 8：30 從步道入口出發，10：00 抵達觀景台，休息到 10：30 走回程。小明說：「回程時，我們以速度 1.8km/hr 前進，一定能在中午 12：00 前返回步道入口處。」

請問小明的說法正確嗎？請寫出你的理由。

（六年級／新北市 110 學年非選題工作坊）

例 **5** 基準量和比較量的生活應用

熊讚文具店的價格表如下，老師挑選兩種文具各一個組合成禮物包，其中一種文具的價錢是另一種文具的 3 倍，且每個禮物包內的文具都相同。老師共花了 700 元買禮物包，禮物包裡有什麼文具？共幾包？請寫出你的想法或算法。

熊讚文具店價格表

品名	三角板	自動筆	圓規	筆記本	擦擦筆
價格（元）	15	35	40	105	120

（六年級／新北市 110 學年非選題工作坊）

例 **6** 生活中的類雞兔同籠問題

紅茶一瓶 25 元，牛奶一瓶 30 元，媽媽給了 210 元，要阿達買一些紅茶和牛奶，而且錢要剛好用完。阿達先拿了 4 瓶紅茶，4 瓶牛奶，發現帶的錢不夠 10 元，就把紅茶和牛奶的瓶數做了調整，請問阿達最後買了幾瓶紅茶和幾瓶牛奶？請寫出你的做法或理由。

（六年級／新北市 110 學年非選題工作坊）

例 **7** 乘法概念

老師出了一個數學題目：「媽媽買了 3 盒月餅，月餅每盒有 8 個，請問媽媽一共買了幾個月餅？」

小方的做法如下：

畫畫看：

$3+3+3+3+3+3+3+3=24$

$3×8=24$　答 24 個

請問小方的做法對不對？把你的想法寫下來。

（二年級／臺北市龍安國小 106 學年數學領域工作坊）

例 8 二位數的加減問題

老師出了三個數學問題：

A. 袋子裡有 32 顆球，其中 6 顆是白球，剩下的都是紅球，請問袋子裡有幾顆紅球？

B. 媽媽買包子花了 32 元，現在媽媽還剩下 6 元，請問媽媽原來有幾元？

C. 蠟筆一盒 32 元，蠟筆比彩色筆貴 6 元，請問彩色筆幾元？

想想看 A.B.C 三個數學題目，有哪些題目的算式和答案，是「32 − 6 = 26」：＿＿＿＿＿＿

爲什麼？請把你的想法寫下來。

（一年級／臺北市龍安國小 105 學年數學領域工作坊）

數與計算：翰林版研發試題

例 1 四位數可能是多少？

🎯 **素養評量**

媽媽手機的解鎖密碼是用 0、3、4、7 排出的四位數。這個四位數比 7000 大，比 7400 小，想想看這個四位數的密碼可能是多少？ 配合附件5

（配合翰林國小數學三上第 1 單元 10000 以內的數）

例 2 分數可能是多少？

🎯 **素養評量**

有一個分母是 8 的分數比 $2\frac{1}{8}$ 大，也比 $\frac{22}{8}$ 小，這個分數可能是多少？把你的想法寫出來。

（配合翰林國小數學四上第 6 單元假分數與帶分數）

例 3 還要等多少天？

素養評量

> 餐廳有兩種夏日限定甜點，芒果生乳塔每8天供應一次，抹茶戚風蛋糕每6天供應一次。姐姐今天去餐廳，剛好兩種甜點都有供應。
> 姐姐說：「下次剛好兩種甜點都有供應，最少還要等48天。」
> 姐姐的說法對嗎？說一說你的想法。

（配合翰林國小數學五上第 4 單元公倍數與公因數）

例 4 平均分數到底是多少？

素養評量

> 本學期總共有四次數學小考，每次考試的滿分是100分，小坤前三次數學小考的平均分數是80分，他希望平均分數可以達到90分。小坤四次的平均分數可能達到90分嗎？把你的想法寫下來。

（配合翰林國小數學六下第 5 單元怎樣解題）

量與實測的建構反應題

　　國小涉及的量教材，可分為感官量和工具量，前者包括：長度、重量、容量、面積、體積、角度，後者只有時間。在十二年國教數學領域課綱，當面積、體積、容量可以公式表示概念時，相關的計算問題就會併入圖形與空間（幾何）教材。

量與實測：北北基檢測試題

例 1　重量的估算

　　以臺北市 96 學年六上抽測（五年級範圍為主）為例，評量目標能認識重量單位「公噸」及公噸、公斤間的關係，並做相關計算。

> 「一隻非洲象重 4.8 公噸，牠大約是多少個六年級學生合起來的重量？你是怎麼估算的？把你的想法與做法寫下來。」

　　這是六年級學童估算六年級學生需要幾位合起來的重量，會和一隻非洲象一樣重；他們可參考大多數同學和自己的體重來估，只要估算和說明合理均可！本題合理的估算有：(1) 班上最重的人約 50 公斤、最輕約 30 公斤，所以設六年級學生約重 40 公斤；(2) 六年級學生約 50 公斤；(3) 六年級學生約 40 公斤。很多解法錯誤的學童是不會估六年級學生的體重，但應該知道自己的體重，也可以此來估算；還有將 4.8 公噸換算成 480 公斤，正確的應是 4800 公斤，以及除法計算錯誤。

例 2　容積的概念與應用

　　以新北市 108 學年五下抽測（五年級範圍為主）為例，評量目標能理解容量、容積和水高間的關係。

> 甲、乙二個容器裝了相同高度的水（如下圖甲、乙）。小美說：「我把乙容器的水全部倒入甲容器，因為二個容器原本的水高都是 4 公分，所以甲容器的水面就會上升 4 公分。」你認為小美的說法正確嗎？請說明你的理由。

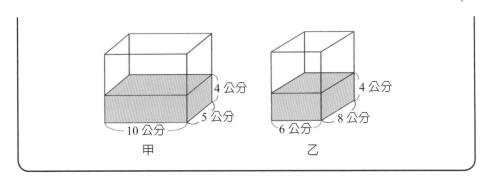

容積的概念可用水量所占容器內部的空間大小來表示，容器中的水高一樣，要看底面積才能確定水量是否一樣？本題設計時，同時呈現甲、乙容器水高一樣的水量，希望學童觀察後，能引發他們發現：雖然水高一樣，但是乙的底面積比甲的底面積小，乙容器中裝的水量比甲容器少；要將乙容器的水倒入甲容器，水不可能升高 4 公分。學童也可直接說明，將乙容器的水倒入甲容器，因乙容器的底面積比甲的底面積小，水不可能升高 4 公分。當然，學童用計算 $(6 \times 8 \times 4) \div (10 \times 50) = 3.84$（公分），也可知道小美的說法錯誤。

例3 時間的計算與應用

以新北市 109 學年五下抽測（五年級範圍為主）為例，評量目標能解決時間的乘除計算問題。

科學嘉年華活動期間，科學館視聽中心從 9：00 開始到 16：00 結束，連續播映「立體 3D 動畫」影片 6 場。每場影片長度一樣，中間不休息。
小明說：「我在科學館展示廳看展覽，預定 12：40 結束，可以趕上隔壁視聽中心第四場影片的開始播放時間。」
請問小明的說法是否正確？你是如何判斷的？

時間計算要命出一般的應用題很容易，雖然時間跟生活密切相關，但是多半是一般的生活情境；想讓學童對時間計算在生活中應用有感，設計

建構反應題要考量甚多，例如：學童可能有的經驗、計算解題有需求感、場地情境描述合理。本題是判斷題，學童要先計算一場影片有多長 $(16-9) \times 60 \div 6 = 70$（分），第四場影片開始是 $70 \times (4-1) = 210$（分）或 $70 \times 3 = 210$（分），從 9 時經過 210 分是 12 時 30 分，看展覽 12：40 才結束。視聽中心就在展示廳旁邊，看展覽 12：40 結束，第四場電影 12：30 開始，小明趕不上看影片啦！本題只要學童的解題合理，思考方式不同、判斷正確者均可。

例4 正方形組合圖形的周長

以臺北市 104 學年五上普測（四年級範圍為主）為例，評量目標能認識周長，並實測周長。

將 8 個 1 平方公分的正方形，利用邊靠邊的方式拼成下面圖形：

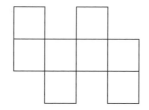

(1) 這個圖形的周長是多少？
(2) 如果再增加 1 個 1 平方公分的正方形，應該要拼放在哪裡，才會使拼組後的圖形周長不變？在答案上的圖形中畫出你拼放的位置，並將所有可能的拼法都畫出來。

學童應該先理解圖形的周長是圖形邊界的長度，再思考增加一格正方形，如何可使面積改變、周長不變？本題只須點數周界有幾個 1 公分，還有思考這增加的一格正方形放在哪裡？是在角落，還是上、下兩邊？讓學童體會或了解圖形的面積不同、周長一樣。不少學童在回答第 1 小題是將方格

移動，拼排成一個長方形 $2 \times 4 = 8$（格），用周長公式 $(2+4) \times 2 = 12$（公分）來回答，可見學童對周長就是圖形的邊界未能真正理解？或是學過周長公式，誤以為周長一定要用公式來求解？但這個思維也是不妥。至於，將增加一格的正方形放角落，周界 2 個 1 公分被推出來沒有增加總周長；若放在上、下兩邊，周界 3 個 1 公分，只有 1 個 1 公分被推出來，總周長減少 2 個 1 公分。

例5 周長一樣與矩形面積

以基隆市 108 學年五上抽測（四年級範圍）為例，評量目標能理解長方形和正方形的面積公式與周長公式，並應用於解題。

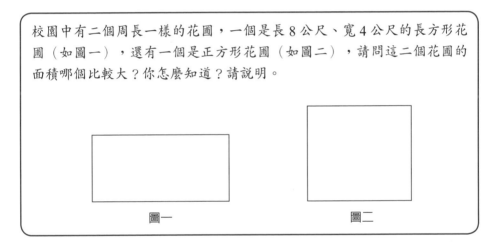

校園中有二個周長一樣的花圃，一個是長 8 公尺、寬 4 公尺的長方形花圃（如圖一），還有一個是正方形花圃（如圖二），請問這二個花圃的面積哪個比較大？你怎麼知道？請說明。

圖一　　　　　　　　　　圖二

本題標題的矩形指的是長方形和正方形，長方形花圃的周長是 $(8+4) \times 2 = 24$（公尺），面積就是 $8 \times 4 = 32$（平分公尺）；正方形的周長是 24 公尺，邊長是 $24 \div 4 = 6$（公尺），面積就是 $6 \times 6 = 36$（平方公尺），面積 $36 > 32$ 代表正方形花圃的面積比較大。命題設計在正方形邊長未明確告知，學童要能應用題目中的訊息求算外，並且對長方形、正方形的周長、面積概念沒有混淆。學童的錯誤是用迷思概念回答「周長一樣、面積一樣」，還有就是將長方形的周長直接當做正方形的邊長來計

算，對周長、邊長概念混亂。

例6 小數公分尺的測量

以基隆市 110 學年四上抽測（三年級範圍）為例，評量目標是公分尺非從 0 開始的小數公分的長度報讀。

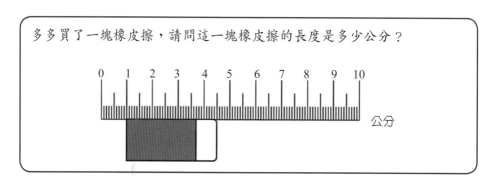

學童在二年級學過公分、公尺，三年級認識毫米、一位小數；題目設計是想確認他們能否掌握公分尺大刻度的間距是 1 公分、小刻度的間距是 1 毫米也就是 0.1 公分；就是要了解 1 公分平分成 10 等分，每一等分是 1 毫米也就是 0.1 公分。本題的被測量物不是從刻度 0 開始，也就是通俗所謂「斷尺測量」的概念；雖然在四年級前要儘量在視覺上提供實際尺寸，但學童已是三年級也要能從公分尺上理解間距和刻度的關係，作為學習「數線」的前置經驗。本題可從點數有幾個 1 公分（大刻度）和幾個 1 毫米（小刻度 0.1 公分）、幾個 1 公分和幾個 0.5 公分（中刻度間），也可從刻度 1 到 4.5 是 3.5 公分來答題。有不少學童是使用直尺測量（有些誤差），或是多算了前面的 1 公分；有些學童對被測量物的長度，不能了解是橡皮擦的最長長度，而是以尺和物品接觸部分來測量，因為有小小的圓角，以為橡皮擦長度是 3.5 − 0.1 = 3.4（公分）；教師在教學時，宜強調被測量物起點和終點的界定。

量與實測：工作坊研發試題

例 1 月曆和幾月幾日星期幾

小明查閱某年的月曆，看到 1 月有 31 天，發現這年 1 月星期二、星期三及星期四各都出現 5 次。請問 1 月 1 日是星期幾？寫出你的答案及做法。

1月						
日	一	二	三	四	五	六

（二年級／臺北市劍潭國小 108 學年數學領域工作坊）

例 2 經過 30 分鐘是幾點幾分

阿芳的體能課從 9：08 開始，要上 30 分鐘。

1. 下面的鐘已經畫出時針的位置，請你畫出分針的位置，顯示體能課下課時間，並寫出下課時間是幾點幾分？請說明為什麼你把分針畫在這個位置。

下課時間是＿＿＿點＿＿＿分

2. 圈圈看：現在是 9：45，請問體能課下課了嗎？
（下課了、還沒下課）

（二年級／臺北市龍安國小 106 學年數學領域工作坊）

例 3 長度的個別單位

小平將一條繩子對摺 2 次後，剛好和 1 條橘色積木一樣長，如下圖，原來繩子和幾條橘色積木一樣長？寫下你的想法。

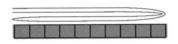

答：原來繩子和（　　　）條橘色積木一樣長。

你是怎麼知道的：

（一年級／臺北市劍潭國小 107 學年數學領域工作坊）

量與實測：翰林版研發試題

例 1 誰的果汁比較多？

 素養評量

媽媽拿出一瓶 1900 毫升的果汁，先將一些倒進皮皮的水壺，瓶子裡還有 1500 毫升的果汁；再將一些倒進美美的水壺後，果汁剩下 1100 毫升。

美美水壺裡的果汁比較多。

皮皮說對了嗎？把你的想法記下來。

皮皮的　　美美的

（配合翰林國小數學三下第 2 單元公升與毫升）

例2 皮皮回得了家嗎？

素養評量

皮皮和丹丹約好要到電影院看一部片長 85 分鐘的動畫。這部動畫在上午 11 時 50 分開始播放。皮皮拿出紙筆算了算，決定請爸爸在 12 時 35 分到電影院接他回家。皮皮算對了嗎？請把你的想法寫下來。

時	分
11	50
+	85
~~11~~	~~135~~
12	35

（配合翰林國小數學四下第 9 單元時間的計算）

例3 有沒有超重？

素養評量

高速公路地磅站規定，大型車的重量上限是 15 公噸，當重量超過規定上限的 1.1 倍時會被罰款。有一輛大貨車，出車前測得重量是 17300 公斤，這輛貨車會不會被罰錢？你是怎麼知道的？

地磅

（配合翰林國小數學五下第 5 單元生活中的大單位）

例4 找出最大的石頭

素養評量

丹丹在 3 個不同的容器內裝一些水，各丟入一塊石頭後，發現水都上升了 5 公分（如下圖），哪一塊石頭的體積最大？

單位：公分

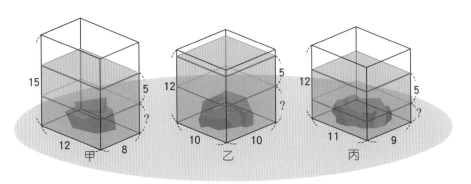

（配合翰林國小數學五下第 7 單元容積）

圖形與空間的建構反應題

「圖形與空間」延伸到國、高中就是「幾何」，學童在國小階段的學習範圍大都在平面圖形、立體形體的認識、構成要素，以及性質的探討。是因為十二年國教課綱數學領域的學習內容，將「數與量」的「量與實測」部分，有關各種量的特性認識，以及常用單位的小單位、大單位的認識，放在低、中年級；有關面積、體積公式建立和應用，放在高年級的圖形與空間的教材，統稱為「幾何量」。

幾何概念：北北基檢測試題

例1 三角形的高

以臺北市 97 學年六上抽測（五年級範圍為主）為例，評量目標能畫出三角形中指定底邊的高。

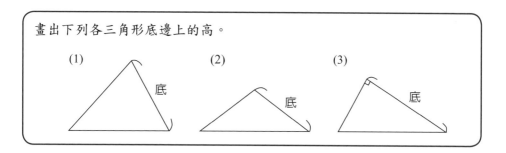

畫出下列各三角形底邊上的高。

(1)　　　　　　　(2)　　　　　　　(3)

本題的三角形有銳角三角形、鈍角三角形、直角三角形等三型，它們的底邊位置都不在水平那側。學童若對三角形的高，其概念或定義不很理解，這題對他們而言是有難度的；尤其是鈍角三角形（圖 2）這題，它的高從底邊對應的頂點來畫，高是在三角形之外。學童須理解三角形高的定義，它是從頂點到底邊的垂直線；若有學童經過頂點，畫出和底邊的平行線，與這二條平行線互相垂直的線段，也是這三角形的高。

例 2　線對稱圖形

　　以臺北市 98 學年六上抽測（五年級範圍爲主）爲例，評量目標能認識線對稱，並理解簡單平面圖形的線對稱性質。

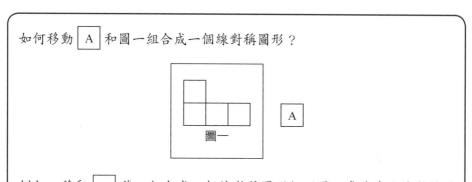

如何移動 ⬚A 和圖一組合成一個線對稱圖形？

圖一

A

例如：移動 ⬚A 後，組合成一個線對稱圖形如下圖，虛線爲此線對稱圖形的對稱軸。

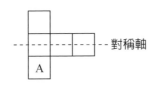

像上述例子，請你再畫出 2 個線對稱圖形，並分別標示出對稱軸。

　　本題的設計不是提供一些圖形讓學童判斷哪些是對稱圖形，而是讓他們在原有方格圖形上增加一個方格 A，自行製作對稱圖形；爲了確認學童是如何判定對稱圖形，並要求他們畫出對稱軸。這題在原方格圖形上增加方格 A，可以變成每邊 3 個方格的 L 型，或左右對稱的ㄩ字型；可是不少學童未讀懂題意，有些是重複以示範圖形回答、在示範圖形上增加一個方格，或是利用原方格圖形來創作對稱圖形。無論製作出的是正確或錯誤圖形，大多數的學童能畫出對稱圖形和對稱軸。

例3　柱體和錐體的性質

　　以新北市 109 學年五下抽測（五年級範圍爲主）爲例，評量目標能辨識正角錐的面和邊、角關係。

数學課進行各種柱體和錐體「我說你猜」的活動。小華、小明和小展三人是同一組，他們拿到了一個積木，三人分別對這個積木的特徵提出了以下的敘述。

小華說：「我們這一組拿到的這個積木總共有 5 個面。」

小明接著說：「這個積木有 8 條邊。」

小展又說：「這個積木有 4 個面是三角形。」

根據他們的描述，請問這一組拿到的積木是什麼形體？請說明你是怎麼判斷的。

國小的角柱和角錐教材都是以正角柱和正角錐來教學，不涉及斜角柱和斜角錐的內容。本題設計以遊戲的情境來設計外，考量是利用學童學過的柱體和錐體性質，從某形體中面、邊、角的描述，讓學童反推是什麼形體？有 5 個面的積木可能是三角柱、四角錐等，從小華的描述還不能確定是什麼形體？雖然有 8 條邊的積木只有四角錐，但學童不知小明的說法最為關鍵，另外二人的描述可用來確認四角錐是有 5 個面，其中 4 個面是三角形。若學童有角柱、角錐的心像，或對這些形體的概念很清楚，就可輕易的回答此題；否則，憑機械式記憶各種柱體和錐體的面、邊、角等數量和關係來回答此問題是很複雜的。

例 4　三角形的性質

以新北市 109 學年五下抽測（五年級範圍為主）為例，評量目標能理解並應用三角形兩邊之和大於第三邊的性質。

> 小喬和弟弟每天都會從「甲地」出發走到「丁地」等公車（如下圖），弟弟想走的路線是「甲→乙→丙→丁」，小喬告訴弟弟：「從甲地到丁地，還有一條路比較近」。請你畫出小喬認為比較近的路線，並幫小喬想一個數學的理由對弟弟說明。
>
>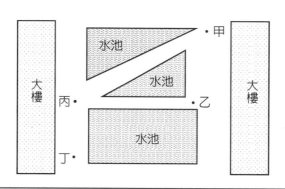

本題的設計是利用上學走到公車站的情境，讓學童能將「甲→丙」比「甲→乙→丙」路線短的數學理由寫出來，他們需要配合學過的教材，用數學

語言來說一些數學概念，才能有助於未來國、高中的學習。本題經過不少的修改，例如：讓學童自己畫出最短路線，沒有比較怎麼需要說出數學理由？如果水池是公園可以穿越，怎麼會按照規劃的路線做比較？此題大多數的學童能透過直觀找到比較近的路線「甲→丙」，但寫不出「三角形兩邊（甲→乙、乙→丙）之和大於第三邊（甲→丙）」數學理由的也不少；這相關的教材和教學會明確的告訴學童這個三角形邊長的性質。若本題有進行評量後的討論，會達到「促進學習的評量」效果。

例5 正方形的性質

以基隆市 110 學年四上抽測（三年級範圍）為例，評量目標是利用構成要素來描述正方形。

玲玲拿了一條毛巾，如下圖：

她說這是一條正方形的毛巾，你認為她說的對嗎？請將你的想法寫下來。

學童在低年級處於幾何認知發展的視覺階段，以分類和直觀來認識正方形；到了中年級是要素／分析階段，認識正方形有 4 個等長的邊、4 個直角。因為學童受視覺化的影響，會認為題目中的毛巾是菱形、不是正方形，所以題目設計特別指出「一條正方形毛巾」，希望能引導用構成要素來回答。若學童已能掌握正方形的構成要素，正方形毛巾就很容易判斷；

若學童答「玲玲說的對」，但理由寫不出來，他有可能是矇對的。此題可以了解學童對正方形的認識處在視覺階段，還是要素／分析階段，也可了解學童雖學過正方形的構成要素，但尚未概念內化。若對正方形的邊長和直角只是口訣和記憶，他們可能還會受擺放位置的影響。

例 6 圓心、直徑和半徑

以基隆市 110 學年四上抽測（三年級範圍）為例，評量目標是在方格板上找圓心和直徑，並能知道半徑的長度。

在每一格邊長是 1 公分的格板上放一個圓，請你在圓上畫出圓心和直徑，請問這個圓的半徑是多少公分？說說看你的想法。

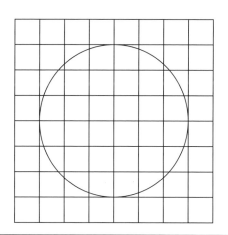

學童通常是透過圓形紙對折、打開再對折後，圓形紙中的這二條對折線交點就是圓心；經過圓心的直線段（對折線）就是直徑；從圓心到圓周的直線段就是半徑。教材還會安排討論：半徑是直徑的一半長；在圓中畫通過圓周的直線段，最長的直線段就是直徑；從圓心到圓周的半徑，處處等長。若學童對圓心、直徑、半徑的性質清楚，雖本題不便對折，但提供方格紙，學童可藉由方格的每邊長 1 公分，看到很多直線段的長度；可以看

出直徑長 6 公分，或半徑長 3 公分，或看到圓的中心點就是圓心，進而找出和畫出所有的答案。

幾何量：北北基檢測試題

例 1　平行四邊形的面積公式

以臺北市 96 學年六上抽測（五年級範圍為主）為例，評量目標能運用切割重組，理解三角形、平行四邊形與梯形的面積公式。

> 請畫圖說明，如何利用長方形面積公式，得知「平行四邊形面積＝底×高」。

通常教科書安排面積公式的學習順序，都會先認識長方形的面積公式是「長方形面積＝長×寬」，接著是討論平行四邊形，當然也有人主張三角形。不論是平行四邊形或三角形，大都希望學童能以「長方形」為原型，來發展其他圖形的面積公式。本題的答題內容雖然在教科書上有，教師也會說明和示範，但學童不一定能理解或畫圖說明，只是會背公式；若學童有操作和討論的經驗，較有助於平行四邊形面積公式的形成理解和概念建立。本題沒有提供方格紙，也沒有畫出平行四邊形；學童要自己畫平行四邊形，並能看出如何切割、拼成長方形？切割線有直角表徵很重要。再者，就是能說明平行四邊形的底、高，和長方形的長、寬的關聯：因為平行四邊形的面積和長方形一樣大，平行四邊形的底、高和長方形的長、寬一樣長，所以「平行四邊形面積＝底×高」和「長方形面積＝長×寬」一樣。

例 2　相同長方形缺一正方形的周長

以新北市 106 學年五下普測（五年級範圍為主）為例，評量目標是理解等積異形圖形的周長關係。

小玉在甲、乙二張大小相同的長方形紙張上，分別剪下一個一樣大的正方形，如下圖：

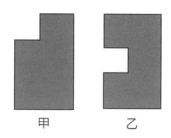

甲　　　　　乙

圖形甲和乙的周長哪一個比較長？請寫出你的想法。

本題是利用長方形和正方形的圖示，在沒有提供邊長等數據下，讓學童探討等積異形的周長比較；主要目的想了解學童是否還有「面積一樣、周長一樣」的迷思概念？確實仍有很多學童有此迷思概念，這是親師們需要關心，並要設法協助學童破除的。我們的學童太習慣用計算來解題，有少數的學童就自訂或測量邊長後，求算周長來正確回答；但優良的解法是用推理和說明來解題，也有學童用畫圖來補助說明。甲圖剪下的正方形在角落，正方形的二個邊向外推，總周長是原長方形的周長；乙圖剪下的正方形在某邊上，正方形的三個邊向外推，總周長比原長方形的周長還多二個正方形的邊長；答案顯見是二圖的面積一樣，但乙圖的周長比甲圖長。

例3　體積相同與表面積

以新北市 107 學年五下抽測（五年級範圍為主）為例，評量目標是等積異形的情況下理解表面積的變化。

小明用 6 個 1 立方公分的積木，排成一個形體（如下圖甲），移動 1 個積木後，排成另一個形體（如下圖乙）。請問甲、乙二個形體的表面積一樣大嗎？寫出你的判斷方法。

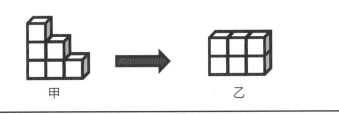

甲　　　　　　　　　　乙

此題與例 2 類似，仍有很多學童有「體積相同、表面積相同」的迷思概念，親師可在體積一樣表面積不同、表面積一樣體積不同的相關教學後，利用此題來評量學童是否尚有此迷思概念？評量後，讓學童分享和討論他們的錯誤例、正確例，以及優良例，會有很好的澄清效果。本題的正確解法相當多元，點數表面積有幾個方格，甲有 24 格、乙有 22 格；從前、後、左、右、上、下分別計數，甲依序有 6、6、3、3、3、3 格共 24 格，乙依序有 6、6、2、2、3、3 格共 22 格；因二圖的前後、上下格數一樣，只用左、右來比較，甲有 3、3 格，乙有 2、2 格，都是甲的表面積比乙多 2 個方格，甲和乙的表面積不一樣。還有學童只考慮有幾個方格被隱藏，甲有 6 處接觸且看不到的方格、乙有 7 處接觸且看不到的方格；也有學童只考慮被移動的積木，從甲中最上面一個積木移動，有 1 處接觸且看不到的方格，該積木移到乙，乙變成有 2 處接觸且看不到的方格，都能推理／說明甲、乙的表面積不一樣。所以，乙比甲多 1 個接觸且看不到的方格，就表示乙的表面積比甲少 2 個方格，也就是甲的表面積比乙多 2 個方格。

例 4　長方體的體積

　　以新北市 108 學年五下普測（五年級範圍為主）為例，評量目標是理解長方體體積公式。

黑板上畫了一個長方體，並標示了三個邊長的長度，如下圖。老師問學生可以算出長方體的體積嗎？

小威的做法：

長方體有三個邊長就可以算體積

$6 \times 10 \times 10 = 600$

答：長方體的體積是 600 立方公分。

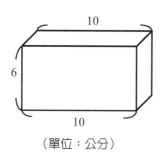

（單位：公分）

你認為小威的做法正確嗎？請寫出你的理由。

本題設計的想法是想了解學童是否看到長方體的三個邊長，就把這三個數字相乘，得到長方體體積？在一般傳統的紙筆測驗，通常面積題就給「長、寬」二邊、體積題就給「長、寬、高」三邊，很少會提供多一些的邊長，讓學童自己判斷或選擇求解的訊息。其實本題只有給長和高二邊，無法求解。此題原未將老師的角色放在題目中，修審題時有輔導員提出可能有學童會說老師出錯題了，所以修改成「長方體上標了三個邊長的長度，老師問學生可以算出長方體的體積嗎？」確實有不少學童可以寫出公式「長方體體積＝長×寬×高」，但同意題目中三個數字相乘就可算出體積；還有學童因為問是否正確，就答不正確，理由不清楚或空白，這就可能是矇對答案。透過本題的評量，可讓親師了解哪些學童只會背公式，但對長、寬、高，以及體積的概念不完備。

例5 平行四邊形和三角形性質的運用

　以基隆市 109 學年六上抽測（五年級範圍）為例，評量目標能理解三角形與四邊形的面積公式，並能推論其關係。

下圖平行四邊形的面積是 270 平方公分。老師問甲、乙這兩個灰色三角形的面積相加是多少平方公分？小黑說：「這題沒辦法算出答案。」你同意小黑的說法，還是你可以算出答案？請說明理由。

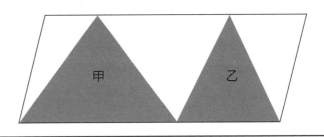

本題設計的想法是不提供平行四邊形、三角形底和高的相關長度，希望學童能從平行四邊形和三角形性質，以及二圖形或面積間的關係，推算出三角形甲和乙的面積和。從題目中的圖示，可以看到三角形甲、乙的高和平行四邊形一樣，二個底合起來的長和平行四邊形一樣；若把三角形甲和乙合起來想成一個三角形，它和平行四邊形同底、等高，根據面積公式「三角形面積＝底×高÷2、平行四邊形面積＝底×高」，這三角形甲和乙合起來的面積是平行四邊形的一半，面積就是 270÷2＝135（平方公分）。這題能說明完整、答案正確（包括有寫和沒寫單位），或是指出二個三角形面積是平行四邊形的一半者很少；幾乎有一半以上的學童說同意小黑的說法「無法算出答案」，因為沒有底和高的長度，無法計算面積。看來我們還是要透過這樣的評量，提升學童不要完全依賴計算來解題的能力。

例6 扇形的性質與三角形邊長

以基隆市 109 學年六上抽測（五年級範圍）為例，評量目標能理解扇形的意義，與「圓心角」的關係，並透過正三角形的推論解決邊長問題。

> 這個圖形是由 7 個扇形 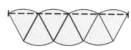 所組成（如右圖），
> 每個扇形都是半徑為 5 公分的 $\frac{1}{6}$ 圓，請問
> 這個圖形中所標示的虛線是多少公分？請說明你的想法或做法。

本題設計理念在扇形構成要素的掌握，題目中明確揭示扇形是 $\frac{1}{6}$ 圓，它的邊長是 5 公分。學童應該知道扇形的圓心角是 $360 \div 6 = 60$（度），進而想到扇形中的是等腰三角形，推算該三角形的二個底角是 $(180 - 60) \div 2 = 60$（度），它也是正三角形。學童若能推知題目中扇形內的三角形是正三角形，就會知道三邊等長，每邊都是 5 公分；本題中的虛線有 4 段 5 公分，虛線長 20 公分。此題能答案正確、說明完整的學童非常少；很多學童雖知道扇形半徑是三角形的二邊，但是直觀認定或臆測此三角形是正三角形，在理由不完整下答出虛線長 20 公分。本題同例 5，幾乎有一半以上的學童是錯誤的，他們用尺量虛線長，或是算成周長、面積，或是在理由不完整下答出一小段虛線長 5 公分。學童太習慣於一般傳統應用題，依照題目中提供的數字求解；對一些需要簡單推理、不是難題，反而是基本觀念應用的題目不會解，可透過這些題目進行「促進學習的評量」。

圖形與空間：工作坊研發試題

例 1　二倍放大圖

> 陳老師在方格紙上畫出一個圖形（如圖一），要學生畫出二倍的放大圖。小宇在方格紙上畫下了圖形（如圖二），小宇畫的圖形正確嗎？請你用作答區的圖示，說明你是怎麼判斷的？

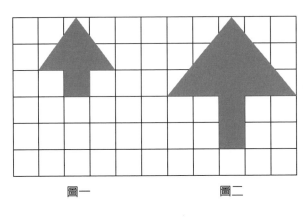

圖一　　　　　　　　圖二

註：本題可使用量角器。

（六年級／新北市 110 學年非選題工作坊）

例2　圓面積與半徑的生活應用

期末班級同樂會，同學們看著美味披薩的傳單（如下圖）想訂披薩。老師說：「傳單上的 18 吋和 12 吋是表示披薩的直徑，只用 269 元買披薩，要訂哪一種？」

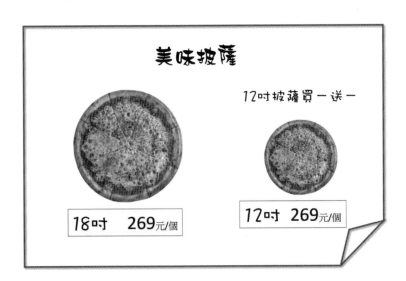

小喬説：「12 吋披薩買一送一，2 個 12 吋披薩會比 1 個 18 吋披薩大，要訂 2 個 12 吋披薩。」

小喬説的正確嗎？説明你的理由。

（六年級 / 新北市 110 學年非選題工作坊）

例 3 完成圖形及指出名稱

小平用正方形、三角形、圓形圖卡描出形狀，可是他沒有描完。請你幫小平畫完，並且圈出圖卡的名稱。

(1) 　　　　　　　　　　（　正方形　三角形　圓形　）

(2) 　　　　　　　　　　（　正方形　三角形　圓形　）

(3)　　　　　　　　　　（　正方形　三角形　圓形　）

(4) 　　　　　　　　　　（　正方形　三角形　圓形　）

(5)　　　　　　　　　　（　正方形　三角形　圓形　）

(6) 　　　　　　　　　　（　正方形　三角形　圓形　）

（一年級 / 臺北市劍潭國小 107 學年數學領域工作坊）

圖形與空間：翰林版研發試題

例 1 如何畫出最大的圓？

素養評量

在長 12 公分、寬 8 公分的長方形內，畫一個最大的圓，這個圓的半徑有多長？做做看，你怎麼知道的？

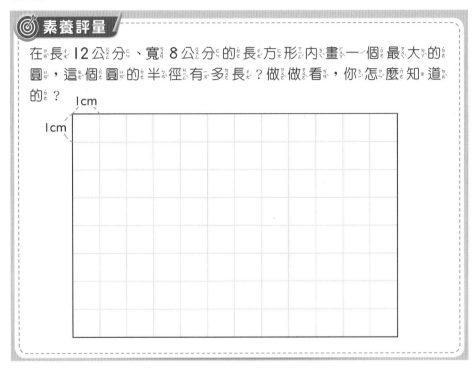

（配合翰林國小數學三下第 4 單元圓）

例 2 三角形卡片

素養評量

丹丹做了一張三角形的卡片，如右圖。
卡片可以完全放進信封內，
這張卡片可能是正三角形嗎？
說說看，你怎麼想的？

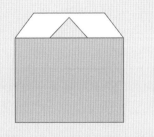

（配合翰林國小數學四上第 7 單元三角形與全等）

例3 剪三角形

美美將長方形紙張對摺後,剪下一個三角形,如下圖。將這剪下來的三角形打開,打開後的三角形每個角分別是幾度?每條邊長各是幾公分?你是怎麼知道的,把你的想法寫下來。

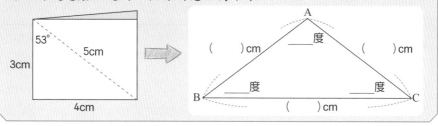

（配合翰林國小數學五上第 3 單元平面圖形）

例4 圓形湯盤和長方體紙盒

媽媽買了一個瓷器湯盤要寄給阿姨。媽媽能不能把這個圓周長是 90 公分,且高 5 公分的湯盤,放進一個底面周長是 100 公分的正方形,且高 7 公分的長方體紙盒中?你是怎麼判斷的?把你的做法記下來。

（配合翰林國小數學六上第 7 單元圓周長與扇形周長）

關係的建構反應題

　　十二年國教數學領域課綱將在國小階段學習的代數前置概念稱為「關係」,包括:一維或二維規律、運算的交換律或結合律或分配律等。規律的內容略為增加,三年級重在規律的覺察,只能探討後一、二項為何,五年級要能把覺察的規律用算式寫出來,可以探討約後十項為何。

關係：北北基檢測試題

例1 察覺規律用算式表示

以臺北市 96 學年六上抽測（五年級範圍為主）為例，評量目標是學童是否覺察數型之規律，並運用簡化問題的方法解決給定的問題。

用棉花棒排圖形：

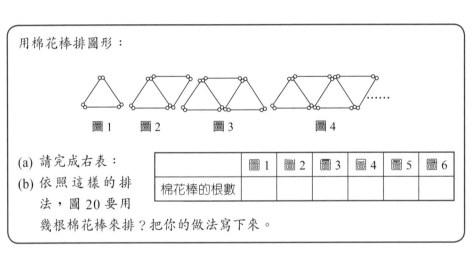

圖1　　　圖2　　　　圖3　　　　　圖4

(a) 請完成右表：
(b) 依照這樣的排法，圖 20 要用幾根棉花棒來排？把你的做法寫下來。

	圖1	圖2	圖3	圖4	圖5	圖6
棉花棒的根數						

本題探討棉花棒排三角型的規律，在各版本的教材都經常出現；這一年是臺北市第一次將 6 題建構反應題納入基本學力檢測的抽測，選了較常見的題目。這題目本身很不錯，只是學童學習過，也做過一些類似題，可能它是例行性題目，較不能看出他們找規律和列式的學習遷移能力。此題能正確回答的占大多數，其中有學童是逐一累加到圖 20：$3+2=5$、$5+2=7$……$39+2=41$（根），或是寫出 $20-1=19$、$19×2=38$、$3+38=41$（根），或是 $20×3=60$、$60-(20-1)=60-19=41$（根）；也有學童是用文字說明，三角形數 $×2$ 加 1 就是棉花棒總數，圖 20 有 41 根棉花棒。若以十二年國教數學領域課綱的要求，學童要能以算式表示，但不是有未知數的一般式；以學童出現的解法來看，就是 $3+(20-1)×2=41$、$20×3-(20-1)=41$、$20×2+1=41$。本題可以修改部分文字，將「把你的做法寫下來」，改為「請用算式寫下來，並說明每個數字代表的意義」。

例2 乘法對加法的分配律

　　以臺北市 99 學年六上抽測（五年級範圍為主）為例，評量目標是學童是否覺察數的組合關係，運用乘法對加法的分配律來簡化計算。

> 請使用兩種方法，算出「8008×125」是多少？

本題設計的理念是想了解學童能否運用乘法對加法的分配律，將 8008 拆成 8000 和 8，用 8000×125、8×125 計算；或是 125 拆成 100 和 25 後，用 8008×100、8008×25 計算。因為這部分的教學不會出現「分配律」名詞，題目不能寫用分配律來解題，僅要求學童用二種方法求解。此題雖有過半是正確答題，但他們有一做法幾乎是 8008×125 的直式計算；另一做法也很少觸及分配律，例如：125×8＝1000、8008÷8＝1001、1000×1001＝1001000，或是 125×8008 的直式計算；還好有極少的學童會用 8008×100＋8008×100＋8008×5、8000×125＋8×125 求解。剩下的答題者，大部分只用直式求解，另一種做法空白；小部分沒作答或是計算錯誤。

例3 連除二數和除以此二數之積

　　以臺北市 102 學年五上抽測（四年級範圍為主）為例，評量目標能在具體情境中，理解連除兩數相當於除以此兩數之積。

> 小英和小如在做以下的問題：
> 「食品工廠出產 84000 顆巧克力，每 25 顆裝 1 盒、每 40 盒裝 1 箱，這些巧克力可以裝成幾箱？」
> (1) 小英：列出「84000÷25÷40」的算式來算出巧克力可以裝成幾箱。
> 　　你認為小英的列式正確嗎？為什麼？
> (2) 小如：列出「84000÷(25×40)」的算式來算出巧克力可以裝成幾箱。
> 　　你認為小如的列式正確嗎？為什麼？

本題設計理念是想了解學童學過「連除兩數相當於除以此兩數之積」的生活情境問題解題後，是否對這二種解法都能理解？不同於一般傳統文字／應用題的處理，列出了二種正確的算式，請學童判斷並說明。此題的第 (1) 小題，有過半的學童認為小英列式正確，並清楚說明是先分裝成幾盒，再分裝成幾箱；有不少的學童認為算式正確，用逐次減項算出答案，但未能說出算式的意義，或說法不清楚等。第 (2) 小題，只有一些學童認為小如列式正確，並清楚說明是先算一箱的顆數，再算分裝成幾箱；接近半數的學童認為算式正確，以逐次減項算出答案，但未能說出算式的意義，或說法不清楚等。可見，學童仍習慣依照題意列式 $84000 \div 25 \div 40$ 求解，對算式 $84000 \div (25 \times 40)$ 不能理解或認同者增加很多，親師可透過「促進學習的評量」進行即時回饋或討論來改善。

例 4 乘法對加法的分配律

以新北市 106 學年五下抽測（五年級範圍為主）為例，評量目標能在具體情境中，理解乘法對加法的分配律，並運用於簡化計算。

> 老師出了一題「8008×125」計算題：
> 小美寫的算式是「$8008 \times 125 = 8000 \times 125 + 8 \times 125$」，
> 小英寫的算式是「$8008 \times 125 = 8008 \times 100 + 8008 \times 25$」。
> 用簡化計算的想法，請你判斷誰的做法正確？寫下你的想法。

本題設計理念是想了解學童對乘法分配律概念與運用的狀況，這個相關的內容，對學童來說不適合考專有名詞之類。通常，分配律概念的教學，會利用有生活情境的文字／應用題，讓學童進行不同想法的解題，因為解同一問題且答案一樣，因而看到 $(a+b) \times c = ac + bc$ 或 $a \times (b+c) = ab + ac$ 的關係。同時，為讓學童理解這樣運算的活用，會以「簡化計算」教材來強化。此題相較例 2，更可掌握學童對分配律的理解，只有很少數學童能

答二者都正確且說明清楚；有很多的只認為其中一個是對的並說明理由，或是二個都是對的但理由說明不完整；將近一半的學童是錯誤的，他們大部分認為其中一個是對的，但說明不清楚或沒有說明等。親師可在評量後，經同儕討論來修補或強化概念，相當有效果喔！

例 5 運用規律合成指定的錢數

以臺北市 105 學年五上普測（四年級範圍為主）為例，評量目標是透過表徵物（錢幣）解決整數合成的應用問題。

> 小美說：「我的錢包裡有 26 元，且 10 元、5 元及 1 元的硬幣至少都有 1 個。」猜猜看，小美錢包裡的硬幣有哪幾種湊法？請畫出三種硬幣都要有的所有可能的情形（使用⑩代表 10 元、⑤代表 5 元、①代表 1 元）。在答案卡指定方框內作答，答案請勿超出框外。

本題是針對「數量關係」而設計的湊錢幣問題，通常在低年級用錢幣付款的問題會是多元解，但不會要求學童窮盡解題；若出現在中年級，重點不在錢幣的認識，而是用這個情境，學童在指定條件下找到所有可能解。本題的指定條件有二個，一是 10 元、5 元、1 元的錢幣至少都有 1 個，二是錢包裡有 26 元也就是要湊到 26 元。本題能正確答出四種湊法的學童不多，他們大都用了列表的策略，將⑩、⑤、①和總合分別列出，再寫錢幣個數和總金額，也有學童先扣除指定條件一的 10 + 5 + 1 = 16（元）後，再用列表解題；有學童先用 26 元分別除以 10、5、1，確認各錢幣的最多個數，在有規律的湊法下，找出四種解答。另有較多的學童能畫出四種錢幣圖示的組合，但有其他多餘不符合題意的湊法；有不少學童只能找到一或二或三種合乎指定條件的組合。本題雖未直接呈現是規律問題，但要多培養他們用有規律、有系統的思維來解題。

例 6 察覺圖形變化的規律

以基隆市 110 學年四上抽測（三年級範圍）為例，評量目標是學童能察覺變化的規律，做描述、分析、記錄，並依據發現的規律推測下一、二個圖形。

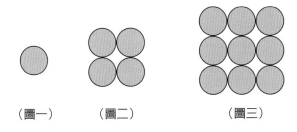

這是用一些圓點排成有規律的圖形，如下圖：

（圖一）　　　（圖二）　　　　　（圖三）

畫畫看，圖四的圖形應該怎麼排？再想想看，圖四、圖五中圓點的數量是多少？填在作答區的表格中並說說看你的想法。

本題設計目的是想了解學童能否覺察圓點變化的規律？此時，尚不要求用算式表示，也不會要求推算後面很多項的圖形或個數。學童能正確回答並說明規律者，大多是看出平方數 $1 \times 1 = 1$、$2 \times 2 = 4$、$3 \times 3 = 9$……$5 \times 5 = 25$，較少看出是以 3、5、7、9 增加的規律；很多學童能畫出圖四的圖形，以及寫出圖四、圖五的圓點數，但無法說出規律為何？覺察規律的學習重在能指出或說明規律為何，同儕的討論很重要，可請正確例的學童分享他們是如何看出規律的，而不是只檢查圖形和數量的正確。

關係：工作坊研發試題

例 1　先乘再除與先除再乘

阿賀在計算「$200 \div 3 \times 15$」時，計算過程如下：

```
        6 6. 6
   3 ) 2 0 0
       1 8
       ‾‾‾
         2 0
         1 8
         ‾‾‾
           2 0
           1 8
           ‾‾‾
             2
```

阿賀認為 $200 \div 3$ 除不盡，所以這一題無法計算。

阿育說：「這一題可以換個方法計算，而且還可以算出正確答案是 1000。」

你認為阿育的說法正確嗎？請說明你的理由。

（六年級／新北市 110 學年非選題工作坊）

例 2　以簡單公式說明數形規律

小傑想要購買「抒壓按按樂」的彩虹板子，因為全家人都要玩，所以需要購買大尺寸的，但商店內目前只有下面三款現貨。

款式①　　　　款式②　　　　　　款式③

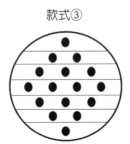

依此規格類推，小傑說：「款式⑥內的●共有 49 個。」你同意他的說法嗎？請說明你的理由。

（六年級／新北市 110 學年非選題工作坊）

關係：翰林版研發試題

例 1 怎麼解決問題呢？

◎ **素養評量**

算式 $100 \div (20 \div 5) = ($　　$)$ 可以解決下列哪一個問題？並算出答案。

甲問題：阿姨買了 100 公克的巧克力球，每 20 公克裝一袋，再平分給 5 個小孩，每個小孩得到幾袋巧克力球？

乙問題：植樹活動時，四年乙班分到 100 棵樹苗，班上 20 個小朋友每 5 個人一組，每一組可以分到幾棵樹苗？

（配合翰林國小數學四上第 8 單元兩步驟的問題與併式）

例 2 哪些地磚排錯了？

◎ **素養評量**

工人想要有規律的鋪排地磚的圖案，他不小心排錯了 3 塊地磚，如右圖，請幫他找出來並圈起來。說說看，你怎麼知道排錯的是哪些地磚？

（配合翰林國小數學四下第 10 單元規律）

例 3 生日禮物

素養評量

皮皮、美美和妮妮一起買生日禮物給丹丹，結帳時美美付了500元、
妮妮付了80元，皮皮也付了一些，回家後三人平攤買禮物的錢，平均
每人是250元。

妮妮說：「我和皮皮都還要再付錢給美美。」

妮妮的說法對不對？把你的想法寫下來。

(配合翰林國小數學五上第 6 單元整數四則運算)

例 4 豆花的配料和湯汁？

素養評量

好好吃豆花店賣的豆花可以選擇湯汁和配料，湯汁有5種可以選擇
1種，配料有6種可以選擇3種。美美一定要薏仁和花生這2種配料，
她的豆花組合有幾種選擇？把你的想法寫下來。

(配合翰林國小數學六上第 3 單元規律問題)

資料與不確定性的建構反應題

「資料與不確定性」教材的延伸，就是國、高中的「統計與機率」。
現在國小不教實驗機率，十二年國教數學領域課綱新增了「可能性」的
探討，還有在二維表格新增「列連表」。有關一維表格、二維表格、統計
表，以及長條圖、折線圖、圓形圖，都是要學習的內容。

資料與不確定性：北北基檢測試題

例1 繪製長條圖

　　以臺北市 98 學年六上抽測（五年級範圍為主）為例，評量目標能整理生活中的資料，並製成長條圖。

下表是聯合電器行九月份賣出 1750 件商品的統計表。

聯合電器行九月份賣出的商品數量統計表

商品名稱	數量（台）
錄影機	600
數位相機	250
電視機	350
桌上型電腦	300
筆記型電腦	250
合計	1750

請畫長條圖表示聯合電器行九月份賣出的商品數量。

　　本題提供了一些蒐集好的資料，讓學童自行完成長條圖；長條圖除了要有表名、橫或縱軸——商品（類別）名稱、縱或橫軸——數量（單位／台）外，最須思考的是數量軸的間距要多少？本題的數量都是 50 的倍數，數量軸的刻度可以是 0、50、100、150、200……600……，當然用 100 當間距亦可。此題部分正確解的學童最多，正確解題的次多，還有不少是不正確或空白。這種題型是不錯的建構反應題，但課本上都有類似的練習題或習題，教師可設計一些不類似、非例行的題目。

例2　完成長條圖未繪製的部分

　　以新北市 107 學年五下抽測（五年級範圍爲主）爲例，評量目標能連結長條圖與文字訊息，以及藉全體與部分關係推知隱藏資訊。

五年甲班票選吉祥物，全班有男生 14 人、女生 16 人，每個人都投了一票。下面是未完成的統計圖：

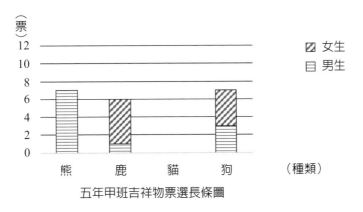

五年甲班吉祥物票選長條圖

下面是針對投票的結果，二位同學的討論內容。

小欣：「喜歡貓的女生比喜歡貓的男生多 4 人。」

大同：「喜歡貓的人數最多。」

請把五年甲班的吉祥物票選長條圖完成，並說明你的做法。

本題是複雜長條圖的報讀，以及從文字和圖表訊息推知未完成投貓的男、女生人數，並將未完成的統計圖補完。學童可從文字得知男生 14 人、女生 16 人，得知全班有 30 人；也可從長條圖得知喜歡熊的有 7 人（男 7 女 0）、鹿的有 6 人（男 1 女 5）、狗的有 7 人（男 3 女 4），共知已投有 20 人（男 11 女 9）。學童正確求解的做法有三種，做法 1：從全班人數及已投男女生人數推算，還有 30－20＝10（人）未投，其中男生有 14－11＝3（人）、女生有 16－9＝7（人）；作法 2：直接算男生

還有 14 − 7 − 1 − 3 = 3（人）、女生還有 16 − 5 − 4 = 7（人）未投，或直接算女生還有 16 − 5 − 4 = 7（人）未投，再從小欣的說法推算，算出男生 7 − 4 = 3（人）未投；作法 3：從全班人數及已投男女生人數推算，還有 30 − 20 = 10（人）未投，再從小欣的說法推算，算出男生（10 − 4）÷ 2 = 3（人）未投、女生 3 + 4 = 7（人）未投；這些未投的都是喜歡貓的。

例3 折線圖的報讀與繪製

以新北市 108 學年五下普測（五年級範圍爲主）爲例，評量目標能連結折線圖與資料訊息，理解縱軸上間距代表的意義。

自然課時，全班同學到操場觀察某一天中太陽的位置變化，老師依據全班記錄太陽高度角的數據在黑板上畫了一個「一天中太陽高度角折線圖」（如圖一）。

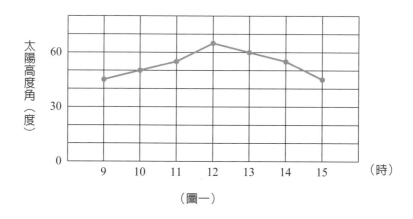

（圖一）

老師發下空白的表格請同學將老師的折線圖畫下來。
下圖是小達畫的折線圖（如圖二），你覺得小達畫得正確嗎？把你判斷的理由寫下來。

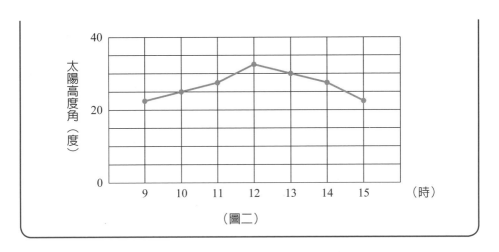

（圖二）

　　本題設計理念是想了解學童能否掌握報讀折線圖的要素？尤其「間距」是他們常常忽略之處。題目中雖然是用複製／畫折線圖來描述，但對受評者來說只是報讀的觀點；此題構想簡單卻很費心，要怎樣呈現縱軸上數字合理又不突兀，數字放在哪個位置較妥，經過多次討論才定稿。此題僅有不多的學童指出小達畫的不正確，並說明折線圖看起來一樣，但間距是 5 度，應該是 10 度；或用同一時刻的太陽高度角做判斷，發現二個圖的數據不同。有過半的學童是部分正確，都能指出小達畫的不正確，但大多數只有看到表相的數字不同，不能說出間距或數據不同的理由；有一些可能是題目問是否正確，就答不正確矇對，理由說不清楚或空白；還有一些學童認為折線圖看起來一樣，所以是正確的。看來透過這類題型的評量，可以了解學童不足之處。

例 4　完成長條圖未繪製的部分

　　以臺北市 106 學年五上普測（四年級範圍為主）為例，評量目標能報讀並粗略製作長條圖。

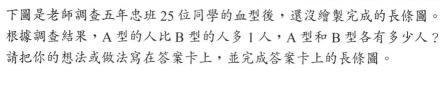

下圖是老師調查五年忠班 25 位同學的血型後，還沒繪製完成的長條圖。根據調查結果，A 型的人比 B 型的人多 1 人，A 型和 B 型各有多少人？請把你的想法或做法寫在答案卡上，並完成答案卡上的長條圖。

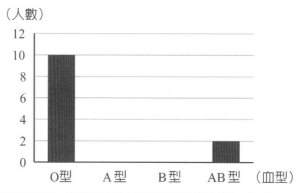

本題是長條圖的報讀，以及從文字和圖表訊息推知未完成的 A 型、B 型人數，並將未完成的統計圖補完。從文字和圖表的訊息可知：A 型和 B 型的人數是 25－10－2＝13（人）、A 型比 B 型的人多 1 人；但學童尚未學過從二量的和與差求解，所以僅以差 1 來設計題目，讓學童感受二量很接近，可用推理的方式解題。本題有不少的學童可以找到 A 型有 7 人、B 型有 6 人，也能正確畫長條圖；有人是先想 13 人的一半約是 6 人，再看 A 型要多 1 人就是 7 人、B 型就是 6 人；也有人用列表 1＋12、2＋11、3＋10……6＋7 的方法，找到差 1 的組合是 6＋7，推知 A 型多 1 人就是 7 人、B 型是 6 人。另有一些學童畫圖正確，但說明不完整或空白，他們大概有直觀的覺察，可藉由說明清楚或完整的同儕分享來學習；還有很少數是找出正確人數，但沒有補長條圖。空白及作答錯誤的學童將近一半，親師應提升他們理解題意、分析資訊、推理解題的能力。

例5 長條圖的報讀

以基隆市 108 學年五上抽測（四年級範圍）為例，評量目標是認識長條圖中代表省略的波浪線，並能正確報讀生活中常用的長條圖。

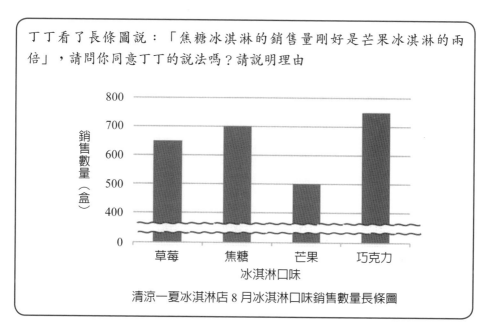

丁丁看了長條圖說：「焦糖冰淇淋的銷售量剛好是芒果冰淇淋的兩倍」，請問你同意丁丁的說法嗎？請說明理由

清涼一夏冰淇淋店 8 月冰淇淋口味銷售數量長條圖

本題設計理念是想了解學童在比較長條圖中的訊息時，不能僅從長條的高度來看，還要注意數量的刻度或省略符號；長條圖的圖示要符合文字的敘述，在視覺上芒果占二格、焦糖占四格。學童正確答題的過半，不同意丁丁的說法，且說明完整；因為焦糖口味的銷售量是 700 盒、芒果口味的是 500 盒，芒果若是 350 盒才對；或是芒果口味的 2 倍是 1000 盒，焦糖口味不是 1000 盒卻是 700 盒。有少數的學童表示不同意，但說明過於簡略，例如：因為 500×2 = 1000；這些學童雖然算正確解，但親師要讓他們學習怎麼表達完整或清楚，可以多請優良解的學童說明和分享。另有很少的學童是部分正確，他們雖是不同意，但只指出一個是 500 盒、一個是 700 盒，或長條圖第一格是 400、後面的幾格都是 100，未將這二個數量

做關聯或說明。同意丁丁的說法者不少，教師可藉此題評量後的分享和討論來澄清他們的錯誤概念。

例6 統計表報讀與二步驟問題

以基隆市 110 學年四上抽測（三年級範圍）為例，評量目標是利用統計表的訊息解決生活中的二步驟問題。

美美早餐店的菜單，如下表：

美美早餐店									
飲品					主餐				
A 豆漿	B 鮮奶	C 蔬果汁	D 紅茶	E 奶茶	F 蛋餅	G 蘿蔔糕	H 培根漢堡	I 總匯三明治	J 鐵板麵
25元	30元	35元	20元	25元	28元	30元	35元	55元	45元

安安只有 80 元，他先點了一杯蔬果汁，他的主餐可以有哪些選擇（請列出代號）？這些選擇中買什麼花最多錢？你怎麼知道。

本題是將一維表格分成飲品和主餐二類，學童要從統計表中選取資訊，進行非一般傳統文字／應用題二步驟問題的解題，也就是題目中沒有直接解題的訊息提供他們按題意做加、減運算。較會思考或分析的學童，可從「安安只有 80 元，他先點了一杯蔬果汁」中，算出尚有 80 - 35 = 45（元）可購買主餐，再進行選擇、計算等。正確解題的學童不少，有二種解題思維：一是先找 45 元可買的主餐有 F、G、H、J 四種，經直觀判定或四種比較後，鐵板麵 J（45 元）最多錢，這樣解題的較多；二是用 45 元跟每項主餐做比較，找出 F、G、H、J 四種，經直觀判定 J（45 元）最

多錢,或算出 35 + 45 = 80(元)的花費最多。還有一些是可找出 F、G、H、J 四種,並指出 J 最多錢,或 C + J 的花費最多,但說明尚不完整,例如:80 − 35 = 45、45 − 45 = 0,須指導他們把想法寫清楚。還有過半的學童是部分正確,有的是答案正確、沒有寫出原因,大都是可選的四項主餐正確、花最多錢的項目錯誤,也未清楚說明如何獲得答案。

資料與不確定性:工作坊研發試題

例 1 圓形圖的生活應用

美麗國小在環保週播放「吸管對海龜的危害」影片,學生在周末自發到海灘進行淨灘活動,共撿到 200 個物品,並將撿到物品的數量畫成圓形圖(如下圖)。

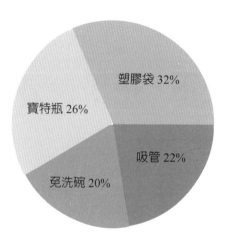

志明說:「塑膠袋和寶特瓶加起來超過 100 個。」
請問志明的說法是否正確?說明你判斷的理由。

(六年級/新北市 110 學年非選題工作坊)

例 2　生活中的可能性

六年四班將在校慶舉辦限量抽獎活動，公布獎項及數量（如下表）。

獎項	頭獎	二獎	三獎	參加獎
數量（個）	3	5	32	160

小明是第一個抽獎，他說：「我的運氣很好，比起參加獎，我更有可能抽到三獎。」小明的説法正確嗎？請寫下你的想法與理由。

（六年級／新北市 110 學年非選題工作坊）

例 3　完成統計表

樂樂根據班上同學票選最喜歡的水果，下面是他想做的紀錄表：

水果名稱	香蕉	蘋果	草莓	西瓜
票選紀錄	正正	正下	正	
票選數量				6

(1) 請你幫他完成表格。
(2) 樂樂的班上總共有 27 個小朋友，請問樂樂的紀錄表正確嗎？請把你的想法寫下來。

（一年級／臺北市龍安國小 105 學年數學領域工作坊）

資料與不確定性：翰林版研發試題

例 **1** 什麼時候會抵達？

🎯 **素養評量**

從火車站到老街的接駁車整點發車，車程時間為 10 分鐘。

皮皮在 | 1:55 PM | 到站牌等車，他最快能在下午幾時幾分到老街？說一說你是怎麼想的？

火車站→老街	
下午發車時刻表	
1：00	5：00
2：00	6：00
3：00	7：00
4：00	8：00

（配合翰林國小數學三下第 7 單元時間，本題內容含讀表）

例 **2** 怎麼看長條圖才對呢？

🎯 **素養評量**

丹丹：「四年級灰色長條的高度是黑色長條的 2 倍，所以近視的人數是蛀牙人數的 2 倍。」丹丹的說法正確嗎？說明你的理由。

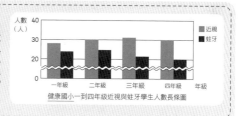

（配合翰林國小數學四上第 10 單元統計圖表）

例 **3** 折線圖的畫法

📚 **素養評量**

上自然課時，老師要指導同學發現加熱時間與水溫變化的關係，所以將全班分成五組，共同觀察用酒精燈加熱 100 毫升的水，各組輪流記錄水溫的變化。下表是大家一起記錄的資料。

100毫升的水加熱時間和水溫變化紀錄表

測量組別	加熱時間（分鐘）	水溫（℃）
A 組	2	25
B 組	4	31
C 組	6	37
D 組	8	43
E 組	10	49

接著老師請同學根據上面的結果畫出水溫變化的折線圖。其中皮皮和丹丹畫出來的折線圖不一樣，妮妮覺得他們都是對的。你同意妮妮的看法嗎？為什麼？把你的想法寫下來。

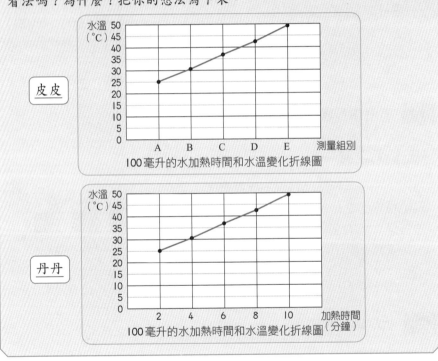

（配合翰林國小數學五上第 1 單元折線圖）

136

例 4　打籃球的人一樣多嗎？

素養評量

下圖是 A 國小和 B 國小學生喜愛的課外活動圓形圖。

A 國小學生喜愛的課外活動圓形圖

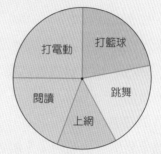

B 國小學生喜愛的課外活動圓形圖

<u>皮皮</u>：「兩個圓形圖中，喜歡打籃球的扇形圓心角相同，所以兩個學校喜歡打籃球的學生人數也相同。」你覺得<u>皮皮</u>的說法對嗎？把你的想法寫下來。

（配合翰林國小數學六下第 4 單元統計圖表）

　　本章所引用的建構反應題有**北北基檢測試題** 48 題，其中臺北市 18 題、新北市 16 題、基隆市 14 題；這些四、五年級適用的題目選自《**數學素養導向評量 —— 北北基國小學力檢測之建構反應題／非選題彙編**》（鍾靜、石玫芳、林心怡、白玉如，2022）彙整的 115 題，其中有臺北市 96-109 學年的 56 題、新北市 102-109 學年的 39 題、基隆市 108-109 學年的 20 題，以及**三年級適用**的選自基隆國小數學輔導團 110 學年研發的 15 題（白玉如、黃俊儒，2023）。這 115 ＋ 15 ＝ 130 題的數學能力檢測題目，讀者們可詳：臺北市國民小學基本學力檢測網頁 http://tebca.tp.edu.tw/downloads.html；新北市國民教育輔導團網頁 https://ceag.ntpc.edu.tw/p/412-1007-608.php?Lang ＝ zh-tw；基隆市國小數學輔導團網頁 https://

king.kl.edu.tw/13。筆者還分享六年級適用的 12 題，選自《新北市 110 學年度國小數學領域非選擇題命題種子教師工作坊試題設計彙編》（鍾靜指導，2023）研發的 18 題；低年級適用的 7 題，其中 3 題選自《臺北市劍潭國小十二年國教課程研究專輯一：邏輯推理校定課程，低年級篇》（李孟柔、徐有慶、黃怡珍，2020）的彙整，以及 4 題選自臺北市龍安國小數學領域工作坊成果（林旭霓、張淑芬，2017；林旭霓、盧佳霖，2018）的彙整。最後，翰林版研發試題 20 題，選自十二年國教翰林版三到六年數學教科書的「一單元一素養評量」。

　　有關建構反應題的相關出版品，還可參考臺北市國小數學輔導團出版的《數學建構反應題與學生解題表現分析》（楊美伶主編，2011）、《學生數學解題思維探究——建構反應題解題分析（上）》（楊美伶主編，2014）、《學生數學解題思維探究——建構反應題解題分析（下）》（楊美伶主編，2014）、《建構反應題解析與課室融入之應用》（陳滄智主編，2019），以及新北市國小數學輔導團出版的《國小數學素養導向評量與設計》（鍾靜指導，2022）。

建構反應題與
學童解題表現

　　建構反應題本身的擴展式題型最能掌握學童「數學的思維」、「生活的應用」狀態，它是一種很親民、很可行的數學素養導向評量題。本章想分享一些教學現場實際施測的結果，讓大家了解學童學習後評量的樣態；也讓讀者感受一下，建構反應題和一般傳統紙筆測驗結果的差異，它特別能看出學童針對例行性問題模仿解題，或是死背公式、死記做法的解題表現。因第二幕談命題設計的方向和提醒、第三幕介紹不同主題的建構反應題，已使用了不少北北基檢測的題目；本章在不重複使用題目的原則下，僅就新北市五下普測、臺北市五上普測、基隆市三下抽測部分，來跟讀者分享五年級、四年級、三年級學童的解題表現等相關探討。

從建構反應題掌握學童學習狀況

　　正式研發的建構反應題，會在預試後視學童的答題狀況微調或修改題目，並分析答題類型，建立評閱規準；這些評閱規準參考 NEAP、TIMMES，通常分成 **2 分類型**、**1 分類型**、**0 分類型**。2 分類型是指答案正確和說明完整、1 分類型是指答案或說明有一錯誤、0 分類型是指答案或說明都錯誤（包括空白）；2 分類型還可細分成 2A 類型、2B 類型……，1 分類型分成 1A 類型、1B 類型……，0 分類型分成 0A 類型、0B 類型……，本章不從細類來介紹，只介紹正確例、部分正確例、錯誤例。因為，有些 2 分類型其實未能扣住答題核心概念，例如：大數去零除法（第三幕之整數與概數例 2）、小數的乘法（第三幕之小數例 4）；有些 1 分類型雖然答案正確，但是從錯誤或不清楚的理由來看，可能答對是矇的，例如：正方形的性質（第三幕之幾何概念例 5）、長方體的體積（第三幕之幾何量例 4）；筆者在前一章北北基檢測題簡介中，或多或少會就題目內容有所說明。所以，了解學童的**正確解**、**部分正確解**、**錯誤解**的解題類型，遠比重視得 2 分、1 分、0 分重要。本小節以實施普測的新北市、臺北市檢測題來跟讀者談談學童施測後的解題表現。

新北市五年級學童解題表現

例 1 知識向度／數與計算（分數）、認知層次／程序執行

以新北市 106 學年五下普測（五年級範圍爲主）爲例，評量目標能做簡單異分母的加減及比較。

> 「媽媽買了一個披薩，爸爸吃了 $\frac{1}{3}$ 個，哥哥吃了 $\frac{1}{4}$ 個，媽媽吃了 $\frac{1}{6}$ 個，剩下的部分給姐姐吃；但姐姐沒有全部吃完，姐姐說她吃了 $\frac{1}{6}$ 個披薩。」你認爲姐姐說的合理嗎？說明你的理由。

學童的解題表現：2 分類型 32.2%、1 分類型 26.2%、0 分類型 41.6%。從 **2 分類型**的作答中，可以發現大多數是先算出全部人吃掉的總量，再與 1 個披薩進行比較；或是計算出爸爸、媽媽和弟弟三人吃的剩餘量，再與姐姐吃的量進行比較；很少數的學童則是以全部人吃完還有剩下來說明理由。而 **1 分類型**都能回答姐姐說的對，但計算四人吃的總量，或剩下的量錯誤，當然還有空白未說明理由的。至於 **0 分類型**的學童最多，都是回答不合理，有半數以上是以自己的經驗或直覺來說明理由，有不少人是計算錯誤。這些計算錯誤的學童，可能是直接將「分子加分子，分母加分母」，或不會通分找等值分數所造成的；有部分學童則是無法掌握題目中「姐姐沒有全部吃完」的意思，誤以爲姐姐必須要吃完剩下的才合理；還有少數的學童雖能算出正確的剩餘量 $\frac{1}{4}$，但受整數比較大小的影響，誤以爲 $\frac{1}{5}$ 比 $\frac{1}{4}$ 大。

例 2 知識向度／數與計算（分數）、認知層次／概念理解

以新北市 108 學年五下普測（五年級範圍爲主）爲例，評量目標能理解分數的分數倍意義並能畫圖表徵。

媽媽去超市買了 1 盒餅乾（如下圖）。

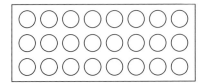

姐姐先拿了 $\frac{2}{3}$ 盒，再把其中的 $\frac{1}{4}$ 給妹妹，請問妹妹拿了幾盒餅乾？
請在圖中畫出你的做法，並寫出算式與答案。

學童的解題表現：2 分類型 26.4%、1 分類型 21.5%、0 分類型 52.1%。在 **2 分類型**的作答中，學童不論是運用「分數的分數倍」概念，從 $\frac{2}{3}$ 盒分成四等份，並標記其中一等份，畫出姐姐的 $\frac{1}{4}$；或是運用「整數的分數倍」概念，從 24 片畫出 $\frac{2}{3}$ 盒所表示的 16 片，以及 16 片的 $\frac{1}{4}$ 所表示的 4 片，再將 4 片換成 $\frac{1}{6}$ 盒；他們均能清楚地先將 1 盒（24 片）餅乾作爲整體量，找出並畫出正確的 $\frac{2}{3}$ 盒餅乾，以及姊姊的 $\frac{1}{4}$。大部分 **1 分類型**的學童，能用內容物正確呈現計算過程或圖形表徵，但最後答案是 4 或 4 盒，非以「4 片／24 片」表示妹妹拿了幾盒餅乾；還有另外一半的學童雖能列出算式 $\frac{2}{3} \times \frac{1}{4} = \frac{1}{6}$，且答案正確，但卻無法畫出正確的圖形表徵。至於 **0 分類型**的學童相當多，對姐姐「拿了 $\frac{2}{3}$ 盒中的 $\frac{1}{4}$」的意義不理解，有的認爲是姐姐拿走後「剩下的 $\frac{1}{3}$ 盒」中的 $\frac{1}{4}$；也有將「$\frac{2}{3}$ 盒中的 $\frac{1}{4}$」認爲是「從 $\frac{2}{3}$ 盒的數量中拿走 $\frac{1}{4}$ 盒」，以分數減法進行解題；還有將「$\frac{2}{3}$ 盒」中的 $\frac{1}{4}$，認爲是「1 盒」中的 $\frac{1}{4}$。本題 2 分類型都是正確解，

但能從「分數的分數倍」概念來求解才是優良解；再從部分正確解和錯誤解來看，學童對「分數的分數倍」的學習相當困難，親師應多加強概念／表徵和算式連結的教學。

例 3 知識向度／數與計算（分數）、認知層次／概念理解

　　以新北市 110 學年修改自 105 學年五下普測（五年級範圍為主）為例，修改是以增加生活情境為目的，評量目標是理解分數意義並能標示在數線上。

> 「快樂國小為了增進學生的體適能，將舉辦 3 公里路跑活動。學校要在 $2\frac{2}{3}$ 公里處插旗桿，用來提醒選手即將抵達終點。」五年甲班老師把一部分的路跑路線，畫成數線圖（如下）貼在黑板上，請學生在數線上找出學校插旗桿的位置。
>
>
>
> 請你在數線上標示出 $2\frac{2}{3}$ 學校插旗桿的位置，並說明你的理由。

學童的解題表現：2 分類型 43.3%、1 分類型 8.6%、0 分類型 48.1%。從 **2 分類型**的作答中，可看出學童都能掌握單位量 1，並察覺每一小刻度是 $\frac{1}{4}$；題目要標出 $2\frac{2}{3}$ 的位置，較多人透過測量刻度 2 到 3 的距離是 12 公分（命題設計、製作試卷須注意，重點在概念評量），找出 8 公分處；次多是進行擴分 $2\frac{2}{3}=2\frac{8}{12}$ 後，將每一小格或第三小格再 3 等分，都能正確找到 $2\frac{2}{3}$ 的位置。**1 分類型**的很少，雖能指出 $2\frac{2}{3}$ 的位置，但說明不清楚或不完整。人數最多的是 **0 分類型**，很多學童是直接在 $\frac{1}{4}$ 小刻度上找 $\frac{2}{3}$，較

多是從 2 數第 2 條線，也有是從 3 往前數一小格，還有在第一小格 3 等分取 2 等分等。親師宜加強學童的單位量 1 概念和判斷，並區分間距和刻度／單位量的意義和差異。

臺北市四年級學童解題表現

例 1　知識向度／數與計算（分數）、認知層次／概念理解

以臺北市 102 學年五上抽測（四年級範圍爲主）爲例，評量目標能理解等值分數進行簡單異分母的比較。

媽媽買了兩個一樣大的蛋糕，一個給哥哥，一個給妹妹，哥哥吃了 $\frac{2}{3}$ 個，妹妹吃了 $\frac{4}{6}$ 個。

(1) 請在下圖中分別畫出 $\frac{2}{3}$ 個、$\frac{4}{6}$ 個蛋糕。

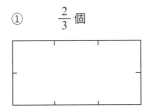

①　　$\frac{2}{3}$ 個

②　　$\frac{4}{6}$ 個

(2) 誰吃得比較多？把你的想法寫下來。

學童的解題表現：本題有二個小題，學童第一小題①的解題表現：2 分類型 87.3%、0 分類型 12.7%。從 **2 分類型**來看，他們幾乎都能將蛋糕平分成 3 份取其中 2 等分，很少的人是平分成 6 份取 4 等分；而 **0 分類型**，稍多是將蛋糕平分成 6 份取 2 等分，一些是將蛋糕的一部分先平分成 3 份再取 2 等分。第一小題②的解題表現：2 分類型 92.0%、0 分類型 8.0%。從 **2 分類型**來看，他們都是將蛋糕平分成 6 份取其中 4 等分；至於 **0 分類型**，

除了空白，就是其他不正確的等分和取法。再看第二小題的解題表現：2 分類型 62.3%、1 分類型 24.6%、0 分類型 13.1%。顯然比較 $\frac{2}{3}$ 個蛋糕和 $\frac{4}{6}$ 個蛋糕的正確解人數降低不少。在 **2 分類型**，較多是用擴分或約分得到 $\frac{2}{3} = \frac{4}{6}$，確定一樣多；次多是直接寫出 $\frac{2}{3} = \frac{4}{6}$，未說明為何相等；還有人是直接從圖示一樣大來判斷，都回答二人吃的一樣多。至於 **1 分類型**都是回答一樣多，可是理由錯誤或不合理或不清楚，還有一些是空白。從 **0 分類型**可見，除了空白、亂答外，較多是因為 4 > 2 或 $\frac{4}{6} > \frac{2}{3}$，所以妹妹吃的多；也有少數人是回答哥哥吃的多。此等值分數概念是分數運算的基礎，學童到六年級上學期還有這麼多人錯誤，此建構反應題真該在四年級學完後施測，親師可針對錯誤解進行修補和鞏固。

例 2 知識向度／數與計算（分數）、認知層次／解題應用

以臺北市 105 學年五上普測（四年級範圍為主）為例，評量目標能在離散量情境中，利用等值分數的概念，解決內容物為多個個物的分數問題。

一盒糖果有 24 顆，其中 $\frac{3}{8}$ 盒是藍莓口味、$\frac{1}{4}$ 盒是櫻桃口味，剩下的是草莓口味，哥哥吃掉了 2 顆，如下圖：

藍莓	藍莓			草莓	草莓
藍莓	藍莓	櫻桃	櫻桃	草莓	草莓
藍莓	藍莓	櫻桃	櫻桃	草莓	草莓
藍莓	藍莓	櫻桃	櫻桃	草莓	草莓

你知道哥哥吃的是什麼口味的糖果嗎？把你的做法和理由寫下來。

學童的解題表現：2 分類型 25.8%、1 分類型 7.3%、0 分類型 66.9%。

從 **2 分類型**的解題來看，較多是利用等值分數概念，寫出藍莓是 $\frac{3}{8} = \frac{9}{24}$

（盒）、櫻桃是 $\frac{1}{4} = \frac{6}{24}$，再算出草莓是 $1 - \frac{9}{24} - \frac{6}{24} = \frac{9}{24}$，就可知藍莓

應該有 9 顆、櫻桃有 6 顆、草莓有 9 顆；不少人是從內容物做乘除計算

求解，藍莓 $(24 \div 8) \times 3 = 9$（顆）、櫻桃 $(24 \div 4) \times 1 = 6$（顆）、草莓

$24 - (9 + 6) = 9$（顆）；最後再配合圖示有：藍莓 8 顆、櫻桃 6 顆、草莓

8 顆，知道哥哥吃掉的 2 顆是藍莓 1 顆、草莓 1 顆。而 **1 分類型**的人不多，

雖都答案正確，但理由說明不完整、未說明理由，或極少只在圖示上畫出

答案。至於接近七成的 **0 分類型**，一半都是回答哥哥吃了 2 顆櫻桃，其餘

的一半不是回答哥哥吃的都是藍莓或都是草莓口味外，就是空白或作答模

糊不清。這題需要學童自己決定怎麼解題，題目中沒有清楚的解題程序，

學童要理解題意，也要看懂圖示；這不是難題，只是要思考和分析，它是

強化學童數學素養的評量題。

例 3 知識向度／數與計算（分數）、認知層次／程序執行

　　以臺北市 109 學年五上普測（四年級範圍為主）為例，評量目標能透

過平分操作進行簡單異分母的比較。

慶生會時，媽媽烤了兩個一樣大的蛋糕，其中一個草莓蛋糕先平分成 4
等分，再把每一等分平分成 3 片；一個巧克力蛋糕先平分成 2 等分，再
把每一等分平分成 4 片。比比看，一片草莓蛋糕和一片巧克力蛋糕，哪
一片比較大？
先把平分兩個蛋糕的方法畫下來，再寫出你的想法與做法。

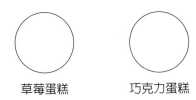

學童的解題表現：2 分類型 30.6%、1 分類型 18.8%、0 分類型 50.6%。從 **2 分類型**可知，這些學童都能將草莓蛋糕平分成 12 份、巧克力蛋糕平分成 8 份；較多人是使用等值分數或用「>」來說明一片巧克力蛋糕比較大，也有人是直接判斷或使用圓心角來說明巧克力蛋糕比較大。而 **1 分類型**大都能將蛋糕平分成 12 份及 8 份，但多數未說明或說明錯誤，或認為一樣大，也有一些是認為分母大的草莓蛋糕比較大；還有不少人是圖示錯誤或未畫圖，但能用算式或文字合理說明一片巧克力蛋糕比較大。在 **0 分類型**中，一半的學童至少有一種蛋糕未以題目要求的份數平分，以致無法正確比較兩片蛋糕的大小；另一半是至少有一種蛋糕未正確平分（不用很精確來評閱，看得出有平分即可）或使用長度判斷，看不出寫些什麼或空白的學童很多。這題只是簡單異分母分數的比較，只有正確解的學童會做；部分正確解和錯誤解的學童幾乎不會或不理解。

· ·

從新北市 3 個五年級案例、臺北市 3 個四年級案例的學童解題表現，我們首先可知它們都是**分數主題**，從學童的**學習順序**來看有：離散量的等值分數（臺北市 105 學年五上普測）、簡單異分母的比較（臺北市 102 學年五上抽測）、簡單異分母的比較（臺北市 109 學年五上普測）、分數的數線（新北市 110 學年修改自 105 學年五下普測）、簡單異分母的加減及比較（新北市 106 學年五下普測）、分數的分數倍（新北市 108 學年五下普測）。若不分縣市**整體表現**最好的是簡單異分母的比較（臺北市 102 學年五上抽測），表現最差的是離散量的等值分數（臺北市 105 學年五上）。簡單異分母的比較（臺北市 102 學年五上）這題，相較另一題簡單異分母的比較（臺北市 109 學年五上）表現好很多，前者屬概念理解、後者屬程序執行，此概念理解題是很基本的，而此程序執行題還得理解題意；至於離散量的等值分數（臺北市 105 學年五上）這題，在這六題中是唯一的「解題應用」，更多學童的解題分析和思考待加強！分數教材對學

童來說難度較高，從學習順序看這六題的 **0 分類型**：66.9%（最差）、8.0-13.1%（最好）、50.6%、48.1%、41.6%、52.1%。親師可從建構反應題多實施形成性評量、即時回饋，以進行「促進學習的評量」活動。

從建構反應題提升學童數學學習

在前一節已藉六題分數主題分析了學童的解題表現，本節將進一步來談談**正確例**的功能。學童的表現不是正確就好，而是要去了解他們的解題思維是否有待提升？因為，2 分類型是指答案正確、理由或說明完整即可；但是，有些正確解並未扣住題目的核心概念，例如：大數去零除法（第三幕之整數與概數例 2）、小數的乘法（第三幕之小數例 4），前者有學童不去零再算一次，不能確定他們是否了解換單位的概念？後者有學童也是重算一次，或用口訣指出不正確，但未能直接從數感或「換單位及 0.1 的 0.1 倍是 0.01」說出不正確的理由。學童在學習上要有學習的對象，尤其 1 分和 0 分類型者，都有不知題意、概念不足、表達不清，或未能掌握解題的重要訊息等；透過 2 分類型同儕的分享和討論，絕對比教師再講一遍有效益。面對素養導向的評量，親師要多了解學童可能的正確多元策略，才能在設計建構反應題時，有預設的評閱規準。

新北市五年級學童解題表現

例 1　知識向度／圖形與空間（幾何量）、認知層次／解題應用

以新北市 108 學年五下普測（五年級範圍為主）為例，評量目標能理解面積不變，梯形的底和高，以及長方形之長和寬的關係。

> 桌上有一張面積為 60 平方公分的等腰梯形紙張 ABCD（如圖一）。小明將這張紙沿著線段 EF 剪開變成 ABFE 及 EFCD 兩個梯形，並將梯形 ABFE 翻轉移動後重新拼成一個長方形 EFHG（如圖二）。

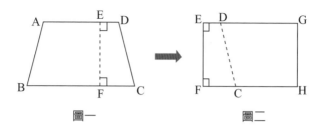

已知梯形 ABCD 中，線段 EF 長 6 公分，線段 AD 長 8 公分，請問長方形 EFHG 的周長是幾公分？請說明你的做法。

學童的解題表現：2 分類型 12.8%、1 分類型 8.2%、0 分類型 79.0%。雖然正確解的人不算多，但是可從解法中，看看他們是怎麼想的；並請這些同儕說明解法，可幫助解題不正確者學習。本題屬「解題應用」，他們首先要能知道圖二是圖一剪一刀拼成的外，還要利用長方形面積和梯形面積一樣、長方形的寬（線段 EF）和梯形的高（線段 EF）一樣，來求算長方形的長，再求算長方形的周長。學童正確的**多元解題策略**，主要有三種：

(1) 先利用長方形面積等於梯形面積，算出長方形的長；再利用長方形的周長公式，算出長方形的周長。這類學童是利用面積的保留概念，在切割重組的情境下理解等積異形，並以其面積、周長性質進行解題。

(2) 先利用梯形面積和高，推論出上、下底之和；再利用梯形上、下底和與長方形的兩個長等長，用上下底和再加上兩個寬，算出長方形的周長。這類學童是運用長度保留的概念，在切割重組的情境下理解梯形的上下底總長與長方形的上下兩長和相等，並以其面積、周長性質進行解題。

(3) 先利用梯形面積、上底和高，推論出下底的長；再利用梯形上下底和與長方形的兩個長等長，將梯形上下底和除以 2，算出長方形的長；最後利用長方形的周長公式算出長方形的周長。這類學童也是運用長度保留的概念，理解梯形的上下底總長與長方形的上下兩長和相等，並以其面積、周長性質進行解題。

在 2 分類型中，近半數的學童都是使用第 (1) 種策略，另外半數學童則較多用第 (2) 種策略、次多用第 (3) 種策略，還有極少的其他做法。本題的解題關鍵是要找出長方形的一個長或二個長，親師可以看到正確解學童的優良表現，也可透過同儕互動，來協助有困難、不理解的學童增加此類基本推理題的解題能力。

例 2 知識向度／圖形與空間（幾何量）、認知層次／解題應用

　　以新北市 109 學年五下普測（五年級範圍為主）為例，評量目標能運用平行四邊形等底、等高的性質，解決三角形、梯形的面積問題。

> 姐姐有一塊底邊長 30 公分的平行四邊形花布，她從這塊花布剪下了一塊面積是 50 平方公分的三角形做成一面旗子（如下圖），她看著剩下的花布說：「哇！剩下的布是一個梯形，它的面積剛好是旗子面積的 5 倍。」你覺得姐姐的說法正確嗎？請寫出你的想法。
>
>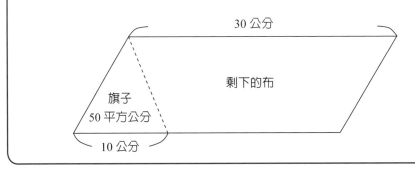

學童的解題表現：2 分類型 16.5%、1 分類型 35.8%、0 分類型 47.7%。此題正確解的也不多，可能是「解題應用」的非例行性問題，學童需要對題目的訊息多些理題和分析，也要有靈活的解題思維。本題平行四邊形的底邊長是 30 公分，剛好可以平分成 3 段的 10 公分，平形四邊形和三角形同高，平形四邊形面積是 6 個三角形面積；本題「剩下的布是一個梯形，它的面積剛好是三角形旗子面積的 5 倍」說法是正確的。當詢問學童是否正

確，有時也要提供正確的資訊，以免他們被制約回答不正確，對理由說明又不清楚。學童正確的**多元解題策略**，主要有二種：

(1) 先利用三角形面積公式推算出三角形的高，再利用等高的性質計算梯形面積，最後得知梯形面積為三角形面積的 5 倍關係。這類的學童都能發現梯形和三角形有同高的性質，並利用面積公式進行解題，

(2) 先推知梯形和三角形同高，以及梯形上、下底長均為三角形底邊長的整數倍；再將梯形切割成 5 個等底同高的全等三角形，得知梯形面積是三角形面積的 5 倍。這類的學童能察覺平行線間垂直距離相等的性質，推知梯形和三角形同高，且覺察平行四邊形底邊長與三角形底邊長有倍數關係，透過將梯形花布等分割出 5 個全等的三角形，進行判斷。

在 2 分類型中，絕大多數的學童都是使用第 (1) 種策略，僅有少數學童使用第 (2) 種策略。若學童不能察覺平形四邊形、梯形、三角形有共用邊和同高的性質，解題就沒有方向；1 分類型人數是 2 分類型的 2 倍多，這些學童能同意 5 倍關係，但是直觀地進行切割或計算面積，未能清楚說明等底同高、全等三角形等性質，或未交待三角形、梯形的高 10 公分如何求得？這些都是未正確解者需要加強之處。

例3 知識向度／圖形與空間（幾何量）、認知層次／解題應用

　　以新北市 110 學年修改自 105 學年五下普測（五年級範圍為主）為例，修改是以增加生活情境為目的，評量目標是找出三角形的底和高，並畫出等積異形的三角形。

> 新北國小校慶運動會，五年級班旗要以三角形設計，因為三角形是最穩固的結構，象徵新校舍建築穩固安全。老師請同學們先在方格紙中畫出班旗的草稿，小明已經畫出第一面班旗（如圖一），請你再設計另一面<u>形狀不同</u>但<u>面積相同</u>的三角形班旗，並說明理由。

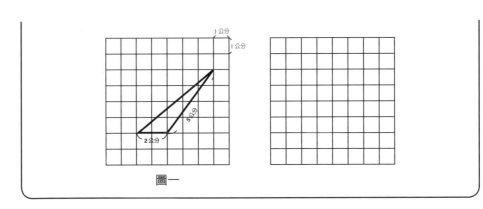

圖一

學童的解題表現：2 分類型 29.1%、1 分類型 13.8%、0 分類型 57.1%。此題正確解的人數相較前二題多一些，題目的元素也相較前二題單純一些。此題只要能看出圖一中三角形的底邊長是 2 公分、高是 4 公分，就能設計一個面積是 4 平方公分，不同於原圖的三角形班旗。鈍角三角形的高在三角形外，找高是重要的解題關鍵，圖一中三角形的斜邊長 5 公分是多餘資訊。學童正確的**多元解題策略**，主要有二種：

(1) 先算出三角形的面積，再畫出等積異形的三角形。這類學童能正確找出原圖中三角形的高是 4 公分，從面積去推算新三角形的底和高，畫的等積異形三角形大都以 2 公分為底、4 公分為高，或 4 公分為底、2 公分為高的直角三角形或等腰三角形為主。

(2) 先確認原三角形的底和高，再利用等底同高畫出等積異形的三角形。這類學童確知只要等底同高，就可畫出等積異形的三角形，不須經過面積的計算，可算是掌握核心概念比較優良的解法。

在 2 分類型中，絕大多數的學童都是使用第 (1) 種策略，僅有較少數的學童用第 (2) 種策略。0 分類型的學童中，很多都把原圖三角形的斜邊 5 公分當做三角形的高，這類錯誤的孩童不少，親師可藉此題協助錯誤者更正和補強。

臺北市四年級學童解題表現

例 1　知識向度／圖形與空間（幾何概念）、認知層次／程序執行

　　以臺北市 99 學年六上抽測（本題四年級適用）為例，評量目標是使用量角器畫出指定的角。

> 「畫一個 135 度的角。（可以使用量角器來幫助你作答）」

學童的解題表現：2 分類型 79.0%、1 分類型 0.3%、0 分類型 20.7%。此題正確解的學童得知道：等腰直角三角板的三個角是 45 度、45 度、90 度，以及特殊角直角三角板的三個角是 30 度、60 度、90 度。要畫出 135 度的角，可以是 90 度和 45 度、45 度和 45 度和 45 度、30 度和 60 度和 45 度。這題正確的**解題策略**，主要有三種：

(1) 用三角板的 90 度角、45 度角，畫出一個 $90 + 45 = 135$（度）的角。

(2) 用三角板畫一條直線後，再用三角板的 45 度角，畫出 $180 - 45 = 135$（度）的角。

(3) 只是直接標出 135 度角。

在 2 分類型中，大多數的學童是使用第 (3) 種策略，另外較多的學童是使用第 (1) 種策略，極少的學童是使用第 (2) 種策略，這是從他們畫出的結果來判斷的。若是題目中請學童說明「用了三角板的哪些角度？」可能可幫助親師對學童如何畫出 135 度角多些了解。

例 2　知識向度／圖形與空間（幾何概念）、認知層次／解題應用

　　以臺北市 102 學年五上抽測（四年級範圍為主）為例，評量目標是將原圖形切割重組成指定的圖形。

有一塊邊長 5 公尺的正方形塑膠布，最多可以剪出幾個長 3 公尺、寬 2 公尺的長方形塑膠布呢？把你的剪法畫在下圖中

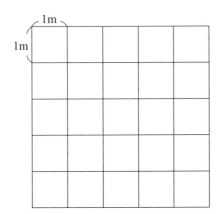

正方形塑膠布

學童的解題表現：2 分類型 30.4%、1 分類型 29.1%、0 分類型 40.5%。此題正確解的人數不少，部分正確解的人數也不少，錯誤解的人數稍多。此題要能理解每個方格的邊長是 1 公尺，橫排和直排都是 5 格，共有 $5 \times 5 = 25$（格）；再思考長 3 公尺、寬 2 公尺的長方形需要 $3 \times 2 = 6$（格），若能察覺到 5 公尺可以分成 3 公尺和 2 公尺，就可能想到長方形可以是 2×3 或 3×2。此題正確的**解題策略**，只有一種：畫出 4 個 $2m \times 3m$ 的長方形，全部方格的中間是空白。

所有 2 分類型學童的畫法一樣，只有標記的方式不同。畫出 3 個 $2m \times 3m$ 的長方形，算是 1 分類型；只畫出 2 個或 1 個 $2m \times 3m$ 的長方形，或其他等，算是 0 分類型。此題雖然不難，只有要求畫出答案，但是學童需要有空間概念，也知道 $2m \times 3m$ 的長方形可以直放成 $3m \times 2m$ 的長方形，才可能畫出四個 $2m \times 3m$ 的長方形。若正確解的學童分享，我想一定有人會說「$25 \div 6 = 4 \cdots 1$，最多可能放四個 $2m \times 3m$ 的長方形」，然後嘗試著去設法鋪滿。

例 3 知識向度／圖形與空間（幾何概念）、認知層次／概念理解

　　以臺北市 106 學年五上普測（四年級範圍為主）為例，評量目標是用一直線切割原圖形為二個基本平面圖形。

請在答案卡的長方形內各畫一條直線，將長方形分割成兩個圖形，並寫出分割後兩個圖形的名稱。

除了分割成長方形和長方形的畫法外，請再找出四種不同的分割方法。

注意：雖然有不同的分割方法，但分割後兩圖形的名稱若相同，就算同一種。例如，以下三種畫法都是分割成長方形和長方形，只算同一種。

學童的解題表現：2 分類型 48.2%、1 分類型 26.3%、0 分類型 25.5%。此題正確解的人數不少，因評閱規準並未以四種分割且圖形名稱都正確為唯一標準。此題的解題須有一些平面圖形的心像能力，長方形內畫一直線要分割成二個圖形，例如：三角形和三角形、梯形和梯形、三角形和梯形、正方形和長方形，就是不能分成長方形和長方形。此題算是正確的**解題策略**，主要有二種：

(1) 有 4 種正確分割方法，且圖形名稱正確，或部分圖形名稱有誤、有缺。這類學童能畫出四種正確的分割，他們對平面圖形掌握的很好。

(2) 有 3 種正確分割方法，且圖形名稱正確，或部分圖形名稱有誤、有缺。這類學童能畫出三種正確的分割，他們對平面圖形掌握的還好。

在 2 分類型中，較多的學童都是第 (2) 種策略，較少的學童才是第 (1) 種策略，可見學童要窮盡畫出四種正確的分割方法有些難度。畫出 2 種正確分割方法，算是 1 分類型；只畫出 1 種正確分割方法，或其他等，算是 0 分類型。

從新北市 3 個五年級案例、臺北市 3 個四年級案例的學童解題表現，我們首先可知它們都是**圖形與空間主題**，五年級都屬幾何量、四年級都屬幾何概念。再從學童的**學習順序**來看有：使用量角器畫出指定的角（臺北市 99 學年六上抽測）、將圖形切割重組成指定的圖形（臺北市 102 學年五上抽測）、用一直線切割圖形為基本平面圖形（臺北市 106 學年五上普測）、畫出等積異形的三角形（新北市 110 學年修改自 105 學年五下普測）、圖形有共用邊且等高的面積關係（新北市 109 學年五下普測）、梯形底和高及長方形長和寬的關係（新北市 108 學年五下普測）。學童正確解的表現視題目內容差異很大，若不分縣市**正確解表現**最好的是使用量角器畫出指定的角（臺北市 99 學年六上 / 79.0%）、表現最差的是梯形底和高及長方形長和寬的關係（新北市 108 學年五下 / 12.8%），看來這些題目雖然不是難題、資優題，但是屬於解題應用層次的非例行性題，學童的解題表現並不好。學童的 **2 分類型**代表他們正確解題的思維、想法、策略等，這些多元解法可以提供解題錯誤者學習，而且透過同儕們分享不同層次的解法，對需要學習者是有很大助益的。

從建構反應題錯誤例談教學強化

建構反應題除了多元的正確解題例分享，可促進及提升學童的學習外，親師也不能忽略**錯誤例、部分正確例**的學童，他們的迷思概念、學習困難是否能澄清和修補，補強後能夠鞏固，這攸關他們爾後學習的進展。學童的迷思或錯誤概念要怎麼處理呢？若用「重教一次」有效嗎？這重教一次是教些什麼？從學童不足的觀念教起，可能要跨好幾個單元，費時且學童聽過，他們不會就是不會。我曾在新北市國小數學輔導團，從 106-110 學年共 5 年，指導他們撰寫非選題（建構反應題）的解題分析和教學建議，大家在撰寫**教學建議**時，我發現輔導員都很習慣從教材脈絡來思考。此教材脈絡雖符合學童學習的發展，但這些內容可能會跨單元、跨

年級，親師沒有那麼多時間外，對學童只是重聽一次，其實效果有限。因此，我要求他們寫的**教學建議**要在 20 分鐘左右進行教學輔助，能用不同於教材教法的一般敘述，要讓親師一看重點小標就有感於教學可加強之處，然後了解補強教學的內容去實行。之後，我在 111 學年指導基隆市國小數學輔導團，撰寫 110 學年三年級抽測的**教學建議**也是這樣要求：(1) 教學建議要緊扣評量內容撰寫，不宜擴大範圍；(2) 勿寫單元相關的教材脈絡，親師看了眼熟，認為都已教過；(3) 建議的教學內容，以 20-30 分鐘能教完為宜；(4) 重點小標 2-3 個，該敘述能吸引親師注意；(5) 教學建議可配合文字，用例子、圖示等說明。本小節就以前面沒有出現過的檢測題，來跟讀者簡介評量結果的錯誤例，以及親師進行教學強化的內容為何？它們可提供讀者參考，筆者並非以它們為範例。

新北市五年級學童解題表現

例 1 知識向度／數與計算（整數）、認知層次／概念理解

　　以新北市 107 學年五下抽測（五年級範圍為主）為例，評量目標以併式記法來記錄問題，並解決加、減、乘三步驟問題。

老師出了一個數學題目：「飲料店周年慶特價，水果茶、珍珠奶茶每杯都是 28 元，媽媽買了 12 杯水果茶、8 杯珍珠奶茶，付了 600 元找回多少元？」

全班討論的做法如下：

　　　$12 + 8 = 20$（杯）

　　　$28 \times 20 = 560$（元）

　　　$600 - 560 = 40$（元）　　　　　答：找回 40 元

小萱將全班討論的做法用一個算式記成：

　　　$600 - 28 \times 12 + 8 = 40$　　　　　答：找回 40 元

你覺得小萱的算式正確嗎？為什麼？把你的想法寫下來。

學童的解題表現：2 分類型 46.2%、1 分類型 36.4%、0 分類型 17.4%。此題只是不同於一般文字／應用題的三步驟問題，要求學童先併成一個算式再解題，不能了解他們不會併式的困難。本題的**解題**有三種思維：先了解三個算式的運算順序（含題意），再檢視併式的運算順序是否一致？或先了解併式的運算順序，再檢視三個算式的運算順序（含題意）是否一致？第三種是直接用逐次減項來計算併式的答案，發現答案不是 40，這樣雖是 2 分類型，但是未確知是否具有將三個算式併成一個算式的概念。從 **1 分類型**中，發現學童都能正確回答算式錯誤，但是回答的理由大多錯誤或不清楚，例如：只回答「先乘除後加減」、回答要加括號但是括號的位置加錯或是未說明括號加在何處。**0 分類型**中，發現學童的解題想法有：(1) 從三個算式或併式算一算，答案都是 40，認為併式正確；(2) 直接認為併式正確，並將三步驟的運算次序再說明一次；(3) 看到合併的算式變短，而判斷併式正確。針對評量內涵及本題的**教學建議**（胡錦芳）：

1. **透過多步驟的解題及算式替換的動態過程，了解併式的意義**

  教師帶領學童由題意中理解何者先算，以及再算什麼，最後再算什麼，讓學童察覺三步驟問題的存在，接著透過三步驟的列式記錄，再引導合併為一個算式。先讓學童觀察三步驟列式中各個運算結果與下一個算式的關係，利用運算結果可由算式替代的方法進而理解併式的意義。以本題為例：「飲料店周年慶特價，水果茶、珍珠奶茶每杯都是 28 元，媽媽買了 12 杯水果茶、8 杯珍珠奶茶，付了 600 元找回多少元？」

  先算；$12 + 8 = \boxed{20}$（杯）→飲料的總杯數

  再算；$28 \times \boxed{20} = \underline{560}$（元）→ 20 杯飲料所需付的錢

  後算；$600 - \underline{560} = 40$（元）→找回的錢

若依題意列出三步驟算式後直接併式，學童很難理解如何併成一個算式，所以建議教師應透過算式替換的動態過程進行併式教學。教師帶

領學童觀察算式中的 20、560 的數字在題意中未曾出現，它是從何而來？接著討論 560 是 28×20 算出來的結果，560 由 $\boxed{28 \times 20}$ 替代，所以 $600 - 560 = 40$ 可替代為 $600 - 28 \times 20 = 40$，其中 20 再由 $\boxed{(12+8)}$ 替代，所以 $600 - 28 \times 20 = 40$ 可替代為 $600 - 28 \times (12+8) = 40$，強調括號表示先算的 20 杯飲料。藉由算式替代運算結果的方式，讓學童熟悉併式的意義。

先算；$12 + 8 = \boxed{20}$（杯）

再算；$28 \times \boxed{20} = \underline{560}$（元）　　　20 由（12+8）替換，變成

$28 \times (12+8)$

後算；$600 - \underline{560} = 40$（元）　　　560 由 $28 \times (12+8)$ 替換

併式：$600 - 28 \times (12+8) = 40$　→　先算的要加括號

2. 強化學童多步驟算式中能判斷併式的合理性，不應透過計算併式的答案來判斷

從學童解題的思維中發現，仍有部分學童將併式重新計算一次算出答案 272，察覺與三步驟所呈現的答案 40 不同，以此作為判斷算式的錯誤，而非直接從多步驟中判斷併式的合理性。因此，教師除了引導學童從題意分步驟解題，先算出飲料的總杯數為 20 杯，再算 20 杯飲料的價錢，最後算出付 600 元後找回的金額之外，更須加強學童關注多步驟算式與併式各數值間的關係，進而判斷併式的合理性，使學童可藉由不須計算併式的答案來判斷算式的經驗，強化判斷算式的能力。

3. 從問題情境中併式可有多元方式，教學時宜提升至有效的併式，但評量時應接受多元的解法

進行多步驟解題活動時併式不一定是單一方式，學童可能依據問題情境呈現多元的併式方法，教師在教學時宜鼓勵學童使用有效的併式。以本題為例，學童解題時可能出現的併式如下：

併式①：$600 - 28 \times 12 - 28 \times 8$

併式②：$600-(28\times12+28\times8)$

併式③：$600-28\times(12+8)$

教師可以帶領學童討論上述三個併式的運算順序，發現併式①先算 28×12 和 28×8 的答案後再用 600 連減，必須做二次的二位數乘法，運算的複雜度較高；併式②是算出 28×12 和 28×8 的答案後加起來，再用 600 減去相加後的答案，一樣也要做二次的二位數乘法，運算的複雜性也較高；併式③可由 $28\times(12+8)$ 直接看出是 28×20 答案是 560，再用 600 減掉 560 得知答案為 40，運算的複雜度相對比併式 1 及併式 2 減少許多。教師在討論後宜提升學童使用有效的併式，評量時若學童仍出現多種併式，教師仍應接受多元解法。

例 2 知識向度／數與計算（分數）、認知層次／程序執行

以新北市 107 學年五下普測（五年級範圍為主）為例，評量目標能利用分數乘法（乘數為分數）解決生活中的問題。

> 同樂會時，老師買了好多盒餅乾，每盒有 72 片；將餅乾平分給全班同學，班上有 4 組、每組有 6 人，每組可得到 2 盒。小明把分到的餅乾吃了 $\frac{1}{2}$ 後，剩下的帶回家和家人分享，他帶了幾盒餅乾回家？寫下你的做法及答案。

學童的解題表現：2 分類型 23.0%、1 分類型 4.3%、0 分類型 72.7%。此題只是不同於一般文字／應用題的 $\frac{1}{2}$ 倍問題，錯誤的人實在很多。本題的**解題**有三個路徑：直接從 2 盒「$\div6$」，再「$\times\frac{1}{2}$」入手；或是先算出每組有「72×2」片餅乾，再從 144 片「$\div6$」「$\times\frac{1}{2}$」後換成盒；也有人是先算出總餅乾有 576 片「$\div2\div6$」，再算每人有 24 片「$\times\frac{1}{2}$」後換成盒。從

1 分和 **0 分類型**中，發現學童的解題困難有：(1) 無法從題目中「盒」跟「組」、「人」的關係，或「片」與「組」、「人」的關係來解題；(2) 對題目中分數概念的語意「吃了 $\frac{1}{2}$」想成「$\frac{1}{2}$ 盒」。針對評量內涵及本題的**教學建議**（袁心好）：

1. 要重建分數與分數倍的概念，並理解「$\frac{1}{2}$」與「$\frac{1}{2}$ 盒」的不同

在分數乘法教材中，不同的語意結構影響學童的解題表現。我們可以比較下面二種情境布題：「一包米有 2 公斤，用去 $\frac{1}{3}$ 包」與「一包米有 2 公斤，用去 $\frac{1}{3}$」，在總量是 1 包的情形下，「一包米有 2 公斤，用去 $\frac{1}{3}$」的「$\frac{1}{3}$」是指「一包米的 $\frac{1}{3}$ 倍」，此時「一包米的 $\frac{1}{3}$ 倍」等於「$\frac{1}{3}$ 包」；但若情境布題是「家裡有 3 包米，用去 $\frac{1}{3}$ 包」與「家裡有 3 包米，用去 $\frac{1}{3}$」時，因為總量不是 1 包而是 3 包，所以題目中的「用去 $\frac{1}{3}$」還是「3 包米的 $\frac{1}{3}$ 倍」的意思，但這時的「3 包米的 $\frac{1}{3}$ 倍」卻等於「1 包」。所以，「一包米有 2 公斤，用去 $\frac{1}{3}$」和「家裡有 3 包米，用去 $\frac{1}{3}$」的「$\frac{1}{3}$」都是指「$\frac{1}{3}$ 倍」，而不會是「$\frac{1}{3}$ 包」。因此，教師在教學中應透過不同的布題讓學童能透過語意轉換來釐清不同語意結構的涵義。

因此，以本題為例，題目中「小明把分到的餅乾吃了 $\frac{1}{2}$ 後」的 $\frac{1}{2}$ 是指 $\frac{1}{2}$ 倍，而非 $\frac{1}{2}$ 盒或 $\frac{1}{2}$ 片的意思。除此之外，學童也必須能知道是誰的 $\frac{1}{2}$ 倍？所以教師應引導學童由題目中的「小明把分到的餅乾吃了 $\frac{1}{2}$ 後」的題意去理解 $\frac{1}{2}$ 倍指的是小明分到餅乾的 $\frac{1}{2}$ 倍，而不是每組分到 2 盒的 $\frac{1}{2}$ 倍。另外，教師應讓學童理解「小明分到餅乾的 $\frac{1}{2}$ 倍」是分數倍

的語言，能利用分數乘法進行計算，並能列出「小明分到的餅乾數 $\times \frac{1}{2}$」

的算式及計算答案，以強化分數乘法的概念並加強分數乘法的計算能力。

2. 引導學童從讀題中掌握題目的訊息，並理解題目中不同單位之間的關係

在文字題的理解上教師應引導學童讀題並進行「澄清問題」、「了解題意」活動來掌握題目訊息，帶領學童學習如何擷取有用的解題線索，並加強學童注意題目中的單位及單位間的關係，以提升學童解題能力。以本題為例：「同樂會時，老師買了好多盒餅乾，每盒有 72 片；將餅乾平分給全班同學，班上有 4 組、每組有 6 人，每組可得到 2 盒。小明把分到的餅乾吃了 $\frac{1}{2}$ 後，剩下的帶回家和家人分享，他帶了幾盒餅乾回家？」其中出現的單位有「盒」、「片」、「人」、「組」，學童很容易產生混淆：例如不知道計算後的單位，學童在進行 $72 \times 2 = 144$，$144 \div 6 \div 2 = 12$ 計算後，出現不知道 12 的單位為何的情形；或是不知道每組分到 2 盒是分給幾個人的情形，而進行錯誤的計算，例如 $72 \times 2 = 144$，$144 \div 6 \div 4 = 6$。所以，教師不可忽視引導學童讀題的重要，學童可透過讀題學習掌握題目訊息並釐清題目中各單位間的關係，有助於學童能「澄清問題」、「了解題意」。

另外，為了避免造成學童日後在理解文字題時不是回到原題的題意去思考，而是找尋相關的關鍵字進行解題，教師應避免以關鍵字教學，如「共」就是加法情境、「吃了」就是減法的情境等。教師若能確實引導學童學習正確的讀題及「澄清問題」、「了解題意」的解題習慣，必能提升學童解題能力。

3. 加強題意與算式間的連結與說明

建議教師仍須引導學童觀察列式與題目之間的關係進行連結，習慣回到題目來思考列式之意義。以本題為例，學童若能掌握解題訊息：「他帶了幾盒餅乾回家？」、「小明把分到的餅乾吃了 $\frac{1}{2}$ 後，剩下的帶回家

和家人分享」、「每組可得到 2 盒」及「每組有 6 人」，他就能以盒爲單位進行解題：先算出小明被分到餅乾盒數是 $\frac{2}{6}$ 盒，再處理「小明把分到的餅乾吃了 $\frac{1}{2}$ 後，剩下的帶回家和家人分享」的問題，因爲「小明把分到的餅乾吃了 $\frac{1}{2}$ 後」是指 $\frac{2}{6}$ 盒的 $\frac{1}{2}$，就可以分數乘法進行計算得到 $\frac{1}{6}$ 盒。假如學童必須透過片數來進行計算，由於步驟較多易混淆，所以學童必須更加小心，並仔細確認自己每一個解題步驟在算什麼以及單位爲何，並知道自己接下來要算什麼。學童成功解題後，教師應引導學童回顧題意，並請學童能說明每個算式所代表的意義，讓學童可以透過此活動強化題意與算式間的連結，鞏固學習。

例 3 知識向度／數與計算（整數）、認知層次／解題應用

　　以新北市 109 學年五下普測（五年級範圍爲主）爲例，評量目標能應用比率或百分率解決生活中的折扣問題。

> 香香果汁在各家商店中販賣的每瓶原價都相同；目前好划算商店打七折，購便宜商店買 3 送 1（買 3 瓶再送 1 瓶）。小強只要 20 瓶香香果汁，請問他應該去哪一家商店購買比較便宜？請說明你的理由。

學童的解題表現：2 分類型 35.4%、1 分類 21.3%、0 分類型 43.3%。此題設計的重點在沒有提供一瓶的單價，想了解學童能否直接從比率或百分率來判斷結果？本題的**解題**有三種策略：將折扣換算成比率進行比較；利用實際付費的果汁瓶數進行比較；自行假設果汁的單價後，計算總價進行比較。大部分學童仍習慣依題意算總價後才進行比較，學童能自行假設單價後進行計算再比較，是一種重要的解題策略，雖不是高階思維的解法，親師應予以肯定。從 **1 分**及 **0 分**類型中，發現學童有三種錯誤想法：(1) 不理解「買三送一」（購買 3 瓶後再贈送 1 瓶）的意義，而以「20÷3＝6…2」

是「多贈送 6 瓶」來求算；(2) 直接以「20÷3＝6…2」計算，且無法理解其中商數 6 與餘數 2 的意義，而錯誤解題；(3) 直接以購買的瓶數來判斷，完全忽略題意中的折扣情境。針對評量內涵及本題的**教學建議**（林心怡、鄭惠娟）：

1. 幫助學童理解常見與折扣有關的生活用語如「買三送一」在數學上的意涵

生活中有許多常見的折扣用語，例如「買三送一」、「四人同行一人免費」、「滿千送百」、「第二件半價」……等，教師可以請學童發表或蒐集生活中常見的折扣用語，透過語意的討論幫助他們在生活中遇到這類用語時，可以理解其折扣條件下的數學意涵。

以本題為例，「買三送一」的語意上表示「購買 3 瓶後再贈送 1 瓶」，我們從學童 0 分類型的作答情況中可以發現，共近半數的人都是直接以「20÷3」將 3 瓶當作一組來思考「買三送一」的情境，無法正確理解「買三送一」的意涵。在教學上，建議教師可以問學童：「這種情況下，購買時一次應該要拿幾瓶結帳？」幫助學童將「買三送一」轉換為「以 4 瓶為一組計價」進行思考，如此他們才能進一步用「每購買 4 瓶，僅須支付 3 瓶的價錢」連結其熟悉的比率概念（即付全部價錢的 $\frac{3}{4}$），理解本題應該是用「20÷4＝5」代表每 4 瓶為一組計價，共需要付 5 組的價錢。學童可以用 5 組總價的 $\frac{3}{4}$ 思考，也可以用 1 組價錢的 $\frac{3}{4}$ 再乘以 5 來思考。

2. 幫助學童了解生活用語「買三送一」轉換為打折問題，與「打七折」之間的連結與關係

當學童能將「買三送一」轉換為「以 4 瓶為一組計價」進行思考後，從 2 分類型的作答情況中可以看到，有些學童可以容易的計算出「以 4 瓶為一組計價」須付費的總瓶數（或總價錢）與「打七折」後須付費的總瓶數（或總價錢）進行比較。但實際上本題只要透過折扣的比率進行比較即可，並不需要計算出總價就可以判斷的。教學上，教師應透過同一情境中

打折用語及折扣比率等不同的描述語言呈現進行討論，幫助學童在不同的描述語言中理解其轉換的方式，可建立學童從計算價錢思考抽象化至比率概念思考。

教學上，建議教師可以透過將「每購買 4 瓶，僅須支付 3 瓶的價錢」轉換為折數，再與「打七折」進行比較。

「買三送一」→「每購買 4 瓶，僅須支付 3 瓶的價錢」

轉換為折扣比率應為：

「折扣後支付的瓶數（價錢）÷原來須支付的瓶數（價錢）」

$=\dfrac{3}{4}=0.75$（即打 75 折）

此時，可以同時呈現大多數學童的做法（假設單價進行計算）共同比較，教師可以進一步引導學童發現不需要將瓶數（或總價錢）計算出來，也可以進行比較。如此，可以幫助學童提升抽象概念，將折扣問題連結比率，以比率概念重新思考本題的解題方式，而非僅強調折扣金額的計算方式。

基隆市三年級學童解題表現

例 1 知識向度／數與計算（整數）、認知層次／概念理解

以基隆市 110 學年三下抽測（三年級範圍）為例，評量目標是理解餘數會小於除數。

> 一包手工餅乾重量是 300 克，裡面餅乾的數量在 21 到 23 塊之間，現在老師買了一包手工餅乾要平分給 4 個同學，請問老師最後有可能剩幾塊餅乾？請寫出所有的答案並說明你的算法。

學童的解題表現：2 分類型 49.4%、1 分類型 11.8%、0 分類型 38.9%。此題設計的重點在了解學童能否只從除數 4 來判斷餘數？通常命題不會故意讓答案是 1、2、3 塊餅乾的一部分，因為學童必須透過計算，才能知道哪個是正確答案。但因學童對「餅乾數量在 21 到 23 塊之間」的解讀不同，若以「生活用語」來看是 21、22、23 塊，若以「數學用語」來看是 22 塊餅乾，使得本題的**解題**有三個路徑：從分別計算 21÷4 = 5⋯1、22÷4 = 5⋯2、23÷4 = 5⋯3，回答可能剩 1、2、3 塊餅乾；但理解「餘數比除數小」的學童，就可能不須經過計算，而直接回答可能剩 1、2、3 塊餅乾；至於想成 22 塊餅乾，就會是只剩 2 塊餅乾。從 **1 分**、**0 分**類型中，發現學童有二類主要的解題困難：(1) 不能理解「21 到 23 塊之間」的數量，習慣題目中直接告知數量；(2) 受**參考資訊 300 克影響，以為重量 300 克也須進行計算**。針對評量內涵及本題的**教學建議**（馬家斌）：

1.幫助學童理解「21 到 23 塊之間」的生活用語和數學用語

「21 到 23 塊之間」，可以用生活語言來想，也可以用數學語言來想；「21-23」或「21～23」就是生活語言，「比 21 大、比 23 小」這是數學語言。題目「21 到 23 塊之間」的說法二者均可。若從生活語言來想是指 21、22、23，又因題目說要平分給 4 個同學，所以 21、22、23 都分別要考慮；若從數學語言來看，「21 到 23 塊之間」解釋成「比 21 大、比 23 小」，就只是 22，所以只有 22 被 4 分。本題若要避免有學童對餅乾數量「在 21 到 23 塊之間」的不明確，也許可以改成餅乾數量「比 20 塊多、比 24 塊少」，讓學童以餅乾數量可能是 21、22、23 塊來思考。親師可先從「比 20 塊多」討論是 21、22、23、24⋯⋯，再從「比 24 塊少」討論是 23、22、21、20⋯⋯，最後一起找找共同有的是 21、22、23 塊餅乾。

2.引導學童理解題目問的塊數是否和重量（300 克）有關？

教師可讓學童再次詳細讀題，引導他們圈出重要的解題訊息：「一包手工餅乾」要「平分給 4 個同學」，最後有可能「剩幾塊餅乾」；之後

提問題目要算的餅乾塊數和餅乾重量（300 克）是否有關聯？學童可以明顯看到「餅乾重量 300 公克」不是解題的重要訊息，本題用塊數來求解就好，也不需要算一塊餅乾有多重，用重量 300 克來算會產生錯誤。

3. 觀察多次有餘數的除法算式，建立「餘數會小於除數」的概念

學童對本題的求解，極大多數都是從計算結果來判斷；他們對「餘數會小於除數」的概念，從評量表現來看亟需加強。教師可經由多次有餘數的除法布題與列式解題，協助學童理解餘數必定小於除數。這個被除數、除數的關係有二類：(1) 被除數固定，除數連續變化；(2) 被除數連續變化，除數固定。

例如：

$$16 \div 3 = 5 \cdots 1，1 < 3 \qquad 33 \div 4 = 8 \cdots 1，1 < 4$$
$$16 \div 4 = 4 \cdots 0，0 < 4 \qquad 34 \div 4 = 8 \cdots 2，2 < 4$$
$$16 \div 5 = 3 \cdots 1，1 < 5 \qquad 35 \div 4 = 8 \cdots 3，3 < 4$$
$$16 \div 6 = 2 \cdots 4，4 < 6 \qquad 36 \div 4 = 9 \cdots 0，0 < 4$$
$$16 \div 7 = 2 \cdots 2，2 < 7 \qquad 37 \div 4 = 9 \cdots 1，1 < 4$$
$$\cdots \qquad\qquad\qquad\qquad \cdots$$

讓學童算出除數和餘數，再引導學童比對發現不同題目間的除數和餘數有一共通現象，那就是「餘數會小於除數」。

例 2 知識向度／數與計算（整數）、認知層次／程序執行

以基隆市 110 學年三下抽測（三年級範圍）為例，評量目標是在具體情境中，解決先加減後除的兩步驟問題。

奶奶買了一桶乖乖桶，炭志郎拿了 40 顆乖乖糖，佩佩豬拿了 18 顆乖乖糖；佩佩豬覺得不公平，請你幫他想想看，炭志郎要給佩佩豬幾顆才公平？把你的做法記下來。

學童的解題表現：2 分類型 42.0%、1 分類型 1.7%、0 分類型 56.3%。此題設計的理念是讓學童無法按照題意直接列式的非例行問題，需要自行判斷解題的運算程序。本題的**解題**有二種策略：先算出兩個人的差量，再將差量平分；先算出兩個人的總量後平分，得知每人應得的數量，再算出和平均量的差距。從 **0 分類型**中，發現學童有二類主要的解題迷思：(1) 認為兩人平分總量後的就是答案，忽略題目問的是炭志郎要給佩佩豬幾顆糖果？(2) 認為將兩量相減，多的部分，統統給佩佩豬就公平了。針對評量內涵及本題的**教學建議**（鄭雙慧）：

1. 利用圖示、畫線段圖，協助學童釐清題意，並了解平分的意義

教師可引導學童透過圖形表徵來理解題目的意思，增進對題意的理解。

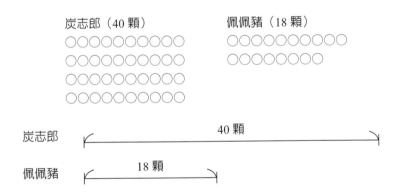

學童普遍知道炭志郎比佩佩豬的乖乖糖多，但一半以上的學童只知道多出 22 顆，但不知道該如何平分，於是把多出來的部分都給了佩佩豬，就發現換佩佩豬多出很多顆，還是無法平分。有學童嘗試用畫圖的方式成功解題，當他們無法成功解題時，鼓勵用畫圖、嘗試錯誤等，找出解題的方法；提供多元的解題策略，協助學童釐清題意，成功解題。

從少數錯誤的類型中，發現有學童會將炭志郎的糖果數量除以佩佩豬的糖果數量，認為「平分就是要用除的」，但不知道誰除以誰？教師教學

時還是要釐清學童平分的概念，不是一再強調平分就是用除的。通常「平分」是公平分配的操作，是分的動作，分的動作有分裝（包含除的前置概念）、平分（等分除的前置概念）二類。平分是總量除以人數或個數，在中年級階段兩步驟問題中有「平分」的問題，到了高年級多步驟的解題中有「平均問題」，到了國中則是要學習統計的「平均數」其實是算術平均數。

2. **引導學童理解「平分」和「總量」或「差量」的關係**

　　當學童將「公平」想成「平分」，就是要用除的，所以會將 40 除以 18（40÷18＝2…4），算出的答案學童會將其合理的解釋，認為炭志郎比佩佩豬多，所以要用 40÷18 的答案（2 顆），佩佩豬才會覺得公平。親師應讓學童理解生活中及數學上的「公平」，在本題是要兩人分到的一樣多顆乖乖糖，除了多的要拿一些給少的，要拿多少呢？就是「差量」要平分；也可以先算出「總量」要平分給二個人後，就能知道誰多幾顆？誰少幾顆？教師教學應儘量避免用關鍵字「平分就是除」來教學，要讓學童理解「平分」、「總量」、「差量」間的意涵和關係。

例 3 知識向度／數與計算（整數）、認知層次／解題應用

　　以基隆市 110 學年三下抽測（三年級範圍）為例，評量目標能理解一萬以內數的位值結構，並應用於生活中。

> 社區年終晚會發給居民一人一張摸彩券，從 00001、00002、00003……依照順序編到 10000，總共發了一萬張摸彩券。兌獎是以彩券的編號作為依據：摸彩券尾數號碼是 23（例如 00123、01023）的可以得到一份「歡樂獎」、摸彩券尾數號碼是 158（例如 01158、05158）的可以得到一份「開心獎」。
>
> 請寫出另外三張可以獲得「歡樂獎」的摸彩券號碼，和三張可以獲得「開心獎」的摸彩券號碼。

學童的解題表現：2 分類型 26.5%、1 分類型 25.7%、0 分類型 47.8%。設計理念是想藉生活中常見摸彩券，利用位值概念來探討彩券號碼，但這二者不全然對等。本題的**解題**有三種思維：彩券是五個數字，掌握編號是從 00001、00002、00003……依照順序編到 10000；得獎號碼的萬位數字只能是 0，先固定尾數的兩位（歡樂獎）或三位數字（開心獎）後，再任意變換其他位數的數值；未用五個數字寫出，只寫三位數、四位數的正確解。從 **1 分和 0 分類型**可知學童的錯誤解題想法有：(1) 另外三張彩券尾數號碼是 23、另外三張彩券尾數號碼是 158 的「另外」被忽略；(2) 未注意到摸彩券號碼最多只到 10000，隨意變換萬位的數字，以為可以組出更多得獎號碼；(3) 認為尾數是 23 的 2 倍、3 倍，或 158 的 2 倍、3 倍的數字是得獎號碼，未注意彩券尾數須固定。針對評量內涵及本題的**教學建議**（白玉如）：

1. 利用找題目中重要訊息等，提升學童閱讀理解與數學解題的能力

從學童的答題表現看得出來，題目中得獎「彩券的編號」的舉例和要求寫出「另外三張」的數字編號，讓不少學童沒有仔細辨識，就以題目的舉例號碼來回答問題。閱讀理解與數學解題的正相關是不爭的事實，國小學童的生活經驗或許不足，若無法好好讀懂題目，更遑論進行數學解題思維。平常在數學的課堂上，鼓勵學童讀文字題時要能找出重要訊息，腦海應出現畫面，幫助理解情境；教師也可以讓學童透過角色扮演，或者畫示意圖的方式，來理解題目的情境和發展，以便釐清題意，進行正確的解題思考。

2. 引導學童了解五個數字和五位數的關聯和差異

「五個數字」的編碼是生活中常見的應用，例如：鈔票上的數字編碼、電話號碼、獎券號碼……，這樣的編碼沒有位值概念的限制；而「五位數」則是數學的位值概念，首位或前幾個位數不可以是 0。

3. 教師要正確分辨數、數字，以及認識數位、位數的不同

數位（或位）是指一個「數」中每一個「數字」所占的位置；在整數

中數位的名稱，從右到左依序是個位、十位、百位、千位、萬位……，同一個數字，由於所在的數位不同，所表示的位值也就不一樣。例如：數字「9」在個位上表示 9 個一、在十位上表示 9 個十、在百位上表示 9 個百、在千位上表示 9 個千……。

位數是指一個整數含有數位的個數。例如：用一個不是零的數字所表示的數叫做一位數，例如：5、9 等；用兩個數字所表示的數叫做兩位數（其中十位數不是零）；用兩個以上的數字組成的數叫做多位數（其中首位和前面幾個數字不是零），例如：504 是三位數、9327 是四位數、25870 是五位數。最大的一位數是 9，最小的一位數是 1；最大的兩位數是 99，最小的兩位數是 10，依此類推。因此，親師在教學時，要稱 504 是一個數或三位數，5 是百位的數字、0 是十位的數字、4 是個位的數字，504 的位值分別是 5 個百、0 個十、4 個一。

• •

當親師從錯誤例、部分正確例中，看到學童學習有迷思概念或學習困難時未能即時或及時補救，學童再往後學習一定會越來越不理解，並加大學習的鴻溝。若學童只是用機械式的記憶公式或做法去解題，他們只能以模仿來解決例行性問題，碰到「建構反應題」這種非例行性問題，通常會是相關數學概念不完備，以及數學的理解、思考、推理等能力欠缺，無法展現數學素養應有「數學的思維」、「生活的應用」的成分。這些解題部分正確、錯誤的學童中，除了學習成就中等或較低者外，有時也會出現班上學習成就高的人，親師藉此評量可了解他們在學習上的問題和不足。當學童需要協助時，按照教科書再教一次，親師盡心盡力，但學童只是重聽，不但無感也無突破性學習；所以，本節提供的教學建議都是從需要強化的關鍵概念入手，親師們掌握住有效的內容，對他們才有實質的助益。

學童解題表現案例的分享與討論

本節將以筆者指導多位進行建構反應題研發的研究生中，從最後也是最近畢業的論文資料，擇小小的部分來讓讀者進一步了解學童們在建構反應題的表現。

整數運算的中年級案例

整數運算包括加、減、乘、除，以及運算的概念和應用，陳俐文（2021）將其內容向度分成「一步驟」、「二步驟」、「多步驟」問題三大部分，編製整數運算建構反應題，每個年級有 6 題，一至六年級共有 36 題。筆者想選「大數除法去零」為例，第三次以不同題目重複出現，讓讀者多看一些類似題從不同角度的探討和分析。此題略有差異是「被除數和除數去的 0 個數不一致」，也是學童的迷思「把 0 都去掉」；實施小規模二班學童（N＝48）的施測，雖然人數不多，但仍可看到他們解題的多樣性。例如：

一道數學題：「76300÷2900＝（   ）…（   ）」

小青的做法

$76300 \div 2900 = (\; 26 \;) \cdots (\; 9 \;)$

$$
\begin{array}{r}
26 \\
2900 \overline{)76300\cancel{00}} \\
\underline{58} \\
183 \\
\underline{174} \\
9
\end{array}
$$

小青的做法正確嗎？把你的理由寫下來

理由：

這二班學童的 2 分、1 分、0 分類型，能展現出他們的不同解題思維外，也有臺北市、新北市檢測題的解題表現樣態。親師們可藉由此例多了解建構反應題，它的確可以評量出學童的學習狀態，看到正確例的多元、部分正確例的不足、錯誤例的迷思和困難。請分別看表 4-1、表 4-2、表 4-3：

表 4-1：學童 2 分類型解題表現

類型（百分比）	學童解題表現	學童解題類型分析
2A（13%）	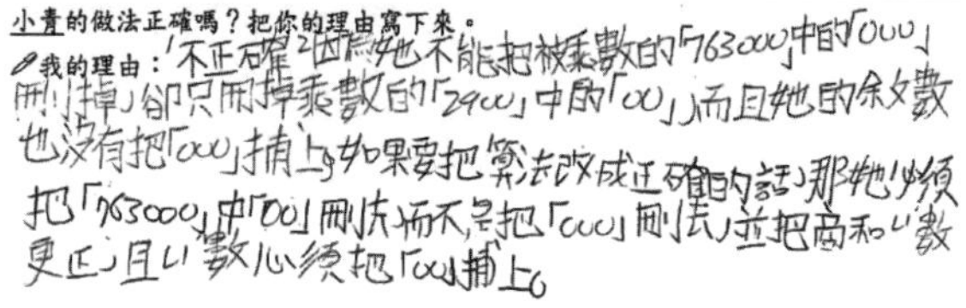 S5A02	知道小青的做法不正確，用文字說明被除數和除數只能同時去掉 2 個 0 做計算，商要更正、餘數也要補回 2 個 0。
	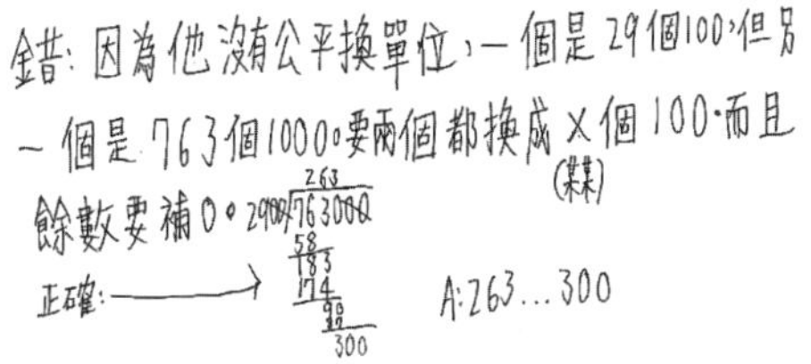 S5A06	知道小青的做法不正確，用文字說明被除數和除數同時換成以 100 為單位做計算，以及餘數要補回零，且寫出正確的直式計算。
2B（6%）	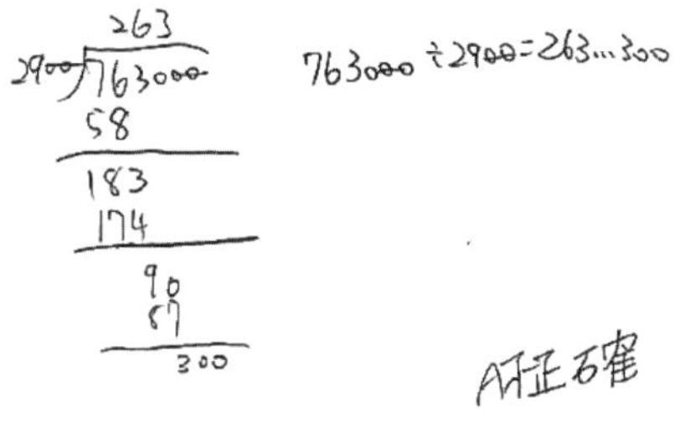 S5A03	知道小青的做法不正確，寫出正確的直式計算。

這些 2 分類型的學童，能清楚看到「去 0」不一致，並用文字說明除式中被除數和除數都只能同時以「100」來處理，最有概念的是用換單位「100」或「百」來說明；或用類口訣「去 2 個 0」、「補 2 個 0」來說明；也有用「去 2 個 0」重算一次正確答案，餘數再「補 2 個 0」。

表 4-2：學童 1 分類型解題表現

類型（百分比）	學童解題表現	學童解題類型分析
1A（2%）	 S5A24	知道小青的做法不正確，用文字說明被除數和除數要同時劃掉相同數量的零，且餘數要補零，但在直式計算有誤。
1B（46%）	 S5B02	知道小青的做法不正確，文字說明不完整，只說明被除數和除數應劃掉相同數量的零。
	 S5B01	知道小青的做法不正確，文字說明不完整，只說明被除數和除數應同時換成以 100 為單位做計算。

這些 1 分類型的學童，都能以被除數、除數要去掉一樣多的「0」來說明不正確，但多數無法再有進一步的說明，或說明不完整。

表 4-3　學童 0 分類型解題表現

類型（百分比）	學童解題表現	學童解題類型分析
0A	—	空白。
0B（2%）	*（手寫）* 對 因為 因為 算試是對的　　　S5A14	認為小青的做法正確。
0C（27%）	*（手寫計算）* 263 2900 3000 58 183 174 87 3 4=263…3, 不正確　　S5B13	雖認為小青的做法不正確,用再算一次的方式,但是錯誤的計算方式,餘數沒有補回零。
0D（4%）	*（手寫）* 法正確嗎?把你的理由寫下來法 由:正確 因為只有才可以把0 給省略掉。　　S5B07	雖認為小青的做法不正確,但認為錯誤的理由不正確。
	（手寫） 錯　　　S5A13	雖認為小青的做法不正確,沒有說明認為錯誤的理由。
0X	—	其他。

　　這些 0 分類型的學童,大都雖能指出「小青的做法不正確」,但再重算一次有誤,且餘數也未補「0」;或說明錯誤的理由不正確,或未說明錯誤的原因,表示他們學習上有不理解或困難。學童有指出「不正確」的正確答案,表面上也可算 1 分類型,實質上也可不算;因為題目問「……正確嗎?」他們有可能會直覺的回答「……不正確」,而背後完全不知道為什麼?這是研究者從嚴批閱的想法。

學童的解題表現與學業成就

　　學童在建構反應題的解題表現，往往會看到高成就學童不見得都是正確解、低成就學童不見得都是錯誤解；本節將藉陳俐文（2021）在教學現場蒐集的資料來進一步探討。此研究對象是臺北市某校一到六年級各兩班的學童，挑選各年級前一學期數學學期成績較相近的兩個班級進行施測；各年級學童都是施測整數運算 6 題，該研究者將他們的得分類型按研究慣例，分成低分組（後 27%）、中分組、高分組（前 27%），再將數學學期成績也分成低成就、中成就、高成就，來統計各年級學童這二者的對應狀況。筆者將學童建構反應題得分類型與學業成就的對應，彙整成表 4-4：

表 4-4：學童建構反應題得分類型與學業成就的對應

一到六年級 學童數	低成就	中成就	高成就	小計
低分組	**7/6/6/5/6/7**	5/6/6/8/6/7	2/0/1/1/2/0	14/12/13/14/14/14
中分組	3/6/5/5/3/5	**17/22/13/13/11/14**	7/3/8/7/6/4	27/31/26/25/20/23
高分組	2/0/1/0/2/0	7/3/10/10/8/11	**3/9/3/3/4/6**	12/12/14/13/14/17
小計	12/12/12/10/11/12	29/31/29/31/25/32	12/12/12/11/12/10	53/55/53/52/48/54

資料來源：彙整自陳俐文（2021）自行歸納整理資料。

　　從這個表中，我們看到建構反應題**低分組**有不少中成就、一些高成就的學童；**中分組**有不少高成就、幾位低成就的學童；高分組也有很多中成就、一些低成就的學童。該研究者的訪談中，有一位學業高成就但卻是低分組的學童 S5BL，剛好被問到「大數除法去零」這題：

研究者：好，這是你的計算過程，你這邊劃掉兩個零的意思代表
　　　　什麼？

訪 S5BL：就是因為 2900 只有兩個零，然後 763000 有三個零，

　　　　　　　　所以只能劃掉兩個零。

研究者：嗯，只能劃掉兩個零對不對？這兩個零為什麼可以劃掉？

訪 S5BL：劃掉代表……嗯……不知道。

研究者：上數學課的時候你會不會發表你的想法呢？

訪 S5BL：發表喔……不會。

研究者：為什麼？

訪 S5BL：因為，因為喔……沒有想法。

研究者：好，那說一說你印象最深刻的數學課是上什麼？

訪 S5BL：在操作教具的時候。

　　我們可以發現這位高成就低分的學童遇到建構反應題時，當它是有別於以往單純的計算題型，學童無法清楚解釋算式的意義；另外，因不是真正理解運算的意義，時間一久，學童便容易忘記運算方法的相關概念。這類學童在學業上可能是透過精熟練習得到高分，而非真正理解運算規則的意義。

　　筆者認為，在教學現場中，教師大多使用課本習作當做練習題，未強調學童高層次的數學思考；多數的學童可以依照課本的方式解題，透過強記運算程序的方式在作答，教師較難看出學童的迷思概念或學習困難。他們在學業上可以透過精熟練習得到高分，但對於建構反應題的非例行性題型，在答題時狀況就不理想，產生高成就低分、低成就高分的現象。這種非例行性的、不是資優題，也不是難題的親民題，能從貼近教學內容來評量，讓親師充分掌握學童的學習狀況。親師要特別去了解**學業高成就**的學童，他們怎麼會出現部分正確或錯誤解，是否對不同於平日例行性的問題就有困難？**學業中成就**的學童，他們出現部分正確或錯誤解，是否有些概念不夠理解？若出現正確解要予以肯定。**學業低成就**的學童，他們出現部分正確或錯誤解要予以補救外，若出現正確解要予以讚美，並激發學習的信心。

．．．．．．．．．．．．．．．．．．．．．．．．．．．．．．．．．．

　　本章所介紹的建構反應題 18 題包括：新北市 9 題均為**五年級適用**，選自《國小數學素養導向評量與設計》（鍾靜指導，2022）；臺北市 6 題均為**四年級適用**，選自《**建構反應題解析與課室融入之應用**》（陳滄智主編，2019）；基隆市 3 題均為三年級適用，選自《**110 學年三年級建構反應題解題分析與教學建議**》（白玉如、黃俊儒，2023）。親師若對這些題目想進一步看到完整的分析和內容，也想多認識一些建構反應題，可到新北市、臺北市、基隆市國教輔導團國小數學輔導小組相關網頁查詢。

數學課堂的評量與
教學整合

　　我們從前面幾章應已了解現在的評量趨勢是重視課室評量，落實課室評量要有高層次的挑戰性任務，也要以促進學習的形成性評量來融入。考量數學課堂的教學時間有限，筆者大力推薦「建構反應題」當小型挑戰性任務，它本身的非例行性題型就能評量出學童的數學素養。本章將進一步討論評量題在數學課堂如何可增加效能？評量和教學如何整合才能更增進學童的數學素養？

建構反應題與「先評量、後討論」

　　數學課室進行教學活動時，評量和教學是一體的；所以，教師要如何以建構反應題實施形成性評量才能到位？若考量有限教學時間，在適當的教學時機用 20-25 分鐘進行全體學童都確實參與的評量，利用不同於課本例題、習作或練習題，且符合教學目標的建構反應題，實施數學大挑戰、數學動動腦等「先評量」活動；再以即時回饋的做法，引導學童一起進行「後討論」活動，這整個的評量和教學的活動，可視為數學課堂中數學任務的一種形式。

建構反應題與高層次數學任務

　　數學任務是一個課室中的活動，目的是以學童「具體數學概念的學習」為焦點，依據教學目標所進行的教學、評量、提問、討論……等，只要有利於所有可以促進學童概念學習的活動，都可以稱為數學任務；但是數學任務有層次的高低，在第一幕的「表 1-4」曾介紹過。這類小型任務的**建構反應題**，除了要求學童寫出答案，還要描述解題的過程或想法，教師可以經由檢視學童的解題歷程了解學童錯誤的原因，再透過提問與學童進行對話，澄清學童的迷思；若是學童對於概念的理解有困難，教師可以立即調整教學，幫助學童解決學習困難，促進學童學習，這樣有豐富討論

的教學活動，就是課室中高層次的數學任務。本節將從陳俐文（2021）對一至六年級整數運算，解題表現低、中、高分組各 12 位學童，有關他們所感知數學事件的訪談結果，再探它們與數學任務的關聯。讓我們進一步來了解 VHQMI 數學任務中所舉之例，以及學童所感知的數學事件，詳表 5-1：

表 5-1：VHQMI 數學任務舉例與學童感知數學課室中數學事件的關聯		
層次	任務內容	學童感知的數學事件
Level 0	數學任務並無高、低品質的區別，或未將任務視為課堂教學中可操作的特徵。 【例如】教師依照課本進行課程。	教師直接講述課本的教學內容。
Level 1	數學任務有品質上的區別，提供學童實踐的機會，實際運用前會先做步驟化的練習。 【例如】教師直接教導如何解題並讓學童練習、教師能透過舊經驗引導他們學習新概念。	教師直接教導解題策略、使用課本或電子書上課、以課本或習作題目作為練習題、教師運用舊經驗引導學童學習新概念。
Level 2	數學任務的性質是以改革為導向，是可操作的，讓學童動手操作或實際解題。 【例如】教師使用物件進行操作以建立數學概念、提供不同情境的練習題。	教師進行講解或討論、讓學童操作數學附件或數學學具、讓學童練習課本以外的題目。
Level 3	高品質的數學任務會要求學童對任務做出更詳盡的敘述，讓學童知道多元的解題方法。 【例如】教師透過問題引導學童自行解題、讓他們闡述自己的解題過程、小組討論並報告、進行高層次的問題思考、透過討論分析他人策略、給予的任務有多元解題策略、強調訊息的連結性。	教師透過提問引導學童解題、讓學童發表自己的解題想法、進行小組討論並發表、讓學童練習較高層次的題目、引導他們覺察題目和數學的關聯。

層次	任務內容	學童感知的數學事件
Level 4	高品質的數學任務是強調學童參與「做數學」，提供洞察數學結構、解決問題的策略和方法，透過討論將想法連結起來。 【例如】透過全班或小組討論，學童運用數學理論解決問題，透過討論，能提出質疑辯證進行批判性的思考。	—

　　從表中可以很明確的看出，數學任務活動在越低層次越是以教師為中心、越高層次越是以學童為中心；從層次 2 開始課室中有討論活動，但層次 2 只是有討論行為；越高層次 3、4 的討論互動和內容越是主動和深入，要讓學童參與「做數學」。進一步來看看學童所描述的數學課堂事件，他們的描述都涉及層次 1-3 的內容，詳表 5-2：

表 5-2：學童描述數學課室事件觸及層次 1-3 的數學任務

編號	訪談內容
S1AH	老師上課會用課本上課，也會自己出題目要我們寫在白紙上，老師會讓我們上去畫（解題）。
S2AL	老師用課本上課，比較少小組討論，會抽籤點人上去發表。
S3AM	老師使用電子書上課，讓我在小白板上練習，會讓我們小組討論，有讓我們用教具在容量的單元還有積木。
S4AH	老師先用電子白板幫我們上課，也會寫課本題目，老師上課會問問題讓我們全班一起討論想一想，但沒有小組討論。
S5BM	老師上課會用電子白板，一題一題解釋，老師點到我才會發表，小組討論偶而發表想法。
S6BM	遇到比較要思考的題目，老師會叫我們小組討論不然就是老師會講解，大部分老師都是講解課本習作。老師會出題目請我們寫在小白板上搶答。

資料來源：彙整自陳俐文（2021）自行歸納整理資料。

　　從這些學童對數學課堂的描述中，我們可以看到雖有層次 2 和層次 3 的樣態，但只有層次 3 局部的一點數學任務內容；顯示多數教師在進行數學教學時，會讓學童操作學具，也有讓學童討論並上台發表的機會。我們還可以從不同四個班級學童的描述，再了解數學任務層次 3 較多樣且到位的課室事件，詳表 5-3：

表 5-3：學童描述數學課室事件對應層次 3 較到位的數學任務	
編號	訪談內容
S2BL	老師上課會用課本，有時候用電子書。比較難的題目，會要我們小組拿小白板討論，然後上台發表。
S3BL	數學課會有小組討論，會有要寫理由的題目，但比較少。
S5AM	老師先教課本，如果有習作的功課的話才會帶著一起看，會問我們問題，然後常常老師講一講就是會把題目稍微改一下這樣子算的話答案會變成什麼樣子那一種，要仔細看題目的敘述，老師會用舉手或是抽籤點人，平常比較少小組討論，有時候要做教具操作才以小組的方式討論然後發表。
S6BM	遇到比較要思考的題目，老師會叫我們小組討論不然就是老師會講解，大部分老師都是講解課本習作。老師會出題目請我們寫在小白板搶答。

資料來源：彙整自陳俐文（2021）自行歸納整理資料

　　從這個表中學童的描述可看出，數學任務層次 3 的表現較為豐富、實施頻率也較高，重視學童將自己的解題想法表達出來。雖然該研究者僅透過訪談學童，將感知數學事件的描述做初步的分類及分析，並未入班觀察教師實際授課的情形，但該研究者告知跟她平日的觀察和了解很相近。

　　若將一至六年級各班學童在建構反應題的平均得分，以及對應的數學任務層次對照，詳表 5-4：

表 5-4：各班平均得分與學童感知最高的數學任務層次對照表

年級	A 班		B 班	
	平均得分	任務層次	平均得分	任務層次
一年級	9.81	**Level 3**	8.04	Level 2
二年級	6.89	Level 3	7.93	**Level 3***
三年級	6.52	Level 3	7.23	**Level 3***
四年級	8.68	**Level 3**	8.30	Level 2
五年級	8.43	**Level 3***	7.24	Level 3
六年級	8.81	**Level 3***	8.44	Level 3

註：用「*」註記表示該任務層次在課室內實施內容較多樣且到位。
資料來源：引自陳俐文（2021）自行歸納整理資料。

　　我們可以看到一個特別的現象，每個年級平均得分較高的班級，它們的數學任務層次也較高。這雖不是大規模施測的分析結果，但是有此一致性的現象，我們應該要重視這平均得分和任務層次的關聯。若學童 6 題都是 2 分類型，可得 10 分；若 6 題都是 1 分類型，可得 6 分；若 6 題都是 0 分類型，只能得 0 分。表中如一年 A 班、四年 A 班，學童感知的數學任務是 Level 3，數學任務層次明顯高於同年級的另一個班的 Level 2，其中一年 A 班的平均得分甚至比同年級的另一班高了 1.77 分。其他四個班級雖是同樣層次，但數學任務層次 3* 較多元、較到位，實施互動和討論的頻率較高。這些層次較高或較豐富班級的學童，在建構反應題的解題表現得分較高，且在說明想法的部分也更加清楚有條理，解題策略也較為多元；這跟他們經驗過較高層次數學任務活動，在課室中有主動學習和討論，並有設法去解決問題的機會似乎有關！因此，教師在進行數學教學時，若能提供較高層次的數學任務，對於學童學習數學將有很大的助益。

「先評量、後討論」與建構反應題

數學課室需要有層次 3、4 數學任務的活動，親師可選用建構反應題進行數學大挑戰、數學動動腦等評量活動；學童要能將學習到的概念應用於問題的情境中，可以引發學童高層次的認知思考能力。接著進行即時回饋，引導學童針對解題表現的討論活動；學童可以看到多元的解法，也可學習高層次解題的方式，而在交互辯證的溝通過程中，不但強化了學童的數學思維，也提升了學童評析思辨的能力。這整個「先評量、後討論」的評量和教學整合，在適當的教學時機用 20-25 分鐘，可視為數學課堂中數學任務的一種形式；除了以非例行性的思考問題確實掌握每位學童的學習狀態外，還有對評量結果的錯誤例、正確例等進行豐富討論，培養學童主動參與、溝通討論、合作分享等素養能力。

「先評量、後討論」也可落實「促進學習的評量」，它透過形成性評量的方式來達成。形成性評量實施的「提問」、「觀察」、「任務」三種方法，在新概念教學時，可用「提問」的方式進行教學與討論，獲得學童對概念理解程度的資訊；具體教具操作活動時，則用「觀察」的方式，確認學童都能正確地完成；而在每一個重要概念教學告一段落後，可以小型「任務」設計的建構反應題，進行有系統地蒐集全班學童學習進展的評量資料，掌握全班學童學習的狀況。形成性評量要到位有二個要素：(1) 掌握全班每位學童的評量結果；(2) 針對評量結果進行即時回饋，這個「先評量、後討論」的活動就能完全達成。在教學過程中，教師應時時「觀察」學童外顯的學習表現，了解學童的學習狀況；以「提問」的方式提高學童的認知需求，鼓勵學童發表自己的看法，也學習聆聽他人的想法，引導學童進行數學思考，幫助學童數學概念的發展與遷移；對於學童容易產生迷思或學習困難的概念，則以建構反應題的小型「任務」，來診斷學童對概念理解的程度。

　　林曉婷（2016）以建構反應題進行課室評量的行動研究，在規劃三年級面積、分數、長度單元教學活動時，各安排 4 題形成性和 2 題總結性評量的建構反應題。教學流程是完成一個數學概念的引導與建立後，使用建構反應題評量單「數學小高手練功時間」當做形成性評量的小型任務；並利用學童個別書寫評量單時行間巡視，根據評閱規準了解學童作答狀況，挑選欲於課室中討論的錯誤例、正確例等，給予即時反饋。若多數學童通過評量，則繼續下一個教學與評量的流程；若多數學童未通過評量，則進行教學調整，提供不同的教學方式予以概念的補強後，再使用類似題進行評量。待單元教學完成後，進行總結性評量，並將建構反應題納入總結性評量的題型，協助教學者再次檢核學童對於概念的掌握程度，並作為教學反思的依據。學童的轉變和對他們的影響有：(1) 學童描述解題想法的方式，從只能說明解題流程，逐漸轉變為能帶入學習概念、使用圖像表徵來分享；(2) 學童不只藉由解題的討論進行數學概念的確認，也看到多元的解題策略、各式的思考情境，提供同儕觀摩的機會；(3) 運用建構反應題進行課室評量，讓高成就學童得到挑戰的機會、低成就學童肯定自己的學習，進而提高學習信心。教學者行動研究將結束時，訪談學童發現他們相當喜歡這樣的討論方式，除了覺得能分享是一件備受肯定的榮譽外，也因為感到不是只有自己會錯，而願意更努力學習；更因為建構反應題是課堂中的評量題，學童不會因為錯誤而感到挫敗，反而能發現自己會了多少，增加他們的學習信心。一些學童的回應如下：

S06：雖然要寫很多很麻煩，我想到什麼就寫什麼，但是題目很有趣，我以前都沒有看過，還能寫對，我覺得自己很厲害。

S23：我喜歡看同學的作品，這樣我就可以知道別人是怎麼想的，我也比較知道應該怎麼寫。

S15：我喜歡說給大家聽，雖然我不一定都寫對，反正同學會幫我的忙，把不對的改過來就好了。

S26：以前我都覺得自己的數學很爛一定都是錯的，有一次班長
　　　竟然跟我錯同樣的地方，我覺得只要我再努力學就可以進
　　　步到跟班長一樣。

（20150518 訪生）

　　筆者認為教學中不論是在準備活動、發展活動、綜合活動階段，教師都可視需求進行小型任務的評量單活動，以及評量後同儕互動的討論活動；準備階段是確認舊概念、發展階段是確認新概念、綜合階段是檢視某概念的學習狀況。利用評量單的討論可以修正錯誤例和分享正確例，也可以學習正確例中優良例的解題思維，也讓學童有進一步學習的機會。既然可以用建構反應題作為小型任務進行數學素養評量，藉此再進行的形成性「先評量、後討論」活動，當然就會有數學素養教學的內涵，這也是有效教學方式之一。這些關聯可以詳圖 5-1。

圖 5-1　建構反應題與數學素養的關聯

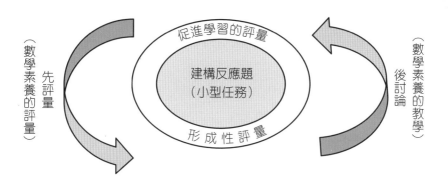

「先評量、後討論」活動的實施成效

親師們一定很想了解「先評量、後討論」活動真的對學童學習有促進、有助益嗎？這評量和教學的整合，真的是教學現場可行的、有效的模式嗎？本小節將分享筆者所指導相關碩士論文中的二篇，其一是較多研究生的行動研究設計，選二至三個單元各選用數題的建構反應題實施；其二是配合教學現場的需求和實務，落實「一單元一建構反應題」於行動研究中。

四年級「一單元多建構反應題」的行動研究

胡詩菁（2015），以及胡詩菁和鍾靜（2015）嘗試以建構反應題，作爲數學課室中形成性評量的小型任務，目的在了解教師在課室中如何使用建構反應題，以及建構反應題對教師教學與學童學習的影響。教學者選擇之建構反應題主要來源爲臺北市基本學力檢測歷年建構反應題試題，其次參考國北教大數學教育碩士研究論文中研發不同主題建構反應題之題目，因爲適合四年級下學期「三角形與四邊形」、「等值分數」的題目量較多，故選此兩個不同數學主題單元進行行動研究；前單元有九個活動中安排5題、後單元有四個活動中安排6題建構反應題，將這些對應教學目標且親民的小型任務進行形成性評量。以下就教師及學童兩方面，簡述以建構反應題作爲形成性評量小型任務的影響：

一、應用建構反應題進行形成性評量能有效引導教師做出明確教學決定

建構反應題每題皆針對一個數學概念編製，且時常要求學童寫下答題的理由，藉由觀察分析學童答題敘述，對教師教學能有實質助益，現在就實務操作經驗將發現簡述於後。

1. 建構反應題能幫助教師更了解學童思維以提供他們更適性的指導

建構反應題的題型設計非常適合教師於相關數學概念教學完畢後進行形成性評量。除了一道題目偵測一個數學概念，容易聚焦之外，相較於既往以課本習題作為形成性評量試題，建構反應題多屬於非例行性題目，學童需要將學習轉移至新的情境，在新的情境中展現自己的理解程度。

2. 以建構反應題作為教學過程中的評量題目能有效引導教師調整教學程序

當學童在寫評量卷時，教師經由行間巡視即可大致了解全班答題情形，蒐集有力的學童學習證據，提供教學明確的方向，立即調整教學的下一步驟，有依據地做出正確的教學決定。若班級學童多數成功答題，可顯示先前的教學活動有效引導學童學習，因此可以繼續下一階段新概念的學習；倘若班級學童多數無法成功答題，則顯示先前設計的教學活動對學童概念學習尚有不足之處，教師可針對他們呈現於評量單的共同迷思，更清楚仔細的深入解說指導，或思考其他教學活動進行補救教學，鞏固學童的學習，再進行下一階段的學習內容。

3. 教師教學時間與評量時間的掌握須以學童學習為前提彈性處理

教師以建構反應題進行形成性評量，初期需要花費較多的評量時間，因為教師對於教學與評量的操作模型不夠熟練，學童對建構反應題的答題要求也感到陌生，雙方都需要時間適應新的教室教學措施。不過由於一次只有測驗一題，師生都不會感覺壓力過大，除非題目本身需要較多的思考和推理，否則評量所費時間不會太長，加上評量後的討論時間，總共約需 10-20 分鐘。因此，教師可以較為彈性的處理課堂時間分配，依照每一建構反應題題目的難易程度，將教學時間與「先評量、後討論」活動做不同的安排，以達到學童學習效果為主要考量點。

二、應用建構反應題進行形成性評量對學童學習有正面的助益

數學課室中嘗試以建構反應題作為兩個數學單元的形成性評量小型任務，並於評量與討論後進行非正式的學童訪談，茲將實作發現簡述於後。

1. 以建構反應題作為教學過程中的評量題目有利於提升學童學習動機

不論學習成就高低，各種程度的學童都非常喜歡動動腦的題目，與課本相較，他們更喜歡挑戰需要深度思考的建構反應題，反而認為課本習題枯燥無味；解動動腦的題目讓學童覺得自己更靈活、更聰明。

T：寫動動腦的題目有沒有真的有動到腦的感覺啊？

S8、S7、S13：有。

T：跟寫課本習作題目的動腦程度比一比看看。

S7：有，因為課本習作的題目每次都會幫我們寫好算式。

S8：對！都列好算式只叫我們寫答案，然後下面只有兩個題目讓我們實際練習而已。

T：太少喔？

S8：對！動動腦（指建構反應題評量單）就一片空白，然後上面就有文字題目問我們……

T：聽起來你們比較喜歡動動腦的題目，課本習作的題目雖然比較簡單，小朋友卻不喜歡？

S13：對呀！

T：小朋友喜歡難的！真是令人驚訝！所以你們有大腦絞盡腦汁的感覺，會讓你們覺得我是個有用的人，我的大腦今天有工作。你們都有這樣想嗎？

S13：對！

S8：可以比愛迪生還要聰明。

（訪 S1040522）

評量結果的回饋在於激發學童學習動機與增強他們的自我了解，也就是促使學童更能掌握自己的學習狀況，進而主動發展自己的能力；從學童訪談也得知他們的確有這樣的反應。

T：那如果動動腦題目寫錯了會有什麼感覺？

S13：就改呀！反正這是事實。

S8：就覺得自己不夠好，要再多複習。

T：如果寫錯或者是覺得很難，不是會亮紅燈或黃燈（評量單自評）嗎？那會讓你們更認真聽同學上台講解嗎？

S13：會呀！

T：為什麼會？

S13：因為我不懂啊！

S7：要學習新的方法啊！

S13：對啊！有些不懂的方法、跟有些不會的方法，還有些你不知道的東西，都可以聽到。

（訪 S1040522）

此外，學童也很喜歡聽同學發表不同做法，因為可以學到不同解題策略，幫助自己更了解數學概念、更靈活運用解題策略。即使原本不會寫動動腦題目的人，經過同學講述，也能夠了解解題方法。

S13：我們寫完老師會要我們報告，這樣本來寫完還不會的人就懂了。

S8：可以學到更多的知識，可能將來遇到一種題目這種方法不行，另一種方法就可以啊！

S2：可以學到更多方式，然後運用得更靈活。

T：你怎麼知道自己有沒有運用得更靈活？

S2：就是本來自己是用比較爛的方法，但學到別人比較好的方法就可以換成比較好的方法。

T：你曾有這樣的感覺啊！

（訪 S1040522）

最後，多數學童表示更喜歡上數學課，甚至還有人認為每一天、每一科目都要有動動腦時間，讓學習更有趣、更有挑戰性。

> S8：老師，我有一個想法，就是每個科目每一天都要來個動動腦，每一天都要、四個科目都要。
>
> T：就是最好每個科目老師都要有一些比較有挑戰、比較有變化的題目給小朋友想一想。
>
> S13：不然的話，上課都是會的，這樣就沒有什麼有趣的。
>
> S7：然後就會睡著了！
>
> S8：而且上課的時候記得東西又不容易很多，然後發下來動動腦可以知道自己哪裡有錯什麼的？然後可以改正。那個方法就可以運用在考試（指大考）裡面。……
>
> T：（對 S2 高生）你都會的情況之下，你到底覺得這些題目對你有什麼幫助啊？
>
> S2：讓課程能夠更有趣味（S8：生動有趣）（S13：讓智商加高）。
>
> T：所以你們喜歡上數學課嗎？
>
> S8、S13：滿喜歡的。
>
> T：以前就喜歡數學課嗎？
>
> S13：對呀！
>
> S8：可是我三年級的時候都在發呆。
>
> T：對！我覺得你三年級的時候數學課比較會分心發呆，但是四年級開始你就比較用心。

（訪 S1040522）

2. 以建構反應題作為教學過程中的評量題目可充實數學學習內涵

教師選擇建構反應題作為課室形成性評量的小型任務，除了檢驗學童學習狀況，無形之中亦培養學童數學概念理解情形、應用解題能力、解

題思考歷程、推理能力、數學表徵能力等多種數學能力，來擴充數學學習內涵。

此外，學童不管是書面文字表達能力或是口語表達能力也都有提升，甚至間接影響他們課堂參與度及學習態度，進而提高總結性評量成績表現。因此，應用建構反應題進行形成性評量對學童學習有正面積極的影響。

五年級「一單元一建構反應題」的行動研究

石瑩琦（2018）以建構反應題作爲評量任務，探討課室形成性評量的實施歷程，進行三個行動循環的教學評量活動設計，每單元只使用 1 題建構反應題任務，配合所選建構反應題於主要節次中實施形成性評量。每個行動循環皆囊括數、量、形各一個單元，於五年級上學期選出 3 個教學單元進行第一行動循環，而第二、三行動循環的 6 個教學單元則安排在下學期，三次循環共選出 9 個教學單元。「一單元一建構反應題」的想法，是想落實形成性評量可持續跟教學內容關聯，產生對學童學習有益的長期效果。建構反應題的選用，考量評量目標須對應教學重點和核心概念外，還要能檢驗學生迷思概念或學習困難。題目主要來源爲鍾靜帶領之研究團隊彙整研究生論文，研發有關國小統計與分小數、量與實測、幾何等建構反應題，從中選取對應單元核心概念的題目直接援用；或參考臺北市基本學力檢測公布之歷屆建構反應試題，依試題難度修改使用。以下就評量與教學活動、對學童學習影響、教師教學改變等三個面向做討論分析，並以「初期」、「中期」和「後期」分別代表三個行動循環之實施時程；本小節引用之圖、表等資料，均來自瑩琦的碩士論文。

一、評量與教學之整合活動設計與調整

1. 主要節次教學活動設計，初期只遵循教材架構，中期能調整教學程序重視學童認知，到後期能設計教學活動強化概念連結

　　初期，研究者針對各單元主要節次之教學評量規劃，會先確認單元目標及核心概念，並從文獻蒐集學童可能的迷思和困難，但整個單元教學活動流程都是完全依循教材架構來實施，也因此造成「面積」單元主要節次教學活動內容與評量任務之間目標的不一致。

　　中期，研究者審視教材脈絡及活動目標的同時，開始思考如何安排各節次教學重點才能幫助學童的概念學習更扎實，例如：「分數」單元為兼顧學童概念性了解與程序性知識的發展，額外增加離散量情境布題擴充學童分數除法的理解；「時間的計算」單元則考量學童同一節課要學習日時、時分及分秒換算易發生進位混淆，便將日和時的乘除計算另規劃為 1 個新的教學活動並調整各節教學順序，雖然教材原規劃 3 個教學活動會增為 4 個，但總節數不變。

　　後期，研究者對學童新概念的學習需求有更多考量，設計教學活動前會將教學目標及重要概念再細分，逐一檢視各個教學重點，並預期學童的學習難點來設計課室活動。例如：「表面積」單元自行設計操作性活動，注重每個活動之間概念的連結，幫助學童理解展開圖概念和表面積公式，做到以學童為主體，更完整的規劃教學和評量活動。

2. 以建構反應題作為評量任務，初期直接援用題庫試題，中、後期能多方考量，適度修題或自編試題

　　教學者選定各循環的教學單元後，即開始搜尋評量目標能符合單元核心概念的建構反應題，選定各單元主要節次實施的評量任務。初期，研究者選取建構反應題的做法是根據單元教學重點及核心概念，因此第一循環的 3 個評量任務都是從題庫挑選數學主題和評量目標皆對應核心概念的題目直接使用。

中期，研究者和諍友檢討前 2 個教學單元所選用的建構反應題，其題目圖示或是題組設計有可能限制學童思考或是暗示解題策略，選題因而變得更加慎重。例如：「時間的計算」單元原定選用的建構反應題，其對應分年細目及評量目標雖然都符合單元教學範疇，但詳加檢視評量內涵，就發現該題只涉及時間單名數乘法計算，無法檢驗複名數乘法且出現多餘資訊，因此決定適度修題，刪除部分文字、拉長車次時距以切合評量目標。

後期，評量任務選用除了對應教學重點及核心概念，更要考量學童可能的錯誤和迷思，才能有效檢驗他們的概念理解。以「表面積」單元為例，教學者認為原本選用的題目，要求學童回答「什麼是紙盒的表面積？」並無法得知他們對表面積的理解程度，加上題目情境也與課本一樣都是計算長、寬、高各異的長方體表面積，似也難以提升解題思考。因此決定自編任務，設計一個長寬等長的長方體並要求學童畫出長方體各面，以檢測學童對表面積的理解和計算。回顧整個行動歷程，研究者從初期只能直接引用題庫試題，到後期選題會去考量評量內涵的適切性，以及情境設計要能促進解題思考，這之間的轉變印證了評量要切實反映教與學，才是真正的形成性評量。

二、建構反應題「先評量、後討論」對學童學習之影響

1. 建構反應題能訓練學童筆述想法的能力，從缺略不完整到有思考的論述

建構反應題與傳統紙筆測驗最大的不同，就是學童必須以文字記述解題想法或是支持這個解法的理由，而這正是本研究選擇建構反應題作為形成性評量任務的主因。經過三次行動循環的實施歷程，研究者發現建構反應題不僅能檢驗學童概念理解的程度、洞悉他們的迷思概念，亦可用來訓練應用文字表述思維的能力。初期，由於以往數學課並未要求學童筆述想法，因此初次評量幾乎全班都無法在預定時間內完成作答，即使當下延長作答時間，最後仍有少數學童未能完整答題。

中期，學童都會盡力寫下解題過程，不僅能完整作答也越來越有自

信，就算已經答題完畢還會繼續思考其他解法，例如：學童 MH13（數字 13 代表座號）在「長方體和正方體的體積計算」，對任務 FA2-2 評量單上自發性地寫下兩種正解方法。另外，從訪談得知低成就學童也會自我要求評量單上一定要有解題敘述，例如：學童 L6 表示以前遇到不會寫的題目就直接空白，但現在覺得不管怎樣就是把想法寫出來才能讓老師知道自己的學習狀況。

> T：你覺得數學課實施數學大挑戰之後，自己有沒有什麼改變？
> L6：嗯⋯⋯就是寫題目不要空白，就是寫出來讓老師知道你不
> 　　會和錯的地方在哪裡。
>
> （20180424 正訪 L6）

中期之後，全班學童皆能完整記述解題思維，其中部分學童會主動修正敘述方式，例如：學童 H17 在初期只會平鋪直敘說明想法，後期則是條列式摘要的表達想法。從後期的學童評量單紀錄，發現他們不再只是記憶算則，而是會活用概念來解題，概念思考與論述更加深入。例如：學童 ML10、H12 處理小數乘法能理解「將小數先轉換為單位小數的整數倍」，而非只記憶「將被乘數或乘數的小數位數相加決定積的小數位數」，如圖 5-2。

圖 5-2：學童 ML10 和 H12 在任務 FA3-2 能有思考地論述解題想法

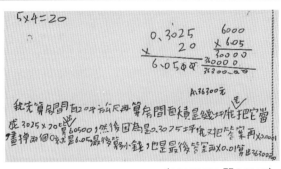

（20180530 單 ML10）

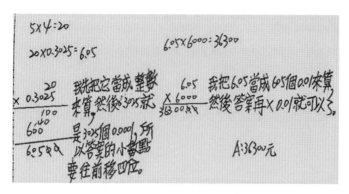

（20180502 單 H12）

2. 學童初期參與評量討論大多被動緊張由教師主導，後期能條理分明自願發表

過去的數學課學童只要站在台下回應教師提問，現在突然要上台發表，他們難免顯得緊張不知所措；因此初期的解題討論大多由教師主導，學童帶著案例逐一說明解法或是指名同儕提問。針對此一狀況，教學者除了多利用小組討論讓學童練習說出想法，也會在他們主動發表時給予實質獎勵，增強他們口語表達的信心。

學童面對建構反應題，必須將已知的數學概念全部組織起來才能寫出解題想法，教學者發現這個組織想法的過程，可以幫助他們先行統整零散片段的知識，對於害羞不擅表達的學童尤其具有明顯助益。例如：學童 ML9 原本只要一上台就會緊張結巴，但在練習筆述想法之後，他發現自己只要有寫就會講，評量時就更努力的寫出想法，而藉著評量單上有憑有據也讓他可以清楚發表、對自己更有信心。

中期，由於學童解題後都有個別完成的解法，只要看著自己的評量單就能言之有物，便不再擔心會被挑選上台，例如：低成就學童 L15 就在學習日誌上毛遂自薦，希望老師下次給她上台發表的機會，如圖 5-3。

圖 5-3：學童 L15 主動表達想上台分享解法

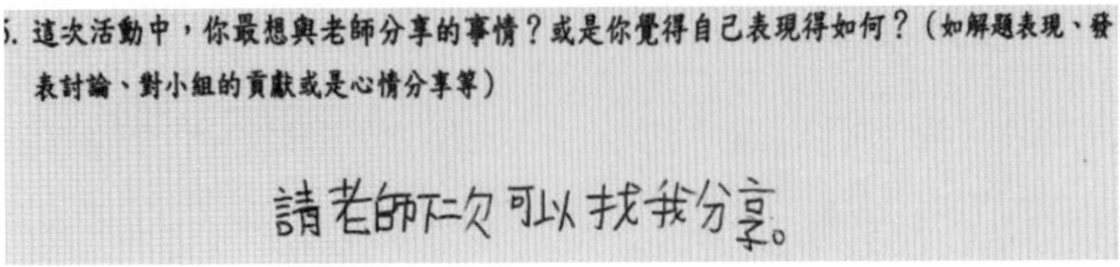

> 5.這次活動中，你最想與老師分享的事情？或是你覺得自己表現得如何？（如解題表現、發
> 表討論、對小組的貢獻或是心情分享等）
>
> 請老師下一次可以找我分享。

（20180305 誌 L15）

3. 建構反應題「先評量、後討論」有助於增進學童數學溝通及解題能力，促使學童能自我評估精進，不再只在意答案對錯

教師以建構反應題「先評量」，提供學童運用算式、圖畫、符號及文字展現概念技能的機會，一段時日後學童筆述及口語表達能力皆有所提升。例如：低成就學童 L15 在任務 FA2-2 發表時，能清楚解釋自己如何運用想像算出積木個數；L1 處理任務 FA3-3 能正確換算、估算並寫出想法，獲得 2 分類型的好表現。初期全班面對有條件未知的任務 FA1-2，答題表現非常不理想，顯示學童對非例行性問題的理解力有待加強，而經過多次的評量討論，學童在中、後期的解題能力明顯進步。例如：靜友 TL 原本預估任務 FA2-3 全班答對率會偏低，結果多數學童都能正確解題，使她驚喜於建構反應題對學童的影響。

> 該班學童對本次建構反應題的解題能力，讓觀察者感到驚訝。本以為這麼難的題目（1. 要能知道班次的間隔時間；2. 要會乘；3. 要把時間量轉換成時刻），應該沒幾個人可以答對。結果能正確解題的人數比想像的多很多，而且也出現高超的解法。我的結論是學童頭腦越刺激越靈活。
>
> （20180410 觀 TL）

而且，學童在學習日誌中也提到自己從中獲得學習成長，如圖 5-4。

圖 5-4：學童感受到自己的學習成長

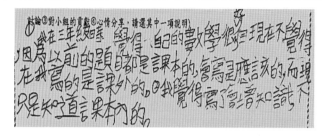

（20180508 誌 MH5）

（20180508 誌 ML18）

　　此外，先評量「後討論」對學童也是一種訓練，因為他們必須先能了解他人以書寫、圖形或口語所傳遞的數學思維，也才有辦法去評論同學解法或提供建議，尤其不會解題的學童藉由觀察和聆聽同學解法也能訓練理解力，並學習如何發言表達。初期討論時，台下學童大多只把注意力放在檢查案例中的解題結果和自己是否一樣，只在意自己是否答對，不會去比較不同解法的差異或優缺點。

　　中期，研究者會特別挑選解法與眾不同的特殊例上台發表，學童們因此受到鼓舞，開始會去思考不同的解題策略，也會針對同學解法加以評論或學習。例如：學童普遍認為 MH13 在任務 FA2-3 的解法計算過於繁複，既沒效率也易出錯，不過也有學童表示其解法能幫助他更了解題意，如圖5-5。

圖 5-5：學童會評論或學習同學的解法

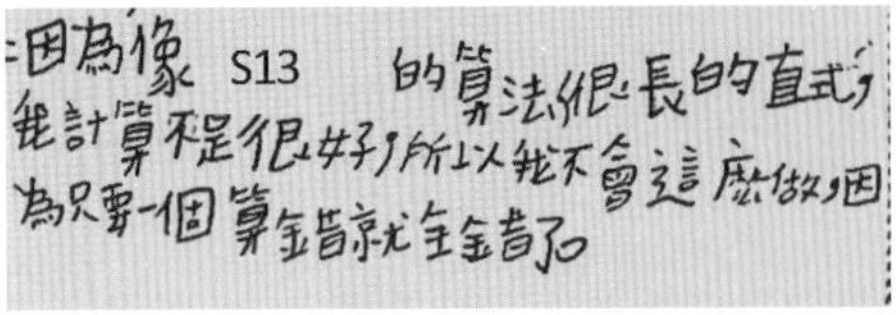

（20180411 誌 ML10） 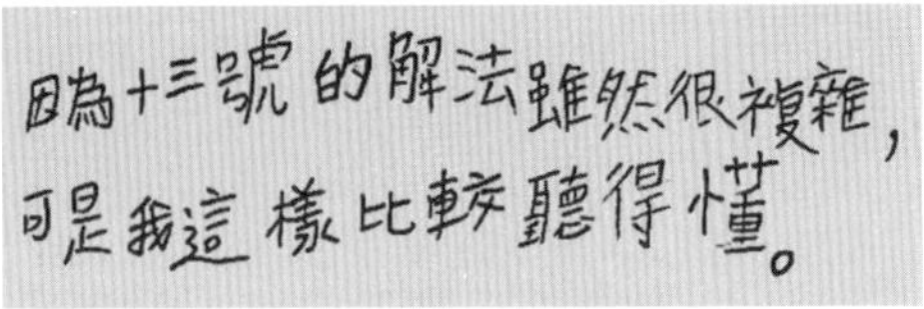　　　　　　　　（20180411 誌 L6）

後期，學童透過觀察與討論逐漸培養思辨的能力，能即知即行、主動思考提問，因此後期的討論活動大都由學童提供回饋，協助同儕察覺錯誤之處，而多元解法的交流也激發他們自我挑戰，積極尋求更高明的解法。

三、教師以建構反應題落實形成性評量之教學改變

1. 一單元一題建構反應題能讓教師依學童需求彈性實施課室評量活動

教師大多時候，在課室中的評量可能代表學童學習某些數學概念的終點，但是以建構反應題評量卻可以是幫助學童再次學習的起點，因為評量結果可指引教師看見學童的學習需求。初期，考量學童沒有筆述解題思維的經驗，需要時間適應新的題型，評量時給他們的作答時間會比較彈性，會以多數學童能完整答題為原則來分配課室評量時間。

中期，教學者課前參酌試題情境、難易度及班級學童程度，作答時間規劃更加精準，教案規劃與評量實況的差距縮小；且教學者發現評量討論不能先選擇正確例發表，否則會讓錯誤例學童未經思考就知道自己解法出錯，發表時亦顯得畏縮緊張而無法順利討論，因此便立即調整正確例和錯誤例的討論順序。後期，教學者巡視作答就能大致掌握全班學習情形，後續教學討論或勘誤修補概念，或闡明成功標準，或引導自評互評，皆根據實際評量結果而定，真正做到「學生中心的教學和評量」。中後期各單元評量實施如表 5-5：

表 5-5：中、後期各單元建構反應題任務之評量活動實施

單元	任務	規劃作答	實際作答	討論案例	評量與討論
分數	FA2-1	6 分	7 分	2A→0A→2A（共 3 例）	17 分
長方體和正方體的體積	FA2-2（題組）	8 分	8 分	0A→1B→2B→2B（共 4 例）	18 分
時間的計算	FA2-3	6 分	6 分	1A→1B→2C→2B（共 4 例）	20 分（含下課 2 分）
表面積	FA3-1（題組）	8 分	8 分	0A→1A→2A→2B（共 4 例）	20 分
小數	FA3-2	6 分	6 分	0A→1A→1B→2A（共 4 例）	18 分
生活中的大單位	FA3-3	6 分	6 分	0A→1A→2A→2B（共 4 例）	18 分

從中、後期的「先評量、後討論」活動，我們可以看到在這二個循環、6 個單元主要教學節次中的所用時間；教學者有了前期的經驗，以及自我反省和調整的能力，將有限時間發揮到最佳成效。這些活動花費的時間大約半節課，但對學童而言有莫大的助益；這半節課從整個單元來看不算多，教師只要減少一些學童練習時間即有。

2. 以建構反應題作爲教學後的評量題，能幫助教師了解學習現況即時對症下藥

建構反應題非常適合在概念教學後用來檢驗全班學習狀況，除了建構反應題要求學童說明解題思維過程，教師較易診斷學習困難之外，因爲建構反應題多爲非例行性情境，學童需要眞正的理解才能將概念運用到新的情境中，因此更能反映他們的概念發展。再者，由於教學時的布題是爲了讓學童學習新的概念，在還沒學過就過度討論錯誤並不恰當；但是以建構反應題作爲評量題是在教學後進行，這時題目要評量的概念學童已經學過了，若還發生錯誤，教師就可以立即深入處理。初期，幸好有實施評量任

務 FA1-2，不然因為學童在課本習題的好表現，讓教學者一直以為全班都已達到學習目標，直到評量時才發現有多位學童梯形概念不清，除了檢討自己教學只偏重拼湊圖形推導公式而未釐清梯形意義，也在評量後立即針對全班普遍性錯誤進行檢討修正。

中、後期，教學者反思不論教學和評量都需要隨著學童學習現況不斷地調整，尤其事先預測學童學習難點和可能解題類型，評量時就比較能掌握學童想法，不但避免教師主觀認定而誤判他們的想法，亦能有所依據地挑選案例及提供指導。教學者會優先以最普遍錯誤、核心概念不清楚的錯誤解進行討論，也會對正確解的不同想法，找出一個值得被討論的重點，提出正確解中的優良例或特殊例，來刺激學童思考或突顯解法高明之處。

3. 以建構反應題先評量後討論能引導教師做出適當明確的教學決定，因材施教促進學習

初期，教學者根據全班答題表現來決定評量後的教學討論重點，若多數成功解題代表已具備核心概念，即選擇不同正確例培養學童欣賞數學多元解的不同思維。中期，教學重點除闡明學習目標和釐清迷思概念，還包括強化學童圖形表徵及表達能力。

後期，各種程度學童皆積極參與討論，教學者也能快速決定教學重點，給予學童有效回饋。例如：後期三個單元錯誤例都是選擇高成就學童發表，因為只需稍以問話提示，案例學童即能自評錯誤並改進，而他們自評修正的同時也在澄清全班概念；另外也儘量挑選低成就學童發表正確例，雖然仍需引導對話或幫忙解釋，但學童從中獲取的鼓勵增強會產生更大的學習成長。

教學者在中、後期的評量討論活動，若是高成就學童出現錯誤例，教學者會偏向促進型回饋，大多以問話提示或是藉由同儕提問，引導案例學童自評錯誤予以修正；若是處理低成就學童的錯誤例則會提供指導型回饋，包括直接告訴學童他們需要修正、協助解釋策略或是說明正確解法等，幫助案例學童做出正確回答。

根據這二個以建構反應題進行形成性評量的行動研究，教學者都能考慮不同學童特質和理解度，不斷尋找適合他們的教學方法，給予適切的指導；透過形成性評量的因材施教，促進每一位學童學習，讓他們減少迷思概念和學習困難。所以，建構反應題作爲形成性評量中「先評量」的小型任務，能了解全班每一位學童的學習狀況，分析他們錯誤類型及迷思困難，即時調整教學；透過「後討論」回應各種學習需求，提供有效回饋，鞏固學童概念理解，提升解題溝通應用的能力，逐步實踐促進學習的目標。

「先評量、後討論」
活動的教學案例

　　數學課室中要如何實施評量和教學的整合活動？教師們通常比較重視教學活動，評量多半從習作、單元卷、小考卷等來了解學習狀況。基於「形成性評量」相較於總結性評量，對學童產生較多的學習效果，再以建構反應題用來實踐「促進學習的評量」，並透過同儕之間錯誤例、正確例的討論，讓學童接觸數學素養評量外，也培養數學素養的能力，本章將分享筆者在不同階段指導「先評量、後討論」在一節課中的教學設計。第一階段帶領團隊教師初次研發數學課堂教學中形成性評量，第二階段帶領團隊教師再次研發以建構反應題融入教學中形成性評量，第三階段指導輔導員的建構反應題融入教學公開課修改彙整。

國科會計畫評量研究團隊的初次研發

　　筆者從閱讀數學教育相關文獻上，看到近一、二十年在教育現場很重視形成性評量，覺得此概念只要是受過師資培育訓練的教師，對形成性評量一定耳熟能詳，這讓筆者決定重新來認識和研究「形成性評量」，發現能落實形成性評量比重視總結性評量更重要。這些第一批參與研究團隊的教師在二年間歷經了「看山是山、看山不是山、看山還是山」的三階段，從認為自己認識形成性評量，經過團隊反思對話後體認到不認識它，再到真正的認識它。下面僅分享二位參與者在這二年中有關形成性評量想法的轉變和心得：

分享 1 「形」之以法 —— 形成性評量之再認識

（林心怡／新北市昌平國小主任）

　　十二年國民基本教育的正式實施，期望落實以學童學習為核心的教學，其中筆者認為最重要的即為課堂上的有效教學。課堂教學如何有效

化，無非是教師能否有效的掌握學童每一階段的學習狀況是否達成課堂預設的學習目標，能將課堂上的學習時間發揮最大的效益；而此處所提「有效的掌握學習狀況」即是課堂中形成性評量的主要目的。

筆者這兩年參與形成性評量研究工作坊期間，針對課堂中的形成性評量進行許多討論及實作，深入了解形成性評量的理論根據及實務的操作模式，期能透過形成性評量的落實達成以學童學習為中心的有效教學，增進個人評量知能並能提出建議以供教學參考。

從籠統到清晰

「形成性評量」此名詞一直以來與「預備性評量」和「總結性評量」為教學過程之前、中、後三大評量形式，而「形成性評量」更是融入在課堂教學進行中，擔任不明顯卻又相當重要的角色。「形成性評量」的形式包含觀察、提問、學習任務……等，大部分實施過程相對於其他評量是較隱性的；正因為在課堂中實施不明顯，所以「為何融入、何時融入、如何融入」較少受到討論及說明。

何以筆者於本文標題中所述「形成性評量之再認識」？筆者在參與本研究工作坊之前，認為形成性評量就是課堂中所進行各種確認學童學習狀況的評量，不外乎透過觀察、提問、發表、課堂測驗……等方式，了解學童學習情形以決定下一個教學活動如何進行。但是，在參加本研究工作坊之後，師培者對我們參與的成員採用非常開放的角度，讓我們彼此針對問題進行許多討論，包含形成性評量的內涵、做法、操作模式……等都讓彼此暢所欲言，不給評價只提問題，這對我們參與的教師而言有很大的鼓勵作用。當大家充分討論各自的想法及意見時，原本模糊的概念愈見清晰，也同時對形成性評量的內涵及形式更有共識，藉此獲得更多經驗的交流及收穫。

參加本研究工作坊之後，對於「形成性評量」的認識更深一層，從理論上的探討到實務上的操作，針對「為何融入、何時融入、如何融入」進

行討論，重新認識「形成性評量」的完整面貌，讓筆者在課堂上進行形成性評量時，心中更踏實也更明確。

有法可「現」的課堂風貌

　　一開始本研究工作坊即針對融入形成性評量的教學設計表進行許多討論，要從傳統式的「教學教案設計表」轉換成以評量為中心的「學生學習教案設計表」並不容易。「教學教案設計」重在教師進行教學重點及流程的鋪陳，第Ⅰ版的教案設計表中從學習脈絡到活動規劃，以及教學策略及學習任務之設計，在所有成員的討論下認為並無法凸顯形成性評量在整個設計中扮演的角色。

　　但就在師培者適時於討論過程中引入「形成性評量環」（FA）的理論依據後，大家集思廣益修正後讓整個教學設計表更趨完整，並在第Ⅴ版的實作後成功以「形成性評量環」串連起整節課的學習脈絡。理論中所談「形成性評量環」分為「計畫式」及「交互式」兩種，「計畫式」顧名思義是「在課前教師預定於課堂中計畫進行的形成性評量」；而「交互式」則是「在課堂進行中所出現非預期的形成性評量」。根據此理論基礎，全體工作坊成員進行討論將這兩種評量環呈現在教學設計表中，提供我們實際操作形成性評量時進行記錄。

　　對筆者而言，將預定計畫好的「計畫式」評量環先進行課堂教學之設計，待實際教學後再將「交互式」評量環的部分記錄於實際的教學過程中，讓筆者清清楚楚的看到整堂課的教學過程脈絡，尤其是筆者也讓課堂風貌完整的呈現出來。這對完整的記錄課堂教學有很大的幫助，不論是作為個人教學檔案或是提供他人教學討論或參考，都是非常好的教學設計模式。

教學與評量交織學習交響曲

　　教學與評量爲有效教學課堂上的兩大主核心，但是，教學與評量如何出現、如何穿插、如何搭配是一門未知的領域。一個有效的課堂教學必然有學童須達成的學習總目標，而爲了達成此目標，在教學的過程中須不斷檢視學童是否達成許多小目標，而最終能到達總目標。

　　但是在這不斷的檢視及確認學童學習情況時，教學與評量的出現隨著教學的精緻化變成交雜在一起，不易明確的獨立呈現。對筆者而言，在本研究工作坊進行的過程中，「教學的內容本身是否即是評量？而評量的過程本身又是否即是教學？」這兩者之間非常難以區分。在參與這兩年工作坊的過程中，因對形成性評量有更深一層的認識而開始檢視自我的教學，才發現以往自己在課堂中所進行的形成性評量認知不夠明確、評量意識不夠踏實，所以在實施時掌握度欠缺精準。自從使用第 V 版以評量爲中心的「學生學習教案設計表」記錄課堂後，從教學前的計畫一直到教學後的記錄都完整的呈現以評量爲主軸的教學，在整個教案的設計及記錄中，教學與評量密不可分，融合在整個學習脈絡中，而對筆者本身而言更是提升自我教學及評量掌握度的最佳成長方式。於是，整個課堂成了教學與評量交織而成的學習交響曲，而精緻的計畫式形成性評量以及依學童反應不定期出現的交互式形成性評量，就是教師掌握課堂中學童學習狀況的最佳廣角鏡。

　　「形成性評量」關注學童的學習情況，是眞正以學童學習爲核心的課堂基石。眞正的有效教學應落實於如何在課堂中即時掌握學童的學習情況，詮釋學童的學習問題，並立即進行教學決定及給予回應與行動。一旦教師能即時並有效的掌握學童學習情況，必能落實課堂中的有效教學，提升學童的學習成效。如何有系統、有層次的掌握課堂的學習目標，則有賴教師專業的教學知能及對學童認知程度的理解，方能將形成性評量的效益最大化。

對筆者而言，參與本研究工作坊在教學及評量的知能上有很大的成長。第一年評量理論與實務的磨合以及第二年反思及對話的精鍊，對於有教學經驗的在職教師是非常好的專業成長方式，唯有理論與實務的對話以及專業對話的互動交流，才能觸發最耀眼的教學火花！

分享2 記一段與形成性評量共舞的旅程

（馬恬舒／新北市昌平國小教師）

已回憶不起第一次聽到「形成性評量」是何年何月的事了，雖然它沒有老到被時代的洪流淘汰，但也不像是個初崛起的新生代般亟待世人去深求探索。若詢問教師是否有在課堂中進行形成性評量，大抵有百分之九十九的機率獲得肯定的答案，我們可以滔滔不絕信心滿滿的說明使用了提問、候答、觀察、練習等種種技術，用以評量學童的學習，不斷給予教師回饋，以提供教學改進之參考。

於是，帶著充分的先備知識及十足的自信進入這一個形成性評量研究團隊，我引頸期盼，想一探這老生常談的材料裡，藏有哪些醉人的芬芳。

霧裡看花的輕緩移步——「霧裡看花」，形容眼界模糊，看不清楚

第一次聚會，便開宗明義此形成性評量團隊的任務為以形成性評量概念規劃教學及實踐，並期望設計出可供現場教師使用的表格。

明確簡單的目標，搭配駕輕就熟的評量技巧，應該能輕而易舉的完成任務才是；殊不知，才稍稍掀起形成性評量面紗的一角，眾人卻開始朦朦朧朧——對於「關鍵事件」的界定眾說紛紜、以形成性評量為主概念的教學設計表格嗅不出形成性評量的味道——此時，形成性評量環「引出－詮釋－行動」理論的引入猶如及時雨，讓團隊夥伴嘗到天降甘霖的滋味，好不痛快！歷經一番討論，將形成性評量環加入表格後，大夥兒開開心心的期待下次相會。

　　然而，形成性評量功力之深厚，豈是一朝一夕就可參透的？之後的聚會又讓大家陷入五里霧中——課堂中的形成性評量不按表操課，反而像個不聽話的演員，常常即興演出，令人啼笑皆非——於是，形成性評量的第二個環「注意－辨識－回應」翩然而至，與「引出－詮釋－行動」構成形成性評量的重要雙環，也成為我們的定心丸——原來，在我的課堂中，形成性評量是這樣發生、循環的！

邯鄲學步的自我懷疑——「邯鄲學步」，比喻仿效他人，未能成就，反而失卻自己本來的面目

　　結合理論背景與實務操作而編修的形成性評量教學設計表格，是全團隊的驕傲。帶著這份榮耀，遵循所習得的功夫，於一個學年內完成四次的教學後，形成性評量才展露出它老謀深算的真面目……

　　「在課堂中，我只進行『教學』而沒有做『評量』！」

　　這是多麼痛的領悟！參加了一年的形成性評量團隊，做了一年的形成性評量，到頭來居然諷刺的發現自己根本沒有在做形成性評量？

　　我認為自己的教學偏向於「教學即評量」，亦即在教學當下也同時評量學童的學習狀況，並詮釋其反應，做出教學決定；但，學童是根據我設計的教學而做出回應，我再帶出下一個教學，這，不就是一個又一個的「教學」嗎？何來「評量」之有？

　　鍾老師此時又投下另一顆震撼彈：若其他教師來看你們的教學，看得出你們有做形成性評量嗎？

　　搖頭。搖頭。搖頭！

　　令人不敢置信的事實擺在眼前，團隊成員被不甘、懷疑的氣氛籠罩著，眼看就要被不安吞噬……此時，突然出現一線曙光：「在教學時，我心裡清楚的知道自己是在評量學童，再決定下一步是要回到計畫性形成性評量，還是跳到交互性形成性評量。」

　　是的，發展至此，形成性評量對我們而言，已不再是「形式」，而是

化爲「意識」，我的教學設計是爲了評量學童學會了什麼、還不會什麼，而我的評量是爲了做下一個教學決定，教學與評量是交融在一起，密不可分的。

我，原來眞的有做形成性評量！

翩然起舞的深信不移──「翩然起舞」，輕盈愉快的跳起舞來

重拾對形成性評量的自信，回頭檢視這四輪教學，我看見了──形成性評量的雙環──第一個計畫性形成性評量要學童用舊經驗解題，以帶出新的概念，並從學童多元的解題中，引導比較彼此解法的異同，以帶入下一個概念；在學童解說時，發現其迷思概念，進入交互性形成性評量環；解決迷思概念後，又帶回計畫性形成性評量環……

我看見了──每一堂課的大目標，以及爲了達到這大目標的一個個小目標。

我清楚的看見了──每一個小目標的計畫性形成性評量環或交互性形成性評量環，都在那兒手牽手，把學童從起點，小小的，一步一步，帶領到中繼點，再一步一步，帶到下一個中繼點、下下一個中繼點，最後連接到終點，形成一圈又一圈美麗的形成性評量環，構成清晰的教學脈絡。

我，原來眞的在做形成性評量！

有團隊成員說形成性評量是一種「內心戲」，實在是再貼切不過的形容。不同於外顯、亮麗的活動，形成性評量是內斂而沉穩的，你看不到它，但它確實存在，而想靠內心戲獲得奧斯卡，須具備一甲子的功力。

這一段與形成性評量共舞的旅程，看似輕鬆，其實跌跌撞撞，看似平順，其實高潮迭起，感謝鍾老師帶我們經歷一連串自我懷疑及驗證的過程，也讓我們對形成性評量和自己的教學有更深的了解及體認。

從這二篇參與者的分享，讀者對第一次研究團隊的評量研發內容應該有所了解；讀者可參看**《數學課室形成性評量的理論與實踐》**（鍾靜主

編，2014），該書有 12 篇實踐的教學實例、6 篇成長的心得分享，也有 3
篇觀察的回饋分享。雖然團隊成員對形成性評量已能掌握，這期間配合研
究團隊的討論和分析撰寫的教學設計或紀錄從 I 版、II 版……V 版，並以
形成性評量環中「計畫性形成性評量」：確認型任務、綜合型任務、練習
型任務、提問／對話、觀察等五類，至於「交互型形成性評量」亦同，一
起來安排教學活動（鍾靜、陸昱任，2014a、2014b）。但因為教案內容要
反應形成性評量的任務、提問、觀察等，非常細緻且複雜，不利於推廣；
所以，筆者又再度思考和檢視文獻，如何可以找到形成性評量的亮點？

國科會計畫評量研究團隊的再次研發

筆者為了能協助現場教師落實形成性評量，再閱讀了一些評量的文
獻，發現有挑戰性的「小型任務」也在教學現場被重視。同時，臺北市將
「建構反應題」引用到基本學力檢測已有數年，筆者察覺到這些非例行性
題目雖然能評量出學童真正的學習狀況，但是在教學現場沒有受到建構反
應題的影響而有所改變。筆者再詳讀並整合課室評量、形成性評量、數學
任務等相關文獻，決定以「建構反應題融入數學課室形成性評量」來執行
國科會計畫，再組成第二次的評量研究團隊。研究團隊經過討論，決定以
一般的教學活動格式和流程，僅增加形成性評量一欄，經過設計、實作、
修正來撰寫。以下將分享四位參與者研發的教學活動：

案例 1 二年級「先加再乘」的教學與評量

（黃琡懿／臺北市武功國小教師）

這是二年級「乘法㈡」單元 5 節課中的第 3 節課，進行「加、乘兩
步驟問題」活動。學童已經學會乘法交換律和「先乘再加」的題型，這節
課是學習「先加再乘」的題型。因為加、乘兩階段布題的題型多元，學童

須練習辨析題意，從題意去確認先乘、再加，或先加、再乘的運算順序。因此，這節課選擇將建構反應題的焦點，放在讓學童分辨上一堂課已學過的「先乘再加」題型和這節課「先加再乘」題型，了解在情境與解題上有什麼不同，進而能正確解題。

教學重點	教學流程與主要布題	學童可能反應	時間分配	形成性評量
複習「先乘再加」二步驟問題	**壹、準備活動：複習「先乘再加」的二步驟問題** 1. 一枝鉛筆 5 元，姐姐買了 4 枝鉛筆，和 1 個 8 元的橡皮擦，姐姐共花了幾元？ 2. 每位學童以小白板列出二步驟解題並畫圖，請學生上台發表。 3. 針對解題錯誤學童予以澄清。追問題意及對應的乘法算式意義及加法算式的意義。	1-1 學童可能解題： $5 \times 4 = 20$ $20 + 8 = 28$ ⑤⑤⑤⑤　⑧	5分	【觀察】能了解題意並能正確解題。
進行「先加再乘」二步驟問題之解題	**貳、發展活動** 【活動一】認識「先加再乘」的二步驟問題並解題 1. 老師把學童 3 個男生和 2 個女生分在 1 組，總共有 4 組。總共有多少個學童？ 2. 每位學童以小白板列出二步驟解題並畫圖，請學童上台發表。	1-1 學童可能解題： $2 + 3 = 5$ $5 \times 4 = 20$ ②③ ②③ ②③ ②③ ②③	10分	【觀察】能了解題意並能正確解題。

教學重點	教學流程與主要布題	學童可能反應	時間分配	形成性評量
以建構反應題了解學童對「先乘再加」和「先加再乘」二步驟問題的區辨與解題	【活動二】「先乘再加」和「先加再乘」二步驟問題的區辨與解題 1. 教師發下學習單：（建構反應題） 園遊會時，甲、乙兩個攤位都賣巧克力棒。 甲攤位將一袋裝 5 根，買 6 袋，再送 5 根。哥哥在甲攤位買了 6 袋巧克力棒。乙攤位將一袋裝 6 根，每一袋再贈送 1 根。妹妹在乙攤位買了 5 袋巧克力棒。哥哥和妹妹誰買的巧克力棒比較多根？ 請學童個別列出解題步驟並畫圖。 2. 請學童上台發表，並討論兩種題型圖示與意義的不同。 3. 討論活動： (1) 若全班學童答對率高，請正確解題的學童先上台發表，再針對解題錯誤的學童進行澄清與指導。	1-1 學童可能解題： $5 \times 6 = 30$ $30 + 5 = 35$ ⑤⑤⑤⑤⑤ ⑤ 1-2 學童可能解題： $6 + 1 = 7$ $7 \times 5 = 35$ ⑥① ⑥① ⑥① ⑥① ⑥① 1-3 學童可能錯誤類型：主要為受題目文字及數字過多而干擾，無法理解題意，因而無法列式。	20分	【觀察】能了解題意。並畫出圖示。 【提問】針對不理解題意的學童分段布題。 【任務】能依據題意及圖示列出二步驟算式並解題。

215

教學重點	教學流程與主要布題	學童可能反應	時間分配	形成性評量
	(2) 若全班錯誤率高，則請不同解法（錯誤的先）的學童分別上台，再逐一釐清題意與討論。最後請答題正確的學童作為總結討論。			
總結與討論	**參、綜合活動** 1. 引導學童說出今天學到什麼，並歸納先加再乘算式的情境類型。	1-1 先加再乘的情境是兩個數量必須先合起來，再看它共有幾倍。	5分	【觀察】能發表今天所學內容。

案例2 三年級「切割重組」的教學與評量

（詹婉華／新北市中正國小教師）

這是三年級「面積」單元5節課中的第1節課，進行「切割拼湊比較面積」活動。學童要學會將簡單圖形切割，並重組成另一個已知簡單圖形；能經驗圖形的面積雖然相等，但形狀可以不一樣。在課室中，學童透過將圖形平移、旋轉、翻轉等操作活動，將切割後的圖形重組成另一個簡單圖形；當學童不會平移圖形、旋轉圖形、翻轉圖形時，就可能無法將簡單圖形切割重組成另一個簡單圖形。在教學活動設計的同時，適時融入建構反應題，可以清楚看到學童解決問題的方法，並針對學童在「切割拼湊比較面積」概念上出現的迷思，立即進行討論與澄清。

教學重點	教學流程與主要布題	學童可能反應	時間分配	形成性評量
能思考卡片大小比較的方法	**壹、準備活動** 1. 教師發給學童每人二張大小不同的卡片──甲、乙。 2. 教師提問：哪一張卡片比較大？ 3. 學童實際操作比較二張卡片，教師讓學童發表想法，並要學童說明理由。		2分	
能理解面積的意義 能透過切割拼湊的方法來比較面積	**貳、發展活動** 【活動一】面積比一比 1. 教師提問：我們是以卡片的什麼來比較卡片的大小？ 　引導學童說出是以卡片的面來比較大小。 2. 教師說明：我們會用「面積」來表示面的大小。 3. 教師提問：甲卡片比較長，乙卡片比較寬，要用什麼方法來知道哪一張卡片的面積比較大？ 　學童二人為一組進行討論，並請運用切割、拼湊來比較甲、乙面積大小的學童上台發表。 4. 學童實際操作，比較出乙的面積比甲的面積大。 5. 教師說明：當無法直接比較出二個圖形的大小時，我們可以切割、拼湊其中一個圖形，再來進行比較。	3-1 學童正確進行圖形的切割、拼湊，再比較出甲、乙二個圖形的大小。	8分	【提問】能回答是以卡片的面來比較。 【觀察】能用切割、拼湊的方法來進行面積的比較。 【觀察】能進行圖形的切割拼湊，並比較大小。

教學重點	教學流程與主要布題	學童可能反應	時間分配	形成性評量
能知道二個圖形一樣大	【活動二】圖形拼一拼-1 1. 教師發給學童二個一樣大的三角形，讓學童確認二個三角形是一樣大。讓學童用二個三角形拼排出一個圖形，並提醒學童可以將三角形旋轉或翻轉，且二個三角形不可以有部分重疊。	1-1 學童由二個三角形完全疊合，確認二個三角形一樣大。	12分	【觀察】能知道二個三角形一樣大。
	2. 教師讓拼成「邊和邊對齊」和「邊和邊沒對齊」的學童將其作品貼於黑板上，並請學童分享他的做法。	2-1 學童用平移、旋轉、翻轉等方法將三角形拼出一個圖形。		【觀察】能用二個三角形拼出一個圖形。
能用二個三角形拼出不同的圖形	3. 教師說明拼成長方形的圖形邊和邊有對齊，另一個圖形邊和邊沒有對齊。 教師提問：二個三角形的邊和邊對齊，除了拼成一個長方形，還可以拼成什麼圖形呢？把它拼出來。 學童進行拼湊，教師讓學童上台展示成果，並讓學童發現拼出圖形的某邊的邊長，會和三角形的某一個邊的邊長一樣長。	3-1 學童進行拼湊，可拼成二種不同的三角形、二種不同的平行四邊形和箏形。		【觀察】能用二個三角形拼出不同的圖形。
能知道形狀不同，面積相同	4. 教師提問：這些圖形，有什麼不一樣？有什麼是一樣的？	4-1 學童回答形狀不同，面積大小相同。		【提問】能說出形狀不同，面積相同。

教學重點	教學流程與主要布題	學童可能反應	時間分配	形成性評量
能知道四個一樣大的三角形可以拼出指定的五邊形	【活動三】圖形拼一拼 -2（建構反應題） 1. 教師發下「圖形拼一拼」學習單，並讓學童完成學習單。 **圖形拼一拼** 三年__班__號 姓名：____ 小華將一張長方形卡片，切割成四個一樣大的三角形（如下【圖一】），想用這四個一樣大的三角形拼成一個如【圖二】的圖形。 【圖一】 【圖二】 小華可以拼出【圖二】的圖形嗎？你怎麼知道的？ 答： 2. 學童個別完成學習單，教師行間巡視學童的解題。	 2-1 學童認為「可以」，並畫出拼排的方式。 2-2 學童認為「可以」，並用三角形的邊或角與五邊形的邊或角來說明。 2-3 學童認為「可以」，但以圖形的周長來說明。 2-4 學童認為「可以」，但說明不清楚或沒有說明。	15分	【任務】能判斷四個一樣大的三角形是否能拼出指定的圖形，並正確說明理由。

教學重點	教學流程與主要布題	學童可能反應	時間分配	形成性評量
		2-5 學童認為「不可以」，因為無法拼出五邊形。 2-6 學童認為「不可以」，因為三角形會重疊。 2-7 學童認為「不可以」，但說明不清楚或沒有說明。		
	3. 討論活動： 　(1) 超過一半的學童認為「可以」時，教師先讓選擇「認為可以並畫出正確拼法」的學童上台說明，並問「認為不可以並寫出理由」的學童是否同意同學的說法，並釐清學童的觀念。 　(2) 大部分學童認為「不可以」或不知如何回答問題時，教師讓不同想法（含錯誤類型）的學童上台發表。 4. 教師總結： 　判斷四個一樣大的三角形是否能拼出另一個圖形，要注意不能改變三角形的形狀，然後想像三角形平移、旋轉、翻轉後是否能組合出這個指定圖形；並說明指定圖			

教學重點	教學流程與主要布題	學童可能反應	時間分配	形成性評量
	形的邊（或角）與三角形邊（或角）的關係。			
總結與討論	**參、綜合活動** 1.引導學童說出今天學到什麼，並歸納出切割重組圖形的學習內容。	1-1 學童學會將簡單圖形切割，重組成另一個已知的簡單圖形；並知道圖形的面積雖然相等，但形狀可以不一樣。	3分	【觀察】能發表今天所學內容。

案例3 四年級「折線圖」的教學與評量

（胡錦芳／新北市榮富國小教師）

　　這是四年級「統計圖」單元4節課中的第3節課，進行「認識及報讀折線圖」活動。學童學習此單元除了認識長條圖及折線圖外，更進一步要能報讀統計圖上的資訊，以奠定高年級繪製各種統計圖的基礎。折線圖是將有序的資料加以整理，抽取圖中有意義的資訊加以解讀；並考察數量之間的變化情形用以預測。本節課的重點為「認識及報讀折線圖」，期望學童能從生活中的折線圖來了解其意義與用途，並能辨別折線圖與長條圖的差異。除了會報讀折線圖上的資訊外，還能進一步理解折線圖是描述統計量與時間或次序的關係，若改變其順序則失去了原來的意涵。折線圖會因為組距間的刻度大小不同，畫出來的折線也會有很大的變異，學童容易受圖的變化而做直觀判斷，忽略了組距之間的數量若無改變，所代表的意義也不受影響。學童是否能察覺圖與數量間的變化？將是本活動的建構反應題焦點。

教學重點	教學流程與主要布題	學童可能反應	時間分配	形成性評量
能知道完整的統計圖應包含哪些要素	**壹、準備活動** 小英去年從一月開始，每月1日記錄他的體重，他想要畫一個統計圖了解他去年一整年體重的變化，這個圖少了哪些資料？應該補上什麼呢？ （公斤） 40 38 36 34 32 30	學童回答沒有橫軸的資料。 學童回答少了1月到12月的數字。	3分	【觀察】學童是否理解完整的統計圖應包含主題名稱、橫軸、縱軸上的資料。
認識折線圖並能辨別長條圖與折線圖的差異	**貳、發展活動** 【活動一】認識折線圖 教師展示小英的體重折線圖： （公斤） 40 38 36 34 32 30 1 2 3 4 5 6 7 8 9 10 11 12（月） 小英體重折線圖 1. 教師提問：這個統計圖和長條圖有什麼相同和不同的地方？你會稱它為什麼圖？	1-1 學童會說出長條圖是以長條表示數量，折線圖以線段和點連接而成。	7分	【觀察】觀察折線圖橫軸上的數據。 【提問】折線圖與長條圖的差別？

教學重點	教學流程與主要布題	學童可能反應	時間分配	形成性評量
讀折線圖上的資料	2. 教師宣告像這樣的統計圖，稱為「折線圖」。 3. 教師提問：說說看，生活中什麼地方會用折線圖表示？ 4. 教師呈現各種不同的折線圖。 【活動二】報讀折線圖 1. 教師提問：小英的體重折線圖中的橫軸及縱軸各代表什麼意思？ 2. 教師提問： (1) 去年 3 月小英的體重是幾公斤？ (2) 幾月到幾月，小英的體重有減輕的現象？ (3) 從去年 1 月到 12 月，小英的體重增加了多少公斤？ 3. 觀察這張折線圖的變化，你們還可以提出什麼問題？ （公斤） 小英體重折線圖 4. 學童觀察折線圖發表問題。	2-1 學童發現折線圖的橫軸是數字。 3-1 學童回答：心電圖、股票、溫度…… 1-1 學童說出縱軸代表小英的體重，橫軸代月份。 2-1 能觀察折線圖上的資料回答 33 公斤。 2-2 學童回答 7-8 月。 2-3 學童回答增加 7 公斤。 3-1 學童提問幾月到幾月小英的體重沒有改變？ 3-2 學童提問幾月到幾月小英的體重上升最多？	15分	【觀察】學童是否能發現折線圖的橫軸有次序性。 【提問】折線圖中的橫軸及縱軸各代表的意思？ 【提問】折線圖上關於小英體重的訊息有哪些？ 【提問】依據折線圖上的資料，還可以設計哪些相關的問題？

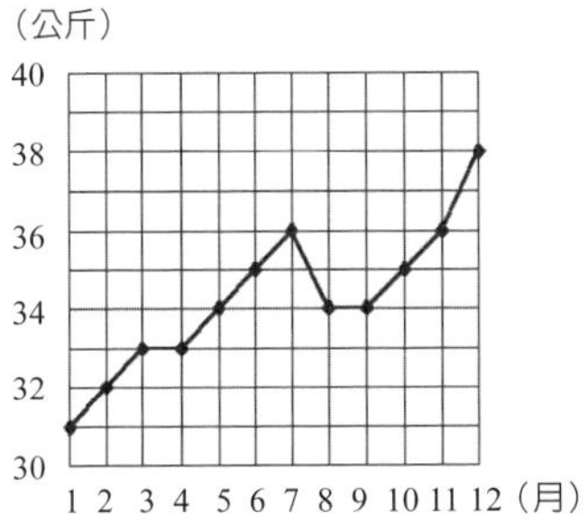

教學重點	教學流程與主要布題	學童可能反應	時間分配	形成性評量
了解學童判讀折線圖時，能否同時關注縱軸與橫軸的訊息，而非直觀判別圖中折線的變化	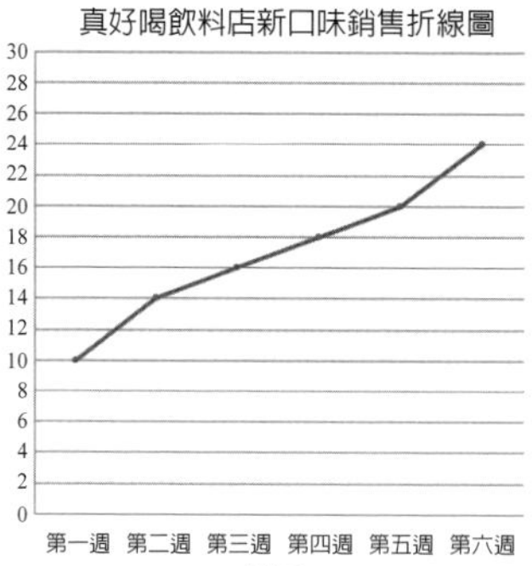 **參、綜合活動** 挑戰活動：（建構反應題） 教師發下學習單： 真好喝飲料店推出新口味飲料，老闆請店員甲、乙二人調查銷售情形，並畫出統計圖，下面是他們調查後的說明： 甲說：「我覺得新口味賣得不好（如圖一）。」 乙說：「我們的新口味飲料銷售成績非常好（如圖二）。」 你覺得誰的說法是正確的？請寫出你判斷的理由。 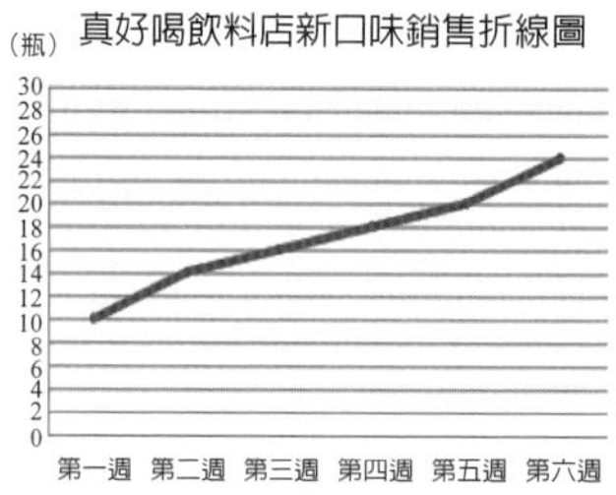 （瓶）真好喝飲料店新口味銷售折線圖 圖一 真好喝飲料店新口味銷售折線圖 圖二		5分	【任務】 判讀二個數量相同的折線圖時，應同時觀察縱軸數字及圖形的變化，不能只單看圖中折線上升或下降而做判斷。

教學重點	教學流程與主要布題	學童可能反應	時間分配	形成性評量
	1. 討論與分享： (1) 教師先請認為乙說法正確的學童說明想法： 學童提出的理由是觀察圖二的折線上升幅度大而判斷銷售量較佳。 (2) 教師再請判斷正確、認為二個圖是一樣的學童提出看法，藉由討論讓錯誤的學童關注在縱軸的數字上，進而澄清概念。 2. 師生共同歸納： 解讀二個數量相同的折線圖時，應同時觀察縱軸數字及圖形的變化，不能只依圖的折線上升幅度而做判斷。	1-1 學童觀察乙圖明顯上升而判斷乙的說法正確。 1-2 認為二個圖是一樣的，因為數量並無改變。 2-1 學童了解判斷折線圖的重點 2-2 分享今天學習心得。	10分	

案例 4 五年級「長方體表面積」的教學與評量

（石玫芳／臺北市福德國小教師）

　　這是五年級「表面積」單元 6 節課中的第 3 節課，進行「長方體的表面積」活動。本單元是學童首次學習立體形體的表面積，課程安排會先從正方體的表面積引入，再進入長方體表面積，最後學習簡單複合形體的表面積。學童在學習本活動之前，已學過正方體有 6 個一樣大的面，要將這 6 個面的面積加起來，才是正方體的表面積；本活動從長方體有 3 組或 2 組大小不同的面，讓學童藉由學習正方體表面積的經驗，自由算出長方體的表面積，並討論與歸納出解題方法。最後，在綜合活動中設計建構反應題，確認學童能否區辨長方體體積與表面積的不同？以穩固表面積和體積的概念。

225

教學重點	教學流程與主要布題	學童可能反應	時間分配	形成性評量
認識長方體的表面積	**壹、準備活動** 1. 教師請學童拿出附件的長方體展開圖做成盒子，將相同形狀的面塗上一樣的顏色。 2. 說說看，你發現了什麼？ 3. 教師說明長方體6個面的面積總和，就是長方體的表面積。	長方體有6個面，相對的面（平行面）一樣大。共可分成3組不同大小的面。	5分	【觀察】長方體的6個面，相對的面（平行面）一樣大。
學會計算3組不同大小面的長方體表面積的計算	**貳、發展活動** 【活動一】3組不同大小的面 1. 教師請學童拿出剛剛摺好的長方體盒子（相同形狀的面已塗上一樣的顏色）。 2. 說說看，如何算出這個長方體盒子的表面積？ 3. 請學童先個別計算長方體的表面積，並在小組內說明解法。 4. 各組一人上台發表解法。 3公分 5公分 6公分	學童可能的做法有： 2-1 先算出相同長方形面的和，再加總。 $(6 \times 5) \times 2 = 60$ $(5 \times 3) \times 2 = 30$ $(6 \times 3) \times 2 = 36$ $60 + 30 + 36$ $= 126$ 2-2 長方體有3組不同大小的面。先將不同的長方形面積加總，再算出2倍。 $(6 \times 3 + 6 \times 5 + 5 \times 3) \times 2 = 126$	10分	【提問】 1. 還有其他方法嗎？ 2. 你喜歡哪一種？ 3. 哪一種比較可以快速算出長方體6個表面積的總和？

教學重點	教學流程與主要布題	學童可能反應	時間分配	形成性評量
學會計算 2 組不同大小面的長方體表面積的計算	【活動二】2 組不同大小的面 1. 教師拿出另一個摺好的長方體盒子，請學童觀察 6 個面哪裡不一樣？相同的面寫上相同字母。 2. 說說看，如何算出這個長方體盒子的表面積？ 3. 請學童先個別計算長方體的表面積，並在小組內說明解法。 4. 各組一人上台發表解法。 6公分 4公分 4公分	學童可能的做法有： 2-1 先算出相同長方形面的和，再加總。 $(6 \times 4) \times 2 = 48$ $(4 \times 4) \times 2 = 32$ $(4 \times 6) \times 2 = 48$ $48 + 32 + 48$ $= 128$ 2-2 長方體有 2 組不同大小的面。先將不同的長方形面積加總，再算出 2 倍。 $(6 \times 4 + 4 \times 4 + 4 \times 6) \times 2 = 128$ 2-3 發現有 4 個面相同，6×4 有 2 組，也就是 4 個面，所以： $(6 \times 4) \times 4 = 96$ $(4 \times 4) \times 2 = 32$ $96 + 32 = 128$	8 分	【提問】 1. 你看到這個長方體的 6 個面，有幾個面相同？ 2. 根據上面，可以如何計算會更快速？

教學重點	教學流程與主要布題	學童可能反應	時間分配	形成性評量
總結本節學習到的概念	**參、綜合活動** （建構反應題） 老師請學童算算下方長方體盒子的表面積，有三個小朋友解法如下，想想看哪位小朋友的做法是正確的？哪一位是錯誤的？並把錯誤的理由寫出來。 20公分 14公分 12公分 1. 小芳的算法： 　$12 \times 20 = 240$ 　$14 \times 12 = 168$ 　$14 \times 20 = 280$ 　$240 + 168 + 280 = 688$ 2. 曉華的算法： 　$12 \times 20 \times 14 = 3360$ 3. 婷婷的算法： 　$(12 \times 20 + 14 \times 12 + 14 \times 20)$ 　$\times 2 = 1376$ 討論與分享： 1. 大部分學童錯誤時，針對不同錯誤類型，進行全班討論；並透過同儕討論，修正、補強錯誤或迷思概念。		12分	【任務】 提供三種常見計算表面積的方法，請學童判斷哪種算法才是正確的？

教學重點	教學流程與主要布題	學童可能反應	時間分配	形成性評量
	2. 一半學童錯誤時，請選最典型錯誤的人上台分享想法，再處理次多錯誤例；並請做對的學童上台發表。 3. 少部分學童錯誤時，可私下針對錯誤的想法的人給予指導。 本節課總結： 1. 學習到哪些計算長方體表面積的方法？ 2. 發下學習單，請學童做答。 3. 全班討論並訂正	學童可能回答： 1-1 遇到 3 組不同面的長方體時，可以先將每組的面算出來之後相加，再乘以 2。 1-2 遇到 2 組不同面的長方體時，可以計算 4 個面之後，再加其他 2 個面。 1-3 其他。	5分	

這四個案例可以讓讀者了解建構反應題在數學課室中，如何進行形成性評量。這些案例的作者都有撰寫單元教材與焦點學習活動、形成性評量與建構反應題、課堂中評量與教學的精彩片段、形成性評量的教學調整與促進學習、建構反應題的教學運作與學童表現、教師的教學反思等，有興趣的讀者可參看《建構反應題在國小數學課室形成性評量之運用》（鍾靜主編，2017），該書共有 11 篇實踐的教學實例、11 篇成長的心得分享，

有 2 篇是低年級、5 篇中年級、4 篇高年級，親師可參考運用。

臺北市數學輔導團公開課的修改彙整

　　臺北市輔導團想將歷年來進行的公開課，利用建構反應題融入教學部分彙整成冊，請筆者指導教案內容的修改和補充。筆者認爲可以將公開課分爲三類，一類是將建構反應題略修改爲厚實的主探究問題，進行四階段探究教學；一類是將建構反應題作爲題組中的一題，進行題組式探究教學；一類是將建構反應題作爲評量題，融入數學課室中進行「先評量、後討論」的活動。這類評量和教學的整合是透過稍高層次挑戰性的小型任務來讓每位學童做數學，並利用它的評量結果進行即時回饋；筆者特別指導「建構反應題」的評量和討論，要加強了解學童解題類型、評量後的教學處理二項。以下將分享四位參與者研發的教學活動：

案例 1 三年級「周長與圖形周界」的評量與教學

（孫德蘭／臺北市社子國小教師）

　　這是三年級「周界與周長」單元 4 節課中的第 4 節課，進行「平面圖形周界與周長」活動。本單元是學童首次認識平面圖形的內部、外部和周界，並認識圓周，以及認識和計算三角形、正方形、長方形周長等。學童在學習本活動之前，已認識簡單平面圖形、長度常用單位「公分」；本活動從診斷周界的概念、複習邊長和周長開始，再藉由 8 個邊長 1 公分正方形拼成的圖形，探討該圖形的周長和增加 1 個正方形的周長之間的關係。本節課中選用的建構反應題，來自臺北市 104 學年學力檢測五上普測題（四年級範圍爲主），學童此時尚未學習面積公式，應該不會出現周長和面積混淆的現象。

教學重點	教學流程與主要布題	學童可能反應	時間分配	形成性評量
診斷平面圖形的周界	**壹、準備活動** 一、診斷概念 教師展示圖示以診斷學童周界的概念。  二、師生共同歸納周界的概念 1. 沒有缺口，是封閉的圖形就有周界。 2. 曲線所圍成的圖形，只要是封閉的圖形，也有周界。 3. 有周界的圖形才能區分圖形的內部和外部。	學童可能的回答： 有缺口的圖形不是周界。	5分	【提問】 1. 下面哪些圖形有周界？ 2. 什麼樣的圖形才有周界？ 3. 什麼樣的圖形才能區分圖形的內部和外部？
認識邊長與周長的關聯	**貳、發展活動** 【活動一】複習周長的意義並計算圖形的周長 一、教師布題：非課本題 1. 教師展示布題：小明沿著每邊長 4 公尺的正方形花園散步，走了 5 圈，他共走了幾公尺？說說看你是怎麼知道答案的。 2. 溝通題意：全班進行討論，以了解學童是否理解題意、確定任務。 二、學童解題 1. 學童個別計算。 2. 小組內說明解法。 三、行間巡視 教師行間巡視學童的想法和說明，再給予適時的指導。	學童可能的做法： 1-1 誤會邊長是周長 $4 \times 5 = 20$（公尺） 1-2 $4 \times 4 = 16$ $16 \times 5 = 80$（公尺）	10分	【任務】 提供正方形的邊長，以了解學童是否能由正方形邊長求算其周長，並能做簡單的乘法運算。 【提問】 1. 有沒有看不懂題目？ 2. 正方形的周長要怎麼計算？

教學重點	教學流程與主要布題	學童可能反應	時間分配	形成性評量
認識與點數圖形的周長	四、全班溝通討論 教師選取學童的解法進行討論。 五、師生歸納總結 1. 邊長不是周長，邊長只有1個邊，周長要算所有邊長的總和。 2. 圖形的每個邊的長合起來，才是圖形的長。 【活動二】進行周長概念的評量和討論 一、評量活動 教師以「建構反應題」增加布題、學童個別解題：將8個每邊長1公分的正方形，利用邊靠邊的方式拼成下面圖形： 1. 這個圖形的周長是多少？	學童可能的做法： 1-1 點數周界有18個1公分，周長18公分。 1-2 以8個正方形的總周長，當做題目中圖形的周長。 1-3 將8個正方形拼補成 $2 \times 4 = 8$ 的長方形，計算長方形的	5分	【任務】 提供8個小正方形排成的圖形（如題目），請學童點算組合圖形的周長？以及探討增加1個小正方形的擺放，知道在何種情況下周長不變？

教學重點	教學流程與主要布題	學童可能反應	時間分配	形成性評量
		周長為 $(2 + 4) \times 2 = 12$。 1-4 其他不正確做法。 1-5 不知道圖形的周長。		
	2. 如果再增加 1 個每邊長 1 公分的正方形，應該要拼放在哪裡，才會使拼組後的圖形周長不變？在學習單上的圖形中畫出你拼放的位置，並將這一種的拼法畫出來。	2-1 能正確在角落增加 1 個正方形，知道要讓周長（+2−2）才一樣長。 2-2 在非角落處增加 1 個正方形。 2-3 增加 4 個正方形，變成 $3 \times 4 = 12$ 的長方形。 2-4 其他不正確的解題。		
	二、了解學童解題類型 1. 教師透過行間巡視學童的想法和說明，僅了解解題情形，不給予指導。 2. 教師透過行間巡視，以建構反應題評分規準了解學童解題。類型分為 2 分、1 分和 0 分三種類別。 三、評量後的教學處理 1. 解題類型分類：教師選取學童的解法，並進行解題分類。		15分	【提問】 1. 你看的懂他／她的做法嗎？

教學重點	教學流程與主要布題	學童可能反應	時間分配	形成性評量
	2. 解題討論： (1) 大部分人正確（2分的多），教師先選取1分的解題類型進行全班討論，再選取2分進行多元解法討論，目的在於澄清和提升學童多元解法。 (2) 大部分人錯誤（0分的多），教師先選取0分的解題類型進行全班討論，再依序選取1分、2分的類型，目的在於澄清和鞏固學童解法。 (3) 如果有平時表現優異的學童此時表現低成就，則可以請這些學童優先發表他們的解題類型，除了是解題式素材，更是可以透過發表和討論促進該生反省和改變。 (4) 如果有平時表現低成就的學童，可在全班大多數人都錯誤時，優先以他們的解題類型為素材，以透過發表和討論提供重要概念整理。 四、師生歸納周長的意義			2. 為什麼周長不能這樣來計算？ 3. 要怎麼計算周長？ 4. 要拼放在哪裡，圖形周長不變？還有其他方法嗎？
總結本節學習到的概念	**參、綜合活動** 1. 你會用哪一種解法？ 2. 學童發表這節課的學習心得。		3分	【提問】 你從這節課學到什麼？

案例 2 四年級「從概數找原數」的評量與教學

（房昔梅 / 國北教大實小教師）

這是四年級「概數」單元 4 節課中的第 4 節課，進行「原數與概數」活動。本單元是學童首次學習無條件捨去法、無條件進入法、四捨五入法，取概數到指定位數，並做加減估算。學童在學習本活動之前，已能做幾百或幾十的加減估算；本活動先從複習四捨五入法取概數到千位，再探討約 65000 個最多是幾個？約 34800 人最少是幾人？接著是找出 1??87 可能的五位數之建構反應題，來了解學童是否能掌握約 15000 的概數概念，最後是總結的綜合活動。本節課中選用的建構反應題，來自臺北市 98 學年學力檢測六上抽測題（五年級範圍為主），當時有三成的學童能正確回答。

教學重點	教學流程與主要布題	學童可能反應	時間分配	形成性評量
能運用四捨五入法取概數到千位	**壹、準備活動** 複習舊經驗、引起動機 1. 教師布題：快樂市有 90872 人，用四捨五入法取概數到千位，大約是多少人？ 2. 教師提問：進位或捨去是由哪一位數字決定？	學童可能的回答： 1-1 90000 人 1-2 91000 人 1-3 其他 學童可能的回答： 2-1 百位 2-2 其他	5 分	【提問】用四捨五入法取概數到千位時，應該由哪一位判斷該捨去或進入？ 【提問】可以用千位做處理嗎？為什麼？

教學重點	教學流程與主要布題	學童可能反應	時間分配	形成性評量
	貳、發展活動			
能由四捨五入的結果推算原始數字的最大值	【活動一】用四捨五入法的求解結果逆推最大值 1. 教師布題：工廠生產了一批玩具，四捨五入到千位後，大約是 65000 個，這批玩具最多有幾個？ 2. 教師提問：這題應該採用進位或捨去？為什麼？請說明你的想法。	學童可能的回答： 1-1 65499 個 1-2 64500 個 1-3 其他 學童可能的回答： 2-1 進位 2-2 捨去 2-3 其他	8分	【提問】這題適合用哪一種取概數的方法？為什麼？
能由四捨五入的結果推算原始數字的最小值	【活動二】用四捨五入法的求解結果逆推最小值 1. 教師布題：上個月參加路跑活動的總人數，經四捨五入法取概數到百位後，大約是 34800 人，請問最少有幾人參加路跑？ 2. 教師提問：這題應該採用進位或捨去？為什麼？請說明你的想法。	學童可能的回答： 1-1 34849 人 1-2 34750 人 1-3 其他 學童可能的回答： 2-1 進位 2-2 捨去 2-3 其他	8分	【提問】這題適合用哪一種取概數的方法？為什麼？
能運用四捨五入的結果推算原始數字的可能範圍	【活動三】先評量後討論 一、以建構反應題進行整數取概數的評量 1. 教師以 98 年臺北市基本學力檢測之建構反應題布題： 從 0、2、3、4、5、6、9 這七個數字中，選出兩個數填入空格裡，使得組成的五位數用四捨五入法取概數到千位時，得到的答案是 15000。 請寫出所有可能的五位數。 | 1 | | | 8 | 7 |		5分	【任務一評量單】從已知的概數 15000，找出 1??87 所有可能的五位數。

教學重點	教學流程與主要布題	學童可能反應	時間分配	形成性評量
	2. 教師請各組學童進行小組討論。 二、了解學童解題類型 1. 教師透過行間巡視學童的想法和說明，了解學童解題情形，但不給予說明或指導。 2. 以反應題評分規準了解學童解題類型，類型分為 2 分類型、1 分類型和 0 分類型。評量後的教學處理如下： (1) 大部分學童回答正確（2 分類型居多）則進行 2 分類型題目多元解法討論，目的在加強與提升學童思考能力。 (2) 大部分回答不正確（0 分類型居多），則選取 0 分解題類型進行全班討論，再選取 2 分類型進行澄清並鞏固學童解法。 (3) 如果有平時表現優異的學童此時表現低成就，則可以請這些學童發表，除了是解題類型素材，更可以透過發表和討論促進此學童省思和改進。 (4) 如果有平時表現中低成就的學童，此時表現不錯，解題過程值得討論，可在全班大多數人錯誤時，優先以他的解題類型為素材，透過發表和討論提供重要概念整理。	學童可能回答： 	2A	呈現 7 個正確答案。
1A	只管四捨五入的入位（14…），呈現 3 個正確答案。
1B	只管四捨五入的捨位（15…），呈現 4 個正確答案。
1C	只有 4 到 6 個正確答案。
0A	空白。
0B	不管個位數字 8、十位數字 7，只管入位或捨位；但答案不完整或不正確。
0C	不管 7 個數字的限制，完全或部分寫出五位數的答案。
0X	其他。			

教學重點	教學流程與主要布題	學童可能反應	時間分配	形成性評量
	三、引導學童解題討論 1. 先處理錯誤例：教師請 2-3 位（依錯誤例多寡做增減）錯誤例的學童上台說明自己的做法與想法。並請全班仔細觀察錯誤例的內容，歸納出正確答案。 2. 接著處理正確但不完整例：教師提醒學童，由四捨五入後的答案推論，百位可能捨去，也可能進入，因此答案不會只有一個。兩個空格的數字應有相互關係。 3. 最後處理優良例：教師請計算正確且理由說明完整的優良例學童上台說明，並鼓勵學童向其學習。		12分	
	參、綜合活動 1. 今天我們學到如何透過情境選擇正確的取概數方法，並能理解一個問題的答案可能不只一個。 2. 學童發表這節課的學習心得。		1分 1分	【觀察】能具體說出本節課的收穫。

案例 3 四年級「測量角度」的評量與教學

（胡詩菁／臺北市國語實小教師）

　　這是四年級「角度」單元 5 節課中的第 1 節課，進行「認識量角器，測量及報讀角度」活動。本單元是學童首次學習角度測量，認識量角器、測量和報讀角度，並認識直角、銳角、鈍角、平角，以及理解旋轉角、解決角的合成與分解。學童在學習本活動之前，已經認識角以及角的構成要素，也會直接或間接比較角的大小；本活動先複習角的概念，並介紹量角度的工具，認識量角器的結構和測量的方式，畫出特定的角；最後，在綜

合活動進行「建構反應題」的形成性評量。本節課中選用的建構反應題，來自臺北市 98 學年學力檢測六上抽測題（五年級範圍為主），當時有七成多的學童能正確回答。

教學重點	教學流程與主要布題	學童可能反應	時間分配	形成性評量
知道測量角度的工具是量角器	**壹、準備活動** 一、複習舊經驗 1. 教師引導學童說出對角的認識及其構成要素。 2. 確認學童了解角的開口方向可以朝任何一方。 3. 詢問學童角的大小比較法，須確認角的大小與邊的長度無關。	學童可能回答： 1-1 數學裡討論的角是兩條直線相交形成的圖。 1-2 角有兩條直線邊和一個頂點。 1-3 角的開口可以朝任何一方向，上下左右都可以。 1-4 可以將兩個角疊在一起比大小，頂點要對準，看看哪一個角可以露出來，就是比較大。 1-5 角的大小是指兩條邊張開的程度，邊的長度跟角的大小無關。	5 分	【提問】 1. 角是由什麼組成的？ 2. 角的開口都是固定朝上的嗎？ 3. 角的邊長越長，角是不是就越大呢？
	二、介紹量角度工具：量角器 1. 教師從長度測量之舊經驗引導學童思考，類推至角度測量。 2. 由測量長度的工具：直尺，引出測量角的大小同樣也要使用工具的需求感。	2-1 學生知道量長度要用直尺。 2-2 類推長度量的測量經驗，知道測量角度也需要工具。		【提問】 1. 如果想知道角的大小，也同樣可以像量長度一樣，使用工具測量嗎？

教學重點	教學流程與主要布題	學童可能反應	時間分配	形成性評量
認識量角器的結構	3. 宣告量角的工具就稱爲「量角器」。 **貳、發展活動** 【活動一】觀察量角器 1. 請學童觀察量角器，發現量角器與直尺的異同之處。	學童可能發現： 1-1 發現量角器形狀與直尺不同，是半圓形的。 1-2 在圓弧上有刻度線，跟直尺一樣，有些長，有些短，但都會交叉在同一點。	5分	2. 量角的工具，叫什麼呢？ 【觀察】能仔細觀察量角器的結構並發表觀察的發現。
	2. 介紹量角器的結構 　(1) 量角器是半圓形，刻度有內外兩圈，左右兩邊都有 0 度起始線可以測量。 　(2) 刻度線都會交叉於量角器的「中心點」。 【活動二】在量角器上做出指定的角（直角） 1. 請學童使用雙色扣條比對三角板上的直角，做出一個直角。	2-1 刻度有內外兩圈，度數從 0°到 180°。 2-2 每一大格是 10度。 學童可能做法： 1-1 指出三角板的直角位置。 1-2 將兩根扣條比對三角板，正確做出直角。	12分	【提問】每一小格是1 度，那麼每一大格是多少度？ 【觀察】學童能分辨三角板上的直角，並比對直角，用扣條撥出直角。
能使用扣條在量角器上撥出指定的角能正確報讀角的度數	2. 量角器再移到扣條上比對度數。注意！量角器的刻度線須對齊扣條中間的凹痕直線；量角器的中心點要對齊角的頂點（扣條的扣子）。	2-1 直角的一邊在 0°刻度線，另一邊在 90° 刻度線。（此法有左開口和右開口兩種直角做法） 2-2 直角的兩邊都沒有對齊 0° 刻度線，例如：分別在 20° 刻度線和 110° 刻度線。		

教學重點	教學流程與主要布題	學童可能反應	時間分配	形成性評量
認識度的數學符號（°）能使用量角器測量角度		2-3 扣條在量角器外面，無法讀出度數（如下圖）。 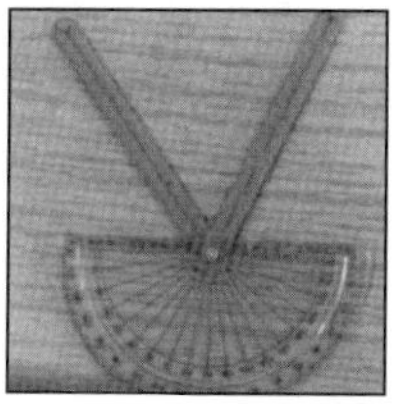		【提問】扣條做的角應該要放在量角器下面還是上面，才能方便讀出角的度數？
	3. 用直尺測量直線時，可以從尺的刻度 0 開始，數出長度；量角器也相同。請學童注意觀察扣條所做的直角，量角器的中心點對準角的頂點，再讀出角的兩條邊分別在幾度線。	3-1 用直尺量長度時，會從刻度 0 開始數長度，那麼量角度時，角的一邊應該要對齊 0° 刻度線，再看另一邊對齊量角器的幾度刻度線，所以直角就是 90°。		【提問】該怎麼數出正確的度數呢？還有沒有不同的方法？
		3-2 知道量角器的一大格是 10°，以累十的方式可以數出度數。		
		3-3 對齊另一邊的 0° 刻度線，量出開口不同方向的直角角度。		【觀察】學童能分辨不同方式撥出的直角，度數都相同。
		3-4 測量長度不見得要從 0 公分刻度線開始量，因此量直角時，不一定要對準 0° 刻度線。		

241

教學重點	教學流程與主要布題	學童可能反應	時間分配	形成性評量
	4. 用平板拍照，並連線投影機（或使用實物投影機），請學童上台說明。 5. 詢問學童是否有其他測量直角的方法？請不同做法的學童向全班說明。（學童撥出的直角可能開口不同方向，或者兩邊都沒有對齊 0 度線） 6. 引導學童思考，用直尺畫直線時，可以從 0 以外的刻度開始數長度；量角器也一樣，也可以從 0 以外的刻度開始數角度。	5-1 學童舉例說明，例如：扣條的一邊在 20°，一邊在 110°。110－20＝90 計算出直角為 90 度。		【觀察】學童能利用讀刻度、計算或累十的方式數出正確度數。 【觀察】學童能利用量角器的內圈或外圈數出正確度數。
	7. 小結： (1) 使用量角器的刻度內圈或外圈，可以做出不同開口方向的角。 (2) 角的兩邊沒有對齊 0° 刻度線也可以數出角度。 (3) 認識度的數學符號「°」：記錄「90 度」為「90°」。	7-1 將小結重點筆記。 7-2 在練習本上用度的數學符號「°」記錄「90 度」為「90°」。		【觀察】學童能以數學符號記錄角度。
	【活動三】在量角器上做出指定的角（60° 角） 1. 請學童各自用扣條做出一個 60° 的角；做之前先想一想，60° 的角會比 90° 直角大或是小。	學童可能做法： 1-1 知道 60° 的角比 90° 直角小。 1-2 用扣條在量角器下做出一個 60° 的角。 1-3 能分辨內圈、外圈做出的 60°	8 分	【提問】60° 的角，開口會比 90° 直角大或小？為什麼？ 【觀察】學童能分辨不同方式

教學重點	教學流程與主要布題	學童可能反應	時間分配	形成性評量
		角，甚至扣條沒有對準 0° 刻度線也可以做出 60° 角。 1-4 能分辨角的大小，知道 60° 的角比 90° 直角小，應該要比較尖。		做出的 60° 角，度數都相同。
	2. 小組互相欣賞不同做法的 60° 角。 3. 請幾個學童上台分享，包含不同方向開口的角。可能有學童撥出開口朝上（未從 0° 線開始）的 60° 角，可以此為例，跟全班討論其正確性。 4. 錯誤例分析：有學童可能看錯內外圈，做出 120° 角，教師引導全班以直角 90° 為基準量，判斷或猜測這個角的正確性，最後討論這個角的畫法有何錯誤之處。	4-1 發覺同學做出 120° 角是因為看錯內外圈度數。		【提問】 1. 這個角開口這麼大，會是 60° 的角嗎？這個角應該是幾度才對？ 2. 想想看，他為什麼會做出一個這麼大的角？

教學重點	教學流程與主要布題	學童可能反應	時間分配	形成性評量
	【活動四】用量角器量角度 1. 教師發下學習單（一個是銳角、一個是鈍角的實測），一人一張。 2. 要求學童量角度時「先猜後量」，請學童以直角為基準量，想一想學習單上的角1比直角大或小，再用量角器試著測量學習單上的角1，並在角1內標示度數。 3. 小組討論使用量角器量角度的方法。	學童可能做法： 2-1 能判斷「角1」比直角小。 2-2 利用量角器中心點對齊角的頂點與「角1」的兩邊，再讀出角度。 3-1 小組共同討論測量「角1」的方法，發現將量角器中心點與角的頂點對齊，再看角的兩邊，就能成功測量出「角」1的度數。 3-2 兩個角一樣大就能夠重疊，將要量的角跟量角器上的角重疊，再讀出量角器的刻度線，就可以知道角的大小。 3-3 能說明使用量角器測量角度的方法，要將角的頂點對準量角器的中心點，角的邊與量角器的刻度對齊，再讀出度數。		【提問】 1. 怎麼知道學習單上的角1比直角大或小？ 2. 那角1的度數應該比90多或少？ 【觀察】 學童能以量角器測量角度並使用數學符號做記錄。 【提問】 誰能說說看怎麼使用量角器測量角度？要注意什麼？

教學重點	教學流程與主要布題	學童可能反應	時間分配	形成性評量
	4. 以平板拍照投影方式,請學童發表測量角1的方法。 5. 請學童猜猜看角2比直角大或小,再測量角2、標示度數,並請學童發表測量角2的方法。 6. 教師引導學童總結:使用量角器量角度的方法和注意事項。	3-4 能說出不同的測量方法,例如未對齊0°刻度線。 5-1 能判斷「角2」比直角大。 5-2 能使用量角器測量「角2」。 6-1 先觀察這個角,跟直角比一比,是比較大還是比較小?判斷完畢,再將角的頂點對準量角器的中心點,接著觀察角的開口方向,判斷使用內圈或外圈刻度,然後一邊對齊刻度0°的線,最後判斷另一邊在哪一條刻度線的位置,就能讀出正確角度。 6-2 提出測量角度的注意事項:內圈和外圈的刻度線須看清楚,才不會讀錯度數。		【提問】 1. 學習單上的角2比直角大或小?你怎麼知道的? 2. 那角2的度數應該比90多或少? 【提問】 使用量角器測量角度時要注意什麼事,才不容易出錯?

教學重點	教學流程與主要布題	學童可能反應	時間分配	形成性評量
總結本節學習到的概念	**參、綜合活動** 一、課後評量 以「建構反應題」進行「先評量、後討論」活動 1. 使用北市 98 年基本學力檢測的建構反應題作為課後評量題目，檢驗學童學習成果。 2. 每人發下 1 張動動腦評量單。題目如下：有一個三角形，小明把其中的一個角撕去後，結果如下圖，請問小明撕去的角是幾度？把你的做法和答案寫出來（可使用量角器來幫助你作答）。 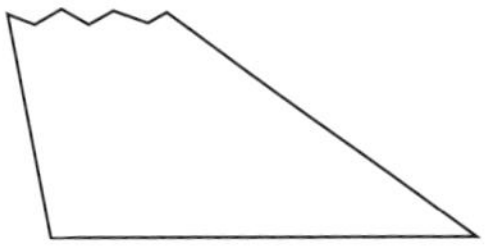 二、了解學童解題類型 1. 教師透過行間巡視學童的想法和說明，僅了解解題情形，不給予指導。 2. 建構反應題評分規準分成 2 分、1 分和 0 分共三種類型，來判別學童的	學童可能解題方法： 2-1 延長三角形之兩邊，畫出被撕掉的那個角，然後量出正確的角度。 2-2 直接用量角器在圖上比對，待三角形的兩邊與量角器上的刻度線對齊時，就能夠讀出角度。 2-3 量出兩底角的度數，以三角形內角和計算出缺角的度數。（極少數校外學過此法的學童會使用） 學童可能作答方式： 2A：能正確量出底角，再利用三角形三內角和求解。例如：$180-(100+35)=45$ 或 $180-100-35=45$。	10分	【任務一評量單】 1. 提供學童有別於數學課本習題的非例行性題目。 2. 測驗學童是否能畫出被撕掉的那個角的兩條直線邊然後量出正確的角度。 【提問】 為什麼他要延長三角形的這兩條邊？

教學 重點	教學流程與主要布題	學童可能反應		時間 分配	形成性評量
	解題情形，並大概了解大多數學童的解題類型屬於哪一種類別，以便於之後的教學處理。評量後的教學處理如下： (1) 大部分人錯誤（0分類型多），教師先選取0分類型的解題進行全班討論，目的在於澄清和鞏固學童解法。 (2) 大部分人正確（2分類型的多），教師先選取1分類型的解題進行全班討論，再選取2分類型進行多元解法討論，目的在於提升學童多元解法。 (3) 如果有平時表現優異的學童此時表現低成就，則可以請這些學童優先發表他們的解題類型，除了是解題類型素材，更是可以透過發表和討論促進該生反省和改變。 (4) 如果有平時表現低成就的學童，此時表現高成就，可在全班大多數人都錯誤時，優先以他們的解題類型為素材，以透過發表和討論提供重要概念整理。	2B	補畫缺角，量出45°（±2°）		
		2C	以量角器直接比對，待對齊刻度線，讀出正確角度。		
		1A	只寫答案45°，未寫做法或做法不正確。		
		1B	兩底角量對，但計算錯誤或算式不正確。		
		1C	兩底角量對且計算正確，但缺角標示有誤。		
		0A	空白。		
		0B	量角器量100°，看成80°；量角器量35°，看成145°。		
		0C	補畫缺角，但不是延伸三角形邊長。		
		0D	兩底角量錯（誤差＞2°）。		
		0E	量撕裂角上之角度，例如：$40 + 50 + 70 = 160$。		
		0X	其他，例如：$100 - 35 = 65$；出現360°。		

教學重點	教學流程與主要布題	學童可能反應	時間分配	形成性評量
	三、引導學童解題討論 1. 先處理錯誤例修補學童概念： (1) 釐清題意：教師可引導學童「題目在問什麼？」以回歸題目進行討論與說明。 (2) 解題方法討論：教師可請同學發表「要怎麼做才能找到被撕掉的角？」協助學童有解題想法。 2. 再處理雖正確但不完整的例子： (1) 解題完整性討論： 　①針對解題目標：教師可請同學發表「這個方法雖然能夠知道角度，可是因為沒有任何記號或說明，其他人不會明白，要怎麼表達才能清楚讓人了解？」「怎麼畫延長的直線才不會歪掉？」 　②針對解題說明：教師可請同學發表「有的人只寫出用量角器量，這樣夠清楚嗎？」「如果把怎麼用量角器去量的方法寫出來，是不是更讓人明白你的做法？」			

教學重點	教學流程與主要布題	學童可能反應	時間分配	形成性評量
	(2) 確認正確例的多元解法。 3. 處理優良例 (1) 教師選取正確例的多元解題策略中說明清楚的同學發表。 (2) 解題策略分享和討論：如「你怎麼知道被撕掉的那個角要怎麼畫？」「你怎麼確定這樣畫就會是原來的角？」 (3) 優良例的特點討論：透過解題策略比較（不僅補畫缺角，且說明也表達完整明白），以區辨正確例和優良例。			

案例 4 五年級「大數去零除法」的評量與教學

（李孟柔／臺北市劍潭國小主任）

　　這是五年級「乘法與除法」單元 5 節課中的第 5 節課，進行「末幾位為 0 的整數除法」活動。本單元是學童首次學習末幾位為 0 的整數乘法、除法問題，以及多位數乘以或除以三、四位數的問題等。學童在學習本活動之前，已經學過乘數或除數為二位數的直式計算；本活動先複習四位數除以三位數（整百）有餘除法，再探討以一為單位、以千為單位的五位數（整萬）除以四位數（整千）有餘除法，並比較這二種解法的差異；接著，以「建構反應題」進行「先評量、後討論」的活動。本節課中選用的建構

反應題，來自臺北市 101 年學力檢測六上抽測題（五年級範圍爲主）；當時有三成多的學童能正確回答，大多數學童是以「去 2 個 0，就要補 2 個 0」來判斷，鮮少學童能以「換單位」的概念來說明。

教學重點	教學流程與主要布題	學童可能反應	時間分配	形成性評量
能解決生活情境中四位數除以三位數的問題	**壹、準備活動** 【複習舊經驗】 教師呈現題目：老師帶了 3670 元到文具店，想買每組 200 元的文具組，最多可以買幾組？剩下幾元？ 1. 請問你會怎麼算？ 2. 除法直式如何記錄呢？ 3. 可以把 3670 分成幾個千幾個百幾個十幾個一？ 4. 3 個千除以 200 是多少？ 5. 3 個千變成 30 個百，再加上原來的 6 個百，就變成 36 個百，36 個百除以 200 等於多少？ 6. 36 個百變成 360 個十，再加上原來的 7 個十，就變成 367 個十，367 個十除以 200 等於多少？（利用除法直式記錄說明） 7. 剩下 16 個百，再加上原來的 7 個十，變成 1670，1670 除以 200 等於多少？ 8. 所以老師可以買到幾組文具？剩下幾元？	學童可能的回答： 1-1 3670÷200＝（　） 1-2 $$200\overline{)3670}$$ 1-3 3 個千 6 個百 7 個十 0 個一 1-4 無法除 1-5 無法除 1-6 $$\begin{array}{r} 18 \\ 200\overline{)3670} \\ 200 \\ \hline 1670 \\ 1600 \\ \hline 70 \end{array}$$ 1-8 老師可以買到 18 組文具，剩下 70 元。	5 分	【提問】按照題意，你如何列式解決這個問題？ 【提問】當被除數的千位數無法分給除數時，你會怎麼辦？

教學重點	教學流程與主要布題	學童可能反應	時間分配	形成性評量
能運用以 1 為單位解決整數除法問題	**貳、發展活動** 【活動一】運用不同單位轉換來解題 一、運用以 1 為單位解題 1. 學生個別解題：教師發下數學活動紀錄單，要學童個別解第一題，題目如下：學校準備了 80000 元要買新的課桌椅，每套課桌椅是 3000 元，最多可以買幾套課桌椅？還剩下幾元？利用除法直式算算看。 2. 教師行間巡視，並針對不同程度學童適時給予提示語協助學童進行解題。 3. 教師先請第一種解法的學童上台分享，若有第二種解法的學童，再請他分享解法，藉此引入「以千為單位」的解題方法。	學童可能解法及發表順序： 第一種 $$3000\,)\overline{80000}\ \ ^{26}$$ $$\underline{6000}$$ $$20000$$ $$\underline{18000}$$ $$2000$$ 第二種 $$3\cancel{000}\,)\overline{80\cancel{000}}\ \ ^{26}$$ $$\underline{60}$$ $$20$$ $$\underline{18}$$ $$2000$$	3 分 2 分	【觀察】學童能依題意列出正確算式，並算出正確答案。 【提問】第二種解法為什麼可以把 0 刪掉？餘數為什麼不是 2，而是 2000？

教學重點	教學流程與主要布題	學童可能反應	時間分配	形成性評量
能運用以千為單位解決整數除法問題	二、運用以千為單位解題 1. 學童個別解題：教師請學童寫第二題，學童個別解題，題目如下：爺爺準備了 80 張千元鈔票作為新年紅包，每 3 張千元鈔票包一個紅包，最多可以包成幾個紅包？還剩下幾元？利用除法直式算算看。 2. 教師行間巡視，並針對不同程度學童適時給予提示語協助學童進行解題。 3. 教師先請第一種解法的學童上台分享。	學童可能解法及發表順序： 第一種：餘數呈現不完整 　　　　26 　　3) 80 　　　　60 　　　──── 　　　　20 　　　　18 　　　──── 　　　　2 第二種：刪除零但餘數錯誤 　　　　　26 　3000) 80000 　　　　60 　　　──── 　　　　20 　　　　18 　　　──── 　　　　2	3 分	【觀察】學童能依題意列出正確算式，並算出正確答案。
	4. 教師提問：如何從算式中，可以表示出爺爺剩下幾元？ 5. 教師請第二種解法的學童上台分享。 6. 教師問：餘數的 2 是表示爺爺剩 2 張千元鈔票，還是剩下 2 元？ 7. 教師追問：如果要表示出爺爺剩下幾元，要如何修改呢？	第三種：以千為單位解題 　　　　　26 　3000) 80000 　　　　60 　　　──── 　　　　20 　　　　18 　　　──── 　　　　2000	2 分 2 分 2 分	【提問】如何從算式中，可以表示出爺爺剩下幾元？ 【提問】這種算法的餘數為什麼不是 2？

教學重點	教學流程與主要布題	學童可能反應	時間分配	形成性評量
能說出這兩種解法不同之處	三、請學童比較這兩種列式的不同之處。 下面這兩種解法都可以算出 $80000 \div 3000 = (\quad)\cdots(\quad)$，但是算式及解法有哪些不同呢？ 第一種解法 　　　　　　26 3000) 80000 　　　　6000 　　　20000 　　　18000 　　　　2000 第二種解法 　　　　　　26 3000) 80000 　　　　60 　　　20 　　　18 　　　2000 四、教師小結：當被除數及除數都有 0 時，可以同時刪掉，當做幾個千除以幾個千來算，算完後，餘數要將刪掉的 0 加回去。	學童可能的回答： 1. 這兩種算式商的位置不同。 2. 第一種解法是把 80000 當做 80000 個 1 來算，但是第二種解法是把 80000 當做 80 個千來算，所以先把被除數及除數的 3 個 0 同時刪掉再計算，最後再把刪掉的 3 個 0 加在餘數上。	2 分 1 分	【提問】這兩種算式都可以算出答案，請你比較這兩種算法有何不同？

教學重點	教學流程與主要布題	學童可能反應	時間分配	形成性評量
能寫出被除數與除數刪掉 0 的除法算則原因	【活動二】先評量後討論 一、課後評量 以建構反應題進行「末幾位是 0 的整數除法餘數問題」評量。101 年建構反應題題目：老師出了「200200÷400＝？」的問題，小平把 200200 和 400 都刪掉兩個 0，寫成直式計算如下： $$400\overline{)\begin{array}{r}500\\200200\\2000\\\hline 2\end{array}}$$ 答案是 500 餘 2。你認為小平的答案正確嗎？把你的理由寫下來。 二、了解學童解題類型 1. 教師透過行間巡視學童的想法和說明，了解學童解題情形，但不給予說明或指導。 2. 以反應題評分規準了解學童解題類型，類型分為 2 分類型、1 分類型和 0 分類型。評量後的教學處理如下： (1) 大部分學童回答正確（2 分類型居多）則進行 2 分類型題目多元解法討論，目的在加強與提升學童思考能力。	學童可能的回答： **2A** 小平的答案不正確，且能合理說明餘數的 2 代表 2 個一百是 200。 **2B** 小平的答案不正確，且能說明餘數要補回 2 個 0。 **2C** 小平的答案不正確，使用不刪除 0 的方式重新計算後說明餘數應該是 200。 **1A** 小平的答案不正確，認為此題的答案需要繼續除完。 **1B** 小平的答案不正確，利用不刪除 0 的方法重新計算，結果算錯了。 **1C** 小平的答案不正確，說明理由不清楚。 **0A** 空白 **0B** 小平的答案正確，用文字描述解題過程。 **0C** 小平的答案正確，用驗算後認為是正確，500×4＋2＝2002。 **0D** 小平的答案正確，將被除數和除數同時刪掉 2 個 0，重新計算後仍認為餘數正確。 **0E** 小平的答案不正確，認為商也要刪除 2 個 0。 **0F** 小平的答案不正確，認為商和餘數都要補 2 個 0。 **0X** 其他（含作答模糊不清）	5 分	【任務一評量單】 1. 學童能知道被除數與除數刪掉 0 的除法算則的原因。 2. 能以正確且完整的理由說明算式錯誤的原因。

教學重點	教學流程與主要布題	學童可能反應	時間分配	形成性評量
	(2) 大部分回答不正確（0 分類型居多），則選取 0 分解題類型進行全班討論，再選取 2 分類型進行澄清並鞏固學童解法。 (3) 如果有平時表現優異的學童此時表現低成就，則可以請這些學童發表，除了是解題類型素材，更可以透過發表和討論促進此學童省思和改進。 (4) 如果有平時表現中低成就的學童此時表現不錯，解題過程值得討論，可在全班大多數人錯誤時，優先以他的解題類型為素材，透過發表和討論提供重要概念整理。 三、引導學童解題討論 1. 先處理錯誤例：教師請 2-3 位（依錯誤例多寡做增減）錯誤例的學童上台說明自己的做法與想法，並請全班提出質疑或辯證。		2 分	

教學重點	教學流程與主要布題	學童可能反應	時間分配	形成性評量
	2. 再處理正確但不完整例：教師提醒學童，經由剛才的錯誤例，我們已經知道小平的答案不正確了。但是題目還要問為什麼，我們要如何將理由說明完整？教師請 2-3 位（依理由不完整例類型多寡做增減）答案正確但理由不完整例學童上台說明自己的理由。教師引導學童發現正確不完整例的理由說明錯誤或不足之處。		4 分	
	3. 最後處理優良例：教師請計算正確且理由說明完整的優良例學童上台說明，並鼓勵學童向其學習。		4 分	
能說出被除數與除數刪掉 0 的除法算則	**參、綜合活動** 1. 引導學童做學習心得總結：鼓勵學童說明從這節課學到的概念和方法。 2. 師生就今天的學習做討論與歸納。	學童可能的回答： 1. 學會除法直式算法。 2. 當被除數和除數的末幾位是 0 時，可以把 0 同時刪掉，簡化計算。但是餘數最後要把刪掉的 0 加上去。	2 分 1 分	

　　這四個案例可以讓讀者了解以建構反應題進行「先評量、後討論」活動，在數學課室中，如何處理錯誤例、部分正確例以及正確例。有時在正確例中，會出現優良例，它的解題策略或想法較有思考性或推理性。這些案例的作者都引用了臺北市國小數學檢測題，其相關的答題表現、評閱規準、學童解題舉隅、教學建議等，有興趣的讀者可參看**《建構反應題融入數學領域素養教學活動設計》**（鍾靜指導，2019）；該書除探究教學案例外，共有 10 篇以建構反應題進行「先評量、後討論」有關的教學活動設計，有 1 篇是低年級、6 篇中年級、3 篇高年級，親師可參考運用。

終曲

數學素養導向
評量的啟動與落實

　　數學素養導向和評量結合，無非是要展現學童學習後的表現，他們能否展現「數學的思維」、「生活的應用」二大素養成分？這種素養評量題無法以學童熟悉的例行性題目來施測，因為他們可能是透過記憶或模仿來解題。雖然，傳統的選擇題、填充題、應用題，也能經過設計有數學素養的內涵；但是，大多數教師是以長篇的生活情境來包裝，其題目的本質還是一般，沒有數學素養的成分。筆者從理論和實務來剖析，發現將北北基國小數學能力檢測的「**建構反應題／非選題**」作為略高層次的「小型任務」，並實施「**先評量、後討論**」活動，除可落實「促進學習的評量」外，也可讓「形成性評量」到位。本章先分享筆者運用此理念指導翰林版「一單元一素養評量」動畫腳本的製作，接著將從親師們想以建構反應題來評量學童，也願意嘗試「先評量、後討論」活動時，在實施時的一些注意事項，以及必要的提醒之處！

翰林版國小數學素養評量的動畫製作

　　筆者看過不少跟「教學和評量」相關的影片，大都是詮釋或演示某數學概念後，進行相關的評量，有時會有評量解答說明；而從建構反應題這類非例行、開放的試題，且由學童解題思維為主體的動畫影片，應該是首創！建構反應題的先評量，再根據學童的錯誤例或部分正確例，以及正確例來進行師生或同儕間討論，會產生「促進學習的評量」效果，也能使「形成性評量」到位，更重要的是培養學童分享發表、合作討論的素養能力。翰林版「一單元一素養評量」動畫腳本，就是以此理念來處理；但限於看聽的效果，動畫影片不能太長，原則上是處理一個錯誤例、二個正確例。以下將分享三上、三下、五上、五下各一個案例：

三年級上學期第 9 單元「列表與規律」案例

影部	字幕(聲部)

棋子	●	●● ●●	●●● ●●● ●●●	●●●● ●●●● ●●●● ●●●●
圖編號	圖1	圖2	圖3	圖4
數量(個)				

如果要排出第 5 個圖，應該怎麼排呢？第 5 個圖用了幾個棋子？填在空格中。

OS：美美用棋子排了4個有規律的圖，請觀察看看，把每個圖的棋子數量填在表格裡。如果要排出第5個圖，應該怎麼排呢？第5個圖用了幾個棋子？填在空格中。

OS：美美用棋子排了 4 個有規律的圖，請觀察看看，➜念完後，依序出現 1 至 4 的圖

OS：把每個圖的棋子數量填在表格裡。如果要排出第 5 個圖，應該怎麼排呢？第 5 個圖用了幾個棋子？填在空格中。➜出現文字題目

題目與解題分段處

Part1.錯誤例

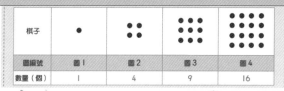

棋子	●	●● ●●	●●● ●●● ●●●	●●●● ●●●● ●●●● ●●●●
圖編號	圖1	圖2	圖3	圖4
數量(個)	1	4	9	16

兔子：大家都寫好了嗎？➜兔子說話

皮皮、多多、丹丹：寫好了。➜皮皮、多多、丹丹說話

兔子：請皮皮來跟大家說說你的答案是什麼？➜兔子說話

皮皮：圖 1 是 1 個棋子、圖 2 是 4 個棋子、圖 3 是 9 個棋子、圖 4 是 16 個棋子➜依照皮皮所述，照順序出現答案數字

兔子：大家寫的數量和皮皮寫的一樣嗎？

多多、丹丹：一樣！➜出現多多、丹丹說話

兔子：這部分大家的答案都是正確的，很棒喔！

兔子：大家都寫好了嗎？
皮皮、多多、丹丹：寫好了。
兔子：請皮皮來跟大家說說你的答案是什麼？
皮皮：圖1是1個棋子、圖2是4個棋子、圖3是9個棋子、圖4是16個棋子。
兔子：大家寫的數量和皮皮寫的一樣嗎？
多多、丹丹：一樣！
兔子：這部分大家的答案都是正確的，很棒喔！

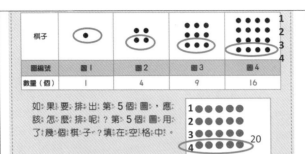

兔子：請皮皮繼續告訴大家第5個圖你是怎麼畫的吧！

皮皮：第 5 個圖我畫了 20 個棋子，我先看圖 1 到圖 4 的最下面那一排，我發現圖 2 比圖 1 多 1 個棋子，圖 3 比圖 2 多 1 個棋子，圖 4 比圖 3 多 1 個棋子，所以圖 5 會比圖 4 多 1 個棋子，就是 5 個棋子了。➔依關鍵字出現圖 1、圖 2 的藍色圈圈(約 2 秒後消失)→出現圖 2、圖 3 的藍色圈圈(約 2 秒後消失)→出現圖 3、圖 4 的藍色圈圈(約 2 秒後消失)→出現圖 4、圖 5 的藍色圈圈(約 2 秒後消失)

然後第 4 個圖有 4 排棋子➔依序出現圖 4 的數字 1、2、3、4

所以我也畫了 4 排➔依序出現圖 5 的數字 1、2、3、4

5 乘以 4 等於 20，總共 20 個棋子。➔出現乘法算式

兔子：請皮皮繼續告訴大家第5個圖你是怎麼畫的吧！

皮皮：第5個圖我畫了20個棋子，我先看圖1到圖4的最下面那一橫排，我發現圖2比圖1多1個棋子，圖3比圖2多1個棋子，圖4比圖3多1個棋子，所以圖5會比圖4多1個棋子，就是5個棋子了。然後第4個圖有4橫排棋子，所以我也畫了4橫排，5乘以4等於20，總共20個棋子。

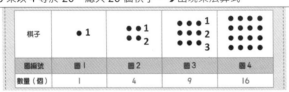

兔子：皮皮你再仔細看一下上面的 4 個圖，數一數每一個有幾排棋子？皮皮：第一個圖有 1 橫排，第二個圖有 2 橫排，第三個圖有 3 橫排......➔依照皮皮所述，把圖 1~圖 3 的棋子依序標上數字。

啊！我知道了，第五個圖不是 4 排棋子。我的答案要修改了！

兔子：皮皮你再仔細看一下上面的4個圖，數一數每一個圖都有幾排？

皮皮：第一個圖有1橫排，第二個圖有2橫排，第三個圖有3橫排......啊！我知道了，第五個圖不是4橫排棋子。我的答案要修改了！

Part2.正確例一

兔子：皮皮還需要修改他的答案，有沒有其他同學可以分享一下你的圖5呢？➔出現多多畫的圖5

丹丹：老師，我是畫了25個棋子。

兔子：你是怎麼知道圖5是25個棋子的呢？

兔子：皮皮還需要修改他的答案，有沒有其他同學可以分享一下你的圖5呢？

丹丹：老師，我是畫了25個棋子。

兔子：你是怎麼知道圖5是25個棋子的呢？

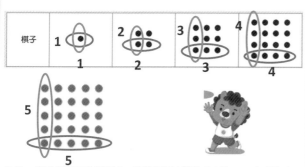

丹丹：我先觀察圖1到圖4，我發現圖1橫的有1排，直的也有1排，圖2橫的有2排，直的也有2排，圖3橫的有3排，直的也有3排，圖4橫的有4排，直的也有4排，依照這樣來看，圖5也是橫的有5排，直的也有5排，所以我就畫出來，然後數一數就是25個棋子。

丹丹：我先觀察圖1到圖4，我發現圖1橫的有1排，➜出現紅色圈圈和數字1
直的也有1排，圖2橫的有2排，直的也有2排，圖3橫的有3排，直的也有3排，圖4橫的有4排，直的也有4排➜依關鍵字出現藍色圈圈和數字1➜出現紅色圈圈和數字2➜出現藍色圈圈和數字2➜出現紅色圈圈和數字3➜出現藍色圈圈和數字3➜出現紅色圈圈和數字4➜出現藍色圈圈和數字4
依照這樣來看，圖5也是橫的有5排➜出現紅色圈圈和數字5
直的也有5排➜出現藍色圈圈和數字5
所以我就畫出來，然後數一數就是25個棋子。

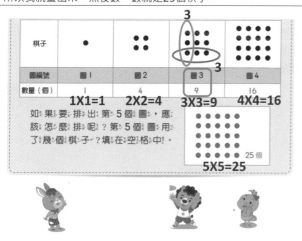

兔子：謝謝丹丹分享他的做法，丹丹觀察出了圖和圖之間的規律。其實圖的編號和棋子數量之間也有關係喔！像是圖3就是橫的有3排，直的也有3排，所以總共是3X3=9個棋子。

多多：對耶！圖1也是1X1=1個棋子，圖2也是2X2=4個棋子。

多多：那圖4就是4X4=16個棋子，圖5就是5X5=25個棋子。

兔子：你們真會以此類推呢！

兔子：謝謝丹丹分享他的做法，丹丹觀察出了圖和圖之間的規律。其實圖的編號和棋子數量之間也有關係喔！➜出現綠色方框
像是圖3就是橫的有3排➜出現紅色圈圈和數字3
直的也有3排➜出現藍色圈圈和數字3
所以總共就是3X3=9個棋子。➜出現3X3=9算式
多多：對耶！圖1也是1X1=1個棋子，圖2也是2X2=4個棋子。

那圖4就是4X4=16個棋子，圖5就是5X5=25個棋子。➔依關鍵字出現1X1=1算式➔出現2X2=4➔出現4X4=16➔出現5X5=25

兔子：你們真會以此類推呢！

Part3.正確例二

➔原到原題目

多多：老師，我畫的圖和丹丹畫的一樣，但我不是用他那種方法想出來的。➔多多說話

兔子：跟大家說說你是用什麼方法吧！➔兔子說話

多多：老師我發現每個圖都會比前一個圖多半圈的棋子，
像圖2比圖1多外面這半圈➔出現圖2的紅色線段(約2秒後消失)
圖3比圖2多外面這半圈➔出現圖3的紅色線段(約2秒後消失)
圖4比圖3也是多外面這半圈➔出現圖4的紅色線段(約2秒後消失)
所以我只要先畫一個圖4➔出現圖5的16顆紅色棋子
再加上外面半圈就是圖5了！➔出現圖5的外面半圈紅棋子和藍色線段

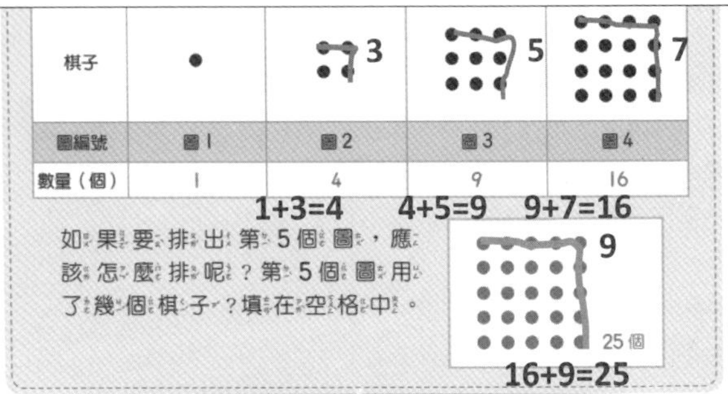

皮皮：哇！多多你的方法好棒喔！我怎麼都沒有想到？➔先出現有紅色、藍色線段

兔子：我們一起看多多的方法，把多的棋子數量寫上去，分別是多3個、多5個、多7個。➔依序出現數字3、5、7

多多：3個、5個、7個......剛好都是奇數耶！所以接下來就會是多9個。➔出現數字9

兔子：沒錯喔！所以每個圖有幾顆棋子也可以用算的，圖2比圖1多3顆，1+3=4，圖3比圖2多5顆，4+5=9，圖4比圖3多7顆，9+7=16。➔依序出現算式

多多：我知道了！圖5比圖4多9顆，16+9=25。➔出現算式16+9=25

兔子：你們真是一點就通呢！也許還有其他的方法，大家可以再動動腦喔！

多多：老師，我畫的圖和丹丹畫的一樣，但我不是用他那種方法想出來的。

兔子：跟大家說說你是用什麼方法吧！

多多：老師我發現每個圖都會比前一個圖多半圈的棋子，像圖2比圖1多外面這半圈，圖3比圖2多外面這半圈，圖4比圖3也是多外面這半圈，所以我只要先畫一個圖4，再加上外面半圈就是圖5了！

皮皮：哇！多多你的方法好棒喔！我怎麼都沒有想到？

兔子：我們一起看多多的方法，把多的棋子數量寫上去，分別是多3個、多5個、多7個。

多多：3個、5個、7個......剛好都是奇數耶！所以接下來就會是多9個。

兔子：沒錯喔！所以每個圖有幾顆棋子也可以用算的，圖2比圖1多3顆，1+3=4，圖3比圖2多5顆，4+5=9，圖4比圖3多7顆，9+7=16。

多多：我知道了！圖5比圖4多9顆，16+9=25。

兔子：你們真是一點就通呢！也許還有其他的方法，大家可以再動動腦喔！

三年級下學期第 8 單元「乘與除」案例

影部	字幕（聲部）
◎ 素養評量／練習 參加夏令營的小朋友，每 5 個人一組，可以分成 16 組，還剩下一些人；如果改成每 6 個人一組，可以剛好分完，共有多少個小朋友參加夏令營？說說看，你是怎麼知道的？ OS：參加夏令營的小朋友，每 5 個人一組，可以分成 16 組，還剩下一些人；如果改成每 6 個人一組，可以剛好分完，共有多少個小朋友參加夏令營？說說看，你是怎麼知道的？ → 出現文字題目	OS：參加夏令營的小朋友，每 5 個人一組，可以分成 16 組，還剩下一些人；如果改成每 6 個人一組，可以剛好分完，共有多少個小朋友參加夏令營？說說看，你是怎麼知道的？
◎ 素養評量／練習 參加夏令營的小朋友，每 5 個人一組，可以分成 16 組，還剩下一些人；如果改成每 6 個人一組，可以剛好分完，共有多少個小朋友參加夏令營？說說看，你是怎麼知道的？  兔子：大家都算好了嗎？ 皮皮、多多、丹丹：算好了。 兔子：我看大家用了不同的方法，可以請多多來分享一下你的方法嗎？	兔子：大家都算好了嗎？ 皮皮、多多、丹丹：算好了。 兔子：我看大家用了不同的方法，可以請多多來分享一下你的方法嗎？

題目與解題分段處

Part1. 錯誤例

◎ 素養評量／練習 參加夏令營的小朋友，每 5 個人一組，可以分成 16 組，還剩下一些人；如果改成每 6 個人一組，可以剛好分完，共有多少個小朋友參加夏令營？說說看，你是怎麼知道的？ $5×16＝80$ $6×16＝96$ 答：96 個 多多：老師，我算出來是 96 個小朋友。 兔子：你是怎麼算出來的呢？	多多：老師，我算出來是 96 個小朋友。 兔子：你是怎麼算出來的呢？ 多多：我用這兩個算式「5×16 = 80」、「6×16 = 96」 兔子：為什麼你會這樣算呢？ 多多：因為題目說「每 5 個人一組，可以分成 16 組」，表示一開始有 5×16，等於 80 個人。但後來題目說「改成每 6

多多：我用這兩個算式「5×16 = 80」、「6×16 = 96」➡ 出現算式和答（注意學生的答案要用手寫字，全部同步處理） 兔子：為什麼你會這樣算呢？ 多多：因為題目說「每 5 個人一組，可以分成 16 組」，➡ 將題目對應文字加紅框 表示一開始有 5×16，等於 80 個人。➡ 將對應算式 5×16=80 變成紅色 但後來題目說「改成每 6 個人一組」，➡ 將題目對應文字加藍框 所以我想每 6 個人一組，然後有 16 組，就是 6×16，等於 96 個人，這就是答案了！➡ 將對應算式 6×16=96 變成藍色 兔子：多多，你知道題目的最後有說「如果改成每 6 個人一組，可以剛好分完」？➡ 強調題目「如果改成每 6 個人一組，可以剛好分完」 多多：有！ 兔子：那表示每 6 個人一組，並不一定是 16 組，對吧？ 多多：對耶！那我知道了，不可以用每 6 個人一組，然後有 16 組去算。	個人一組」，所以我想每 6 個人一組，然後有 16 組，就是 6×16，等於 96 個人，這就是答案了！ 兔子：多多，你知道題目的最後有說「如果改成每 6 個人一組，可以剛好分完」？ 多多：有！ 兔子：那表示每 6 個人一組，並不一定是 16 組，對吧？ 多多：對耶！那我知道了，不可以用每 6 個人一組，然後有 16 組去算。

Part2. 正確例一

素養評量 / 練習 參 加 夏 令 營 的 小 朋 友，每 5 個 人 一 組，可 以 分 成 16 組，還 剩 下 一 些 人；如 果 改 成 每 6 個 人 一 組，可 以 剛 好 分 完，共 有 多 少 個 小 朋 友 參 加 夏 令 營？說 說 看，你 是 怎 麼 知 道 的？ $5×16 = 80$ 可能 81、82、83、84 $81÷6 = 13...3$ $82÷6 = 13...4$ $83÷6 = 13...5$ $\boxed{84÷6 = 14}$ 答：84 個 皮皮：老師，我知道怎麼算！ 兔子：好的，請皮皮來分享一下。 皮皮：我算出來是 84 個小朋友。 兔子：你是怎麼算出來的呢？ 皮皮：我看題目一開始說「每 5 個人一組，可以分成 16 組，還剩下一些人」，➡ 將題目對應文字加紅框	皮皮：老師，我知道怎麼算！ 兔子：好的，請皮皮來分享一下。 皮皮：我算出來是 84 個小朋友。 兔子：你是怎麼算出來的呢？ 皮皮：我看題目一開始說「每 5 個人一組，可以分成 16 組，還剩下一些人」，所以我先算剛好 16 組會是多少人，就是 5×16 = 80。因為還剩下一些人，所以有可能是 81、82、83 或 84 個人。 兔子：為什麼不可能是 85 個人呢？ 皮皮：因為如果是 85 個人，可以再多分一組，85÷5=17，變成 17 組，就跟題目說的不一樣了。

所以我先算剛好 16 組會是多少人，就是 5×16 = 80。→ 出現紅色算式

因為還剩下一些人，所以有可能是 81、82、83 或 84 個人。→ 出現對應文字說明

兔子：為什麼不可能是 85 個人呢？

皮皮：因為如果是 85 個人，可以再多分一組，85÷5=17，變成 17 組，就跟題目說的不一樣了。

兔子：皮皮說得很對！那你怎麼知道是 84 個人呢？

皮皮：題目說「改成每 6 個人一組，可以剛好分完」，→ 將題目對應文字加藍框

表示人數除以 6 一定會整除的意思，

所以我就每一個數都除除看，→ 依序出現四個除法算式 81÷6 = 13...3、82÷6 = 13...4、83÷6 = 13...5、84÷6 = 14

最後算完 84÷6=14 剛好整除，所以答案是 84 個小朋友。→ 將 84÷6=14 加上紅框

兔子：皮皮先用第一個條件找出可能的人數範圍，然後再利用第二個條件一一判斷，就會知道正確的答案了。

兔子：皮皮說得很對！那你怎麼知道是 84 個人呢？

皮皮：題目說「改成每 6 個人一組，可以剛好分完」，表示人數除以 6 一定會整除的意思，所以我就每一個數都除除看，最後算完 84÷6=14 剛好整除，所以答案是 84 個小朋友。

兔子：皮皮先用第一個條件找出可能的人數範圍，然後再利用第二個條件一一判斷，就會知道正確的答案了。

Part3. 正確例二

素養評量 ／ 練習

參加夏令營的小朋友，每 5 個人一組，可以分成 16 組，還剩下一些人；如果改成每 6 個人一組，可以剛好分完，共有多少個小朋友參加夏令營？說說看，你是怎麼知道的？

$$5×16=80$$
可能 80 幾個人
$$80÷6=13…2$$
$$6－2=4$$
$$80＋4=84$$

$$80÷6=13…2$$
$$6×14=84$$

答：84 個

丹丹：老師，我的答案和皮皮一樣，但我是另外一種方式算出來的。

兔子：丹丹，請你分享一下你的做法吧！

丹丹：題目說「每 5 個人一組，可以分成 16 組，還剩下一些人」，我用 5×16 = 80，算出 80 個人。→ 將題目對應文字加紅框，出現紅色算式

因為還有剩下一些人，可能是 80 幾個人。→ 將題目對應文字變綠字，並出現綠色說明文字「可能 80 幾個人」

丹丹：老師，我的答案和皮皮一樣，但我是另外一種方式算出來的。

兔子：丹丹，請你分享一下你的做法吧！

丹丹：題目說「每 5 個人一組，可以分成 16 組，還剩下一些人」，我用 5×16 = 80，算出 80 個人。

因為還有剩下一些人，可能是 80 幾個人。

接著，題目又說「改成每 6 個人一組，可以剛好分完」。

我先試著用 80 個人來分組看看，算出 80 ÷ 6 = 13...2，表示分成 13 組，還剩下 2 個人。

因為要剛好分完，1 組是 6 個人，6 - 2 = 4，還需要補 4 個人才會剛好分完，所以我把

接著，題目又說「改成每6個人一組，可以剛好分完」。→ 將題目對應文字加藍框 我先試著用80個人來分組看看，算出80÷6＝13…2。→ 出現算式 表示分成13組，還剩下2個人。因為要剛好分完，1組是6個人，6 - 2＝4。→ 出現算式 還需要補4個人才會剛好分完，所以我把80＋4＝84。→ 出現算式 共有84個小朋友。→ 出現答 多多：丹丹，你剛剛算的結果是可以分成13組，剩下2個人，→ 出現算式 80÷6＝13…2 我想到剩下2個人，那就需要另外再湊成一組。所以我把13組加1組，用6×14 ＝ 84，也得到共有84個人。→ 出現算式	80＋4＝84，共有84個小朋友。 多多：丹丹，你剛剛算的結果是可以分成13組，剩下2個人，我想到剩下2個人，那就需要另外再湊成一組。所以我把13組加1組，用6×14 ＝ 84，也得到共有84個人。

◉ **素養評量** ／ **練習** 參 加 夏 令 營 的 小 朋 友 ， 每 5 個 人 一 組 ， 可 以 分 成 16 組 ， 還 剩 下 一 些 人 。 如 果 改 成 每 6 個 人 一 組 ， 可 以 剛 好 分 完 。 共 有 多 少 個 小 朋 友 參 加 夏 令 營 ？ 說 說 看 ， 你 是 怎 麼 知 道 的 ？ 5×16＝80 可能 81、82、83、84 81÷6＝13…3 　　　 80÷6＝13…2 　　 80÷6＝13…2 82÷6＝13…4 　　　 6－2＝4 　　　　 6×14=84 83÷6＝13…5 　　　 80＋4=84 84÷6＝14 兔子：大家的想法都很棒！這個問題有兩個條件，第一個是「每5個人一組，可以分成16組，還剩下一些人」，→ 將題目對應文字加紅框 這個條件告訴我們有80幾個人。→ 出現左邊紅色算式與說明 要知道真正的人數，必須利用第二個條件「改成每6個人一組，可以剛好分完」→ 將題目對應文字加藍框 我們可以試試看把可能的答案81、82、83……都除以6，找出剛好整除的數字；→ 出現最左邊藍色算式	兔子：大家的想法都很棒！這個問題有兩個條件，第一個是「每5個人一組，可以分成16組，還剩下一些人」，這個條件告訴我們有80幾個人。要知道真正的人數，必須利用第二個條件「改成每6個人一組，可以剛好分完」，我們可以試試看把可能的答案81、82、83……都除以6，找出剛好整除的數字；也可以先用80除以6，發現可以分成13組，剩下2個人，所以只需要補4個人就可以湊滿一組了，80加4等於84；或者直接把算出來的13組加1組，用6乘以14，算出是84個人，這些方法都可以呵！

| 也可以先用 80 除以 6，發現可以分成 13 組，剩下 2 個人，所以只需要補 4 個人就可以湊滿一組了，80 加 4 等於 84；→ 出現中間藍色算式

或者直接把算出來的 13 組加 1 組，用 6 乘以 14，算出是 84 個人，這些方法都可以呵！→ 出現最右邊藍色算式 | |

五年級上學期第 10 單元「扇形」案例

影部	字幕（聲部）
素養評量 臺中洲際棒球場的本壘板到全壘打牆的距離如下。 <table><tr><td></td><td>左外野全壘打標竿</td><td>中外野</td><td>右外野全壘打標竿</td></tr><tr><td>本壘板到全壘打牆距離</td><td>325 呎</td><td>400 呎</td><td>325 呎</td></tr></table> （1 呎＝ 0.3048 公尺） 如果以本壘板為頂點，球場的邊線為邊，直到全壘打牆，所圍成的圖形（如紅框）是一個扇形嗎？說說看你的理由。 → 出現部分場地圖及題目文字 OS：這是臺中洲際棒球場的部分場地圖，臺中洲際棒球場的本壘板到全壘打牆的距離如下。 → 出現表格，並讀表格內容 OS：本壘板到左外野全壘打牆距離是 325 呎，本壘板到右外野全壘打牆距離是 325 呎，本壘板到中外野全壘打牆距離是 400 呎。 → 配合對話，從本壘板出發，出現動態紅線（加粗）強調左外野、右外野、全壘打牆距離 OS：如果以本壘板為頂點，球場的邊線為邊，直到全壘打牆，所圍成的圖形是一個扇形嗎？說說看你的理由。 → 出現文字題目，「以本壘板為頂點，球場的邊線為邊，直到全壘打牆」、「扇形」換字色。圍成的圖形周界加粗閃示	OS：這是臺中洲際棒球場的部分場地圖，臺中洲際棒球場的本壘板到全壘打牆的距離如下。本壘板到左外野全壘打牆距離是 325 呎，本壘板到右外野全壘打牆距離是 325 呎，本壘板到中外野全壘打牆距離是 400 呎。如果以本壘板為頂點，球場的邊線為邊，直到全壘打牆，所圍成的圖形是一個扇形嗎？說說看你的理由。

題目與解題分段處	

Part1. 錯誤例

→ 兔子老師、皮皮、丹丹、多多在教室討論的樣子

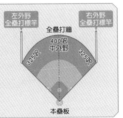

臺中洲際棒球場的本壘板到全壘打牆的距離如下。

	左外野全壘打標竿	中外野	右外野全壘打標竿
本壘板到全壘打牆距離	325 呎	400 呎	325 呎

（ 1 呎 = 0.3048 公尺）

如果以本壘板為頂點，球場的邊線為邊，直到全壘打牆，所圍成的圖形(如紅框)是一個扇形嗎？說說看你的理由。

兔子：大家都寫好了嗎？

皮皮、丹丹、多多：寫好了。

兔子：老師看到有些同學寫「我用看的就是扇形。」用看的不是理由呵！請皮皮說說看，你是怎麼知道的？

→ 兔子老師、丹丹、多多消失，剩下皮皮，出現場地圖、皮皮的作答記錄單。配合對話，出現動畫，題目不出現，只出現圖

是。

因為扇形有 2 條一樣長的半徑、弧和圓心角。

皮皮：扇形有 2 條一樣長的半徑、弧和圓心角。

→ 作答單上的文字因為扇形有 2 條一樣長的半徑、弧和圓心角變色

皮皮：我把本壘板當圓心、圖上的這兩條紅線都是 325 呎，這兩條一樣長，所以就是半徑。

→ 皮皮指著場地圖的左右外野的兩條線說。場地圖的左右外野的兩條線變色

皮皮：半徑夾住的角是圓心角，這一段彎彎的線就是弧。所以這個圖是扇形。

兔子：大家都寫好了嗎？

皮皮、丹丹、多多：寫好了。

兔子：老師看到有些同學寫「我用看的就是扇形。」用看的不是理由呵！請皮皮說說看，你是怎麼知道的？

皮皮：扇形有 2 條一樣長的半徑、弧和圓心角。

皮皮：我把本壘板當圓心、圖上的這兩條紅線都是 325 呎，這兩條一樣長，所以就是半徑。

皮皮：半徑夾住的角是圓心角，這一段彎彎的線就是弧。所以這個圖是扇形。

兔子：皮皮，你知道扇形有 2 條半徑、弧和圓心，也知道 2 條半徑一樣長。所以你認為這 2 條是半徑，這個曲線是弧，對嗎？

皮皮：對

兔子：這個曲線是弧，那它和半徑有關係嗎？

皮皮：我想一想 ……

多多：老師，我認為這個圖形不是扇形。我想說一說我的想法。

兔子：多多，請你說一說你是怎麼想的。

➔ 皮皮先指著場地圖的全壘打牆的線說。場地圖的全壘打牆的線變色。皮皮再指著本壘板這個角說。

兔子：皮皮，你知道扇形有 2 條半徑、弧和圓心，也知道 2 條半徑一樣長。所以你認為這 2 條是半徑，這個曲線是弧，對嗎？

➔ 配合對話，兩條直線加粗閃爍，說是半徑，曲線加粗變色

皮皮：對

兔子：這個曲線是弧，那它和半徑有關係嗎？

➔ 閃動曲線

皮皮：我想一想 ......

➔ 皮皮露出思考的樣子。

多多：老師，我認為這個圖形不是扇形。我想說一說我的想法。

兔子：多多，請你說一說你是怎麼想的。

Part2. 正確例一

➔ 兔子老師、皮皮消失，剩下多多，出現多多的作答記錄單。配合對話，出現動畫

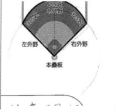

多多：如果這個圖形是扇形，扇形是圓形的一部分。圓形由圓心跟半徑組成，半徑都會一樣長，所以我用直接用圓規檢查。

多多：扇形的頂點就是圓心，我把本壘板當成圓心。

➔ 本壘板上的頂點變色。

多多：我從圖上看到從本壘板到左外野全壘打標竿本壘板右外野全壘打標竿一樣都是 325 呎，所以我先把 325 呎當半徑。

➔ 從本壘板到左外野全壘打標竿、本壘板右外野全壘打標竿這條線變色。

多多：所以我先把圓規尖尖的地方放到本壘板。

多多：如果這個圖形是扇形，扇形是圓形的一部分。圓形由圓心跟半徑組成，半徑都會一樣長，所以我用直接用圓規檢查。

多多：扇形的頂點就是圓心，我把本壘板當成圓心。

多多：我從圖上看到從本壘板到左外野全壘打標竿跟本壘板右外野全壘打標竿一樣都是 325 呎，所以我先把 325 呎當半徑。

多多：所以我先把圓規尖尖的地方放到本壘板。

多多：接著把圓規打開到左外野全壘打標竿，畫一個圓。

多多：我發現這個圖形，不是圓形的一部分，所以這個圖形不是扇形。

→ 出現圓規，圖形稍微縮小，圓規的針尖放在本壘板上。劃出的圓須完整顯示

多多：接著把圓規打開到左外野全壘打標竿，畫一個圓。

→ 圓規的另一端筆尖放在左外野全壘打標竿上，再畫圓

多多：我發現這個圖形，不是圓形的一部分，所以這個圖形不是扇形。

→ 圖形的周界閃示，圖形的周界閃示

多多：這個圖形也不是圓的一部分，所以這兩條線也就不是半徑。

兔子：多多知道扇形是圓形的一部分，也知道圓形的構成要素有圓心跟半徑。多多用圓規畫圓的方式來檢查這個圖形是不是圓形的一部分來判斷。這個觀點很棒呀！

丹丹：老師，我也認為這個圖形不是扇形，但是我不用圓規畫就知道了。

兔子：丹丹，請你說一說，你是怎麼想的？

兔子：多多知道扇形是圓形的一部分，也知道圓形的構成要素有圓心跟半徑。多多用圓規畫圓的方式來檢查這個圖形是不是圓形的一部分來判斷。這個觀點很棒呀！

丹丹：老師，我也認為這個圖形不是扇形，但是我不用圓規畫就知道了。

兔子：丹丹，請你說一說，你是怎麼想的？

Part3. 正確例二

→ 兔子老師、多多消失，剩下丹丹，出現場地圖、丹丹的作答記錄單。配合對話，出現動畫

不是。
因為扇形是圓的一部份，所以扇形從頂點到弧上的任何距離都一樣。
本壘板到左外野全壘打標竿是 325 呎，
本壘板到全壘打牆是 400 呎。
所以不是。

丹丹：因為扇形是圓的一部分，所以扇形從頂點到弧上的任何距離都一樣長。

→ 出現對話文字

丹丹：本壘板到左外野全壘打標竿是 325 呎，本壘板到全壘打牆是 400 呎。

→ 本壘板到左外野全壘打標竿是 325 呎這條線變色，本壘板到全壘打牆是 400 呎，這條線變色

丹丹：所以這個圖形不是扇形。

兔子：丹丹，為什麼扇形的頂點到弧上的任何距離都要一樣長？

→ 說明文字消失，球場左移，在右側出現一個本壘板為圓心的圓

丹丹：因為扇形是圓的一部分，所以扇形從頂點到弧上的任何距離都一樣長。

丹丹：本壘板到左外野全壘打標竿是 325 呎，本壘板到全壘打牆是 400 呎。

丹丹：所以這個圖形不是扇形。

兔子：丹丹，為什麼扇形的頂點到弧上的任何距離都要一樣長？

丹丹：因為扇形是圓的一部分，圓心到圓周的距離是半徑，每一條半徑要一樣長。

兔子：丹丹，老師問你，全壘打牆這一條曲線是弧嗎？

丹丹：不是。因為這個圖形不是扇形。

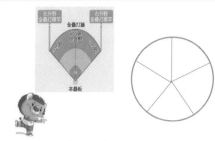

兔子：丹丹的觀察很仔細，他有注意到扇形應該是圓的一部分，那扇形內部的半徑應該都要等長。

丹丹：因為扇形是圓的一部分，圓心到圓周的距離是半徑，每一條半徑要一樣長。

→ 出現至少對應棒球場的三條半徑，可以更多

兔子：丹丹，老師問你，全壘打牆這一條曲線是弧嗎？

→ 兔子出現指著全壘打牆這一段曲線問話

丹丹：不是。因為這個圖形不是扇形。

兔子：丹丹的觀察很仔細，他有注意到扇形應該是圓的一部分，那扇形內部的半徑應該要等長。這個觀點也很棒呢！

→ 回到兔子老師、皮皮、丹丹、多多在教室討論的樣子

素養評量

臺中洲際棒球場的本壘板到全壘打牆的距離如下。

	左外野全壘打標竿	中外野	右外野全壘打標竿
本壘板到全壘打牆距離	325呎	400呎	325呎

（1呎＝0.3048公尺）

如果以本壘板為頂點，球場的邊線為邊，直到全壘打牆，所圍成的圖形（如紅框）是一個扇形嗎？說說看你的理由。

皮皮：我懂了。我不能只用眼睛看，看到像是這樣有兩條一樣長的直線，夾住一段彎彎的曲線，很像扇形的圖形，就認為它是扇形。要先觀察圖形是不是圓的一部分。

兔子：皮皮有認真聽同學的說明，掌握到解決問題的關鍵了。從丹丹和多多的說明中，除了知道扇形是圓的一部分和二條半徑等長外，還可以了解從扇形的頂點到弧上的直線距離，也會跟半徑一樣長。

皮皮：我懂了。我不能只用眼睛看，看到像是這樣有兩條一樣長的直線，夾住一段彎彎的曲線，很像扇形的圖形，就認為它是扇形。要先觀察圖形是不是圓的一部分。

兔子：皮皮有認真聽同學的說明，掌握到解決問題的關鍵了。從丹丹和多多的說明中，除了知道扇形是圓的一部分和二條半徑等長外，還可以了解從扇形的頂點到弧上的直線距離，也會跟半徑一樣長。

五年級下學期第3單元「長方體與正方體的體積」案例

影部	字幕（聲部）
 素養評量 甲、乙兩個形體都是用2個長方體合併而成的。觀察甲、乙兩個形體，哪一個形體的體積比較大？你是怎麼比的，把你的做法記下來。 甲　乙 單位：公分 OS：甲、乙兩個形體都是用2個長方體合併而成的。觀察甲、乙兩個形體，哪一個形體的體積比較大？你是怎麼比的，把你的做法記下來。→ 出現文字題目	OS：甲、乙兩個形體都是用2個長方體合併而成的。觀察甲、乙兩個形體，哪一個形體的體積比較大？你是怎麼比的，把你的做法記下來。

題目與解題分段處

Part1. 錯誤例

→ 出現題目，兔子老師、皮皮、丹丹、妮妮、多多在教室討論的樣子 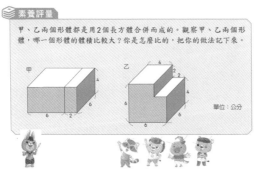 兔子：大家都把答案寫好了嗎？→ 出現文字 皮皮、丹丹、多多：寫好了。→ 出現文字 兔子：老師發現有的人認為甲比較大、有的人認為乙比較大、有的人認為一樣大。到底哪個答案正確呢？老師想先聽聽看認為乙比較大的判斷方法是什麼？先請妮妮來說說看。→ 說完後，兔子老師、丹丹、多多、皮皮消失，剩下題目出現妮妮的作答紙	兔子：大家都把答案寫好了嗎？ 皮皮、妮妮、丹丹、多多：寫好了。 兔子：老師發現有的人認為甲比較大、有的人認為乙比較大，有的人認為一樣大。到底哪個答案正確？老師想先聽聽看認為乙比較大的判斷方法是什麼？先請妮妮來說說看。 妮妮：我先分別算出甲、乙的體積再比。 妮妮：甲的體積是 $(6+2) \times 6 \times 4$ 等於192立方公分。 老師：你用 $(6+2)$ 是指哪裡？ 妮妮：把6跟2這兩段加起來當作長，寬是6，高是4，把它們乘起來就是體積。 老師：乙的體積是多少？你是怎麼算的？

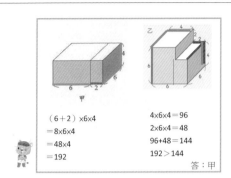

$$(6+2)×6×4$$
$$=8×6×4$$
$$=48×4$$
$$=192$$

$$4×6×4=96$$
$$2×6×4=48$$
$$96+48=144$$
$$192>144$$

答：甲

妮妮：我先分別算出甲、乙的體積再比。➜ 出現文字

妮妮：甲的體積是 (6+2)×6×4 等於 192 立方公分。➜ 甲的體積算式變色（注意學生的答案要用手寫字，全部同步處理）

老師：你用 (6+2) 是指哪裡？➜ 閃動算式 (6+2)

妮妮：把 6 跟 2 這兩段加起來當作長，寬是 6，高是 4，把它們乘起來就是體積。➜ 依關鍵字強調甲長方體的長 *6 跟 2 → 強調寬 *6，強調高 *4（邊變色）

老師：乙的體積是多少？你是怎麼算的？➜ 出現文字

妮妮：我把乙分成左右兩個長方體。➜ 出現把乙切成左右兩塊的紅線

妮妮：左邊長方體的長是 4，寬是 6，高是 4，體積是 4×6×4 等於 96 立方公分。➜ 依關鍵字強調左邊長方體的長 *4 → 寬 *6 → 高 *4（綠邊，這個故意標示右邊長方體的高 *4，因為學生看錯），出現算式時數字要對應及邊變色

妮妮：右邊長方體的長是 2，寬是 6，高是 4，體積是 2×6×4 等於 48 立方公分。➜ 依關鍵字強調右邊長方體的長 *2（紫邊）→ 寬 *6（紫邊）→ 高 *4（紫邊），出現算式時數字要對應及邊變色

妮妮：96+48 等於 144 立方公分。192 > 144，所以甲的體積比較大。➜ 出現文字。對應算式跟答變色

老師：妮妮，請問乙圖的高 4 公分是怎麼算出來的？➜ 出現文字。強調乙圖的左邊長方體

妮妮：高在這裡，➜ 出現文字，皮皮指著洋紅色這一條邊這條邊變色。邊長是......➜ 出現文字，皮皮發出疑惑的聲音

皮皮：老師，我會。➜ 出現皮皮

老師：皮皮，換你說說看。➜ 出現文字

妮妮：我把乙分成左右兩個長方體。

妮妮：左邊長方體的長是 4，寬是 6，高是 4，體積是 4×6×4 等於 96 立方公分。

妮妮：右邊長方體的長是 2，寬是 6，高是 4，體積是 2×6×4 等於 48 立方公分。

妮妮：96+48 等於 144 立方公分。192 > 144，所以甲的體積比較大。

老師：妮妮，請問乙圖的高 4 公分是怎麼算出來的？

妮妮：高在這裡，邊長是......

皮皮：老師，我會。

老師：皮皮，換你說說看。

Part2. 正確例一

➔ 老師、皮皮消失，出現小甲及小甲的作答紙

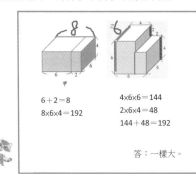

6＋2＝8
8×6×4＝192

4×6×6＝144
2×6×4＝48
144＋48＝192

答：一樣大。

皮皮：我先把知道的邊長都標上去後，再算。這樣就不容易找錯了。➔ 依序將標上的邊及數字變色（甲閃動藍邊出現 8、乙閃動綠邊出現 6）

皮皮：乙的左邊長方體的高跟 2 公分和 4 公分這兩條合起來一樣長，是 6 公分。➔ 依關鍵字出現洋紅線→右邊紫線

皮皮：體積是 4×6×6 等於 144 立方公分。➔ 出現文字，乙左邊的長方體變色，算式 4×6×6 ＝ 144 變色

皮皮：乙的右邊的長方體的體積是 2×6×4 等於 48 立方公分。➔ 出現文字，乙右邊的長方體變色，算式 2×6×4 ＝ 48 變色

皮皮：乙的體積是 144 ＋ 48 等於 192 立方公分。跟甲一樣大。➔ 出現文字，算式 144 ＋ 48 ＝ 192 變色

老師：妮妮和皮皮都能先將乙切成兩個長方體再算。妮妮知道長方體的體積公式是長×寬×高，很不錯。皮皮告訴我們怎麼做可以比較容易找到要計算的長、寬、高有多長，很棒呵！➔ 出現文字

丹丹：老師，我的答案也是甲跟乙的體積一樣大，可是做法跟他們不一樣。➔ 出現文字

老師：丹丹，請你說一說，你是怎麼比的？➔ 出現文字

皮皮：我先把知道的邊長都標上去後，再算。這樣就不容易找錯了。

皮皮：乙的左邊長方體的高跟 2 公分和 4 公分這兩條合起來一樣長，是 6 公分。

皮皮：體積是 4×6×6 等於 144 立方公分。

皮皮：乙的右邊長方體的體積是 2×6×4 等於 48 立方公分。

皮皮：乙的體積是 144 ＋ 48 等於 192 立方公分。跟甲一樣大。

老師：妮妮和皮皮都能先將乙切成兩個長方體再算。妮妮知道長方體的體積公式是長×寬×高，很不錯。皮皮告訴我們怎麼做可以比較容易找到要計算的長、寬、高有多長，很棒呵！

丹丹：老師，我的答案也是甲跟乙的體積一樣大，可是做法跟他們不一樣。

老師：丹丹，請你說一說，你是怎麼比的？

Part3. 正確例二	
→ 兔子老師、皮皮消失，剩下題目出現丹丹的作答紙 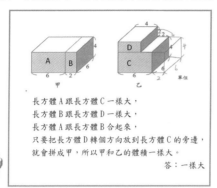 長方體 A 跟長方體 C 一樣大， 長方體 B 跟長方體 D 一樣大， 長方體 A 跟長方體 B 合起來， 只要把長方體 D 轉個方向放到長方體 C 的旁邊， 就會拼成甲，所以甲和乙的體積一樣大。 　　　　　　　　　　　答：一樣大 丹丹：題目說甲、乙都是由兩個長方體組成的。我將甲長方體標上 A 和 B。 → 出現文字。配合對話將長方體 A 和長方體 B 依序變色 丹丹：我把乙分成上、下兩個長方體，也標上 C 和 D。 → 出現文字。配合對話將乙分成上下兩個長方體，再的 C 和 D 丹丹：長方體 A 跟 C 一樣大，長方體 B 跟 D 一樣大，所以甲跟乙的體積一樣大。→ 出現文字 老師：你怎麼知道它們一樣大？→ 出現文字 丹丹：長方體 A 跟 C 的長、寬、高都是 6 公分、6 公分、4 公分。→ 出現文字。長方體 A 跟 C 對應的邊長及表示邊長的數字變色 丹丹：長方體 B 跟 D 的長、寬、高都是 2 公分、6 公分、4 公分。→ 出現文字。長方體 B 跟 D 對應的邊長及表示邊長的數字變色 丹丹：只要把長方體 D 轉個方向放到長方體 C 旁邊，就會拼成甲了。→ 出現文字。配合對話將長方體 D 轉個方向放到長方體 C 的旁邊，變成跟甲一樣 皮皮：哇！丹丹的方法很厲害，不用算就知道了。→ 皮皮說話 多多：老師，我的做法跟丹丹很像，可是移動長方體的方法不一樣。→ 出現文字	丹丹：題目說甲、乙都是由兩個長方體組成的。我將甲長方體標上 A 和 B。 丹丹：我把乙分成上、下兩個長方體，也標上 C 和 D。 丹丹：長方體 A 跟 C 一樣大，長方體 B 跟 D 一樣大，所以甲跟乙的體積一樣大。 老師：你怎麼知道它們一樣大？ 丹丹：長方體 A 跟 C 的長、寬、高都是 6 公分、6 公分、4 公分。 丹丹：長方體 B 跟 D 的長、寬、高都是 2 公分、6 公分、4 公分。 丹丹：只要把長方體 D 轉個方向放到長方體 C 旁邊，就會拼成甲了。 皮皮：哇！丹丹的方法很厲害，不用算就知道了。 多多：老師，我的做法跟丹丹很像，可是移動長方體的方法不一樣。
老師：多多，請你說一說你是怎麼比的。 → 出現文字。兔子老師、丹丹消失，剩下題目出現多多的作答紙	老師：多多，請你說一說你是怎麼比的。 多多：我的切法跟丹丹一樣，

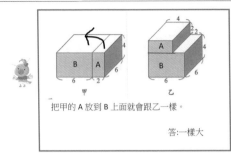

把甲的 A 放到 B 上面就會跟乙一樣。

答：一樣大

多多：我的切法跟丹丹一樣，將甲和乙都分成 2 部分，甲的 A 跟乙的 A 一樣大，甲的 B 跟乙的 B 一樣大。➜ 依關鍵字將乙分成上下兩個長方體，並分別出現 AB

多多：只要把甲的 A 放到 B 上面就會跟乙一樣。所以甲跟乙的體積一樣大。➜ 出現文字。配合對話將甲的 A 轉方向放到甲的 B 的上面，變成跟乙一樣

老師：丹丹跟多多都是從觀察長方體的邊長發現甲、乙是由同樣大小的兩個長方體組成的，所以體積一樣大。這個做法也很棒呵！➜ 出現文字

將甲和乙都分成 2 部分，甲的 A 跟乙的 A 一樣大，甲的 B 跟乙的 B 一樣大。

多多：只要把甲的 A 放到 B 上面就會跟乙一樣。所以甲跟乙的體積一樣大。

老師：丹丹跟多多都是從觀察長方體的邊長發現甲、乙是由同樣大小的兩個長方體組成的，所以體積一樣大。這個做法也很棒呵！

➜ 回到一開始兔子老師、皮皮、丹丹、多多、小甲在教室討論的樣子

素養評量

甲、乙兩個形體都是用 2 個長方體合併而成的。觀察甲、乙兩個形體，哪一個形體的體積比較大？你是怎麼比的，把你的做法記下來。

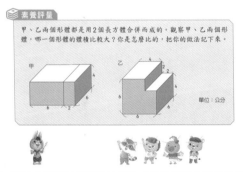

單位：公分

老師：不論我們要計算形體的體積或是做形體的體積比較，都要先觀察形體。如果形體不是長方體或正方體，要先切割或填補成長方體或正方體，接著找到我們需要的邊長是多少，再計算或比較呵。➜ 出現文字

動畫結束

老師：不論我們要計算形體的體積或是做形體的體積比較，都要先觀察形體。如果形體不是長方體或正方體，要先切割或填補成長方體或正方體，接著找到我們需要的邊長是多少，再計算或比較呵。

數學素養導向評量實施的提醒

現今教學現場非常重視數學素養導向的評量，怎麼做才簡單、易行、有效呢？傳統的紙筆測驗不易突破，實作等多元評量又耗時間；利用稍高層次、有挑戰性的小型數學任務，讓形成性評量在數學課室落實，學童在促進學習的評量中進步。本節將談談實施素養導向評量的一些提醒：

一、建構反應題是最適的素養評量工具

Shepard（2000）指出課室形成性評量要有效的實施，強調的是一個能引發學生的高階思維，並且能同時處理學習過程與學習結果的高品質數學任務，有意義的整合評量與教學，以支持學生學習。因此，若希望課室評量的實施能培養學童的高階思維和解題溝通，同時又能協助教師獲知學童的學習狀況做出更佳的教學決定，以「建構反應題」作為評量題目會是一舉兩得的做法。建構反應題在臺北市、新北市的國小數學能力普測現身多年，親師們都認同它能評量出學童「數學的思維」和「生活的應用」數學素養能力。

二、實施建構反應題從選用到修編、自編

親師們要怎麼開始實施建構反應題的評量呢？本書介紹了不少的建構反應題，也提供了一些可參考的資源，親師可從中先「選用」適合教學單元中某概念的題目進行評量，了解學童的解題表現是否如同分析？在嘗試過數個建構反應題和學童學習的關聯，對這種非例行性題型有所體認，也了解學童可能的答題表現後，親師就會更認同建構反應題的評量效果。接著，親師們可以參考這些題目，自己試著「修編」，或直接「自編」建構反應題，並參考本書第二幕第四節的「建構反應題的命題設計探討」，從做中學一定會有所收穫和心得。

三、設計建構反應題無須強求生活情境

親師設計建構反應題時，可從數學概念、迷思概念或學習困難來構思，也可從生活情境入手。前者可有數學內容後，再想生活情境；後者可有生活情境後，再想數學內容，二者皆能兼顧最好。但是只有生活情境，沒有適當的數學內容不是好題；有好的數學內容，沒有生活情境還是好題。從本書中不同角度介紹的建構反應題，讀者們一定看到了很多是沒有真實的生活情境，但是它的題目設計、數學內容相當地漂亮，可以評量出學童的學習狀況和素養能力。

四、貼近教學內容的建構反應題最適用

建構反應題可以設計成難題或資優題，但對一般學童而言，不會解題是很正常的。若親師想評量學童的學習狀況，只有評量內容跟所學教學內容接近，才可以檢視在非例行性問題下，不能用記憶或模仿解題時，他們是已學的概念仍有不足，還是有優秀的解題思維。根據不少輔導員的分享，很多教師在親民的建構反應題下，看到學童的表現都很吃驚，怎麼有那麼多的錯誤例，平時的練習或小考看不出來，於是開始關心教學哪裡需要調整，這對教學者和學習者都有莫大的助益。

五、建構反應題不宜直接用來教學布題

建構反應題是評量題，它是用在學童學過這些概念後，確認他們學習後的概念是否到位？或數學思維是否靈活？或數學知識能否活用？有些親師擔心學童面對這種問題不會解題，就以教學題的做法引導學童解題或進行討論；其實，學童仍在理解教師或同儕們的想法，不是呈現自己的真實解法，並沒有發揮評量題的功能。親師不必擔心學童不會做這類題目，俗語說的好「一回生二回熟」，他們要有機會多做，並藉由評量後的同儕討論，就會看到別人的解法，也會比較自己的解法，因而熟能生巧、逐漸進

步；這就是每生都有解題，都參與討論的效果。

六、藉由建構反應題補強學童學習不足

教師即便教學是「以學生為中心」，重視數學概念理解、認知發展等，但學童的學習一定有人不求甚解，自認為會做就好，用取巧、記憶或模仿來完成例行性問題。親師若想了解學童能否確實學會概念，可用建構反應題來檢測他們，找出概念不完整、學習不足夠的學童，利用他們自己寫的解法，鼓勵上台發表或說明，透過教師及同儕的協助，知道自己哪裡有錯誤？哪裡不明白？這樣從自身、從外部雙管齊下，就可達到促進學習的效果。學童有學習上的不足，如果不能及時補強，數學學習上的漏洞會越來越大，從非例行的建構反應題入手，就可以找到學童學習上的問題。

七、善用建構反應題補足數學課室經營

數學課室經營有二個幫助學童學習的要件，有經驗的教師都知道是學童的錯誤例，以及優良作品的分享；然而，這二件事在現今的課堂很不容易做到。親師們可能不以為然，認為上數學課常常會拿學童錯誤例討論，只是不宜採貼習作、測驗卷來展示。事實上，教科書上單元教材提供的內容，都是以單元教學目標為依歸，教師的教學布題學童會產生的錯誤，可能是對教學題不理解、有困難；因為，這不是學習後透過評量產生的錯誤例。雖然，學童在課本上的練習題、習作也會產生錯誤例，但是它不能測驗出學童跟數學概念相關的「數學的思維」和「生活的應用」。優秀的數學課室經營是需要在重要數學概念教學後，有學童經評量產生的錯誤例來修補和鞏固概念，也需要有多元的正確例或優良例來分享或展示，讓學童的學習有觀摩和提升的機會。

數學素養導向評量和教學整合的提醒

　　數學教學改革的四個要素是強調**動手任務**、**使用教具**、**形成性評量**、**高層次問題**，才能發展高品質數學教學（Munter, 2014）；在創造培育有數學想法學童的教室中，最重要的五個面向是**提供的數學內容**、學童的認知需求、學童獲得數學內容、參與者的主導與身分、**實施形成性評量**，配合這些面向進行的課程內容、專業發展、課室觀察將會非常有效果（Schoenfeld, 2016）。可見，形成性評量的規劃與反思是支援課室教學的有力工具，數學課室需要有意義且到位的形成性評量任務，也需要評量後學童錯誤例和正確例的討論，以及不同優良作品的展示。因此，所謂有效教學可透過「教學與評量的整合」來達成，並能厚實與豐富學童的學習。本節將談談實施素養導向評量和教學整合的一些提醒：

一、實施「一單元一評量」就有學習成效

　　考量教學現場每週只有四節數學課，教師被教學進度、學校活動等追著跑，還要關注學童上課內容能否學好？雖然，一個單元中不只一個數學概念可以評量，只要有時間、有需要都可以建構反應題進行評量；但是，受限一個單元教學時間不多，能從學童練習時間抽出半節課 20 分鐘，進行評量和討論活動，就成功的跨出一大步；若能持續利用這 20 分鐘，實施每單元一建構反應題的活動，學童會因這些挑戰題、動動腦激起學習興趣，也會因有參與討論，對概念有所補強或提升。筆者常說「以小博大」，學童少做一些課本練習，換成「一單元一評量」，長期顯著會在解題能力、發表討論、概念理解上有極大的進步。

二、進行「先評量、後討論」應循序漸進

　　教師和學童嘗試接觸「先評量、後討論」20 分鐘活動時，在開始的初期、幾次經驗的中期，到很多次經驗的後期，都會感受到有明顯的改變

和進步。教師只要選用適合該單元內容的一題建構反應題，初期可能因學童答題較久，只剩一些時間進行錯誤例的討論；到中期學童較會答題，教師除能引導學童討論錯誤例外，還能討論正確例，學童上台發表的內容也較能說明清楚；到後期學童答題內容說明更清楚，教師對學童解題表現了然於心，在有限時間內，能安排四、五位學童與同儕互動，依序討論錯誤例、正確例到優良例。教師不要一開始就給自己太大的壓力，任何教學上的專業成長是逐步到位的；學童也需要多做、多體驗，有了多次學習經驗後，在團隊促動中必然有所進步。

三、數學課室討論需要同儕的參與和互動

從訊息溝通理論可知上對下的傳達只有 20% 左右，而平輩的相互溝通卻有 90% 左右；這對數學課室有很大的啟示，就是學童在數學課室的單元學習，需要在新概念或較困難的解題時，多一些同儕間參與分享、互動討論的機會。教師通常有既定的教學目標要達成，經常受限於教學時間不多，無法讓學童有機會常常討論；但在建構反應題評量後，若能讓同儕間多些分享解法、澄清說明、質疑辯證的討論機會，對他們的學習有促進的效果，也逐漸培養了數學素養的能力。筆者曾有多位研究生告知，學童很喜歡這種動腦挑戰題，除希望教師多給他們做外，也很喜歡同學們的分享，讓他們了解自己和別人解題的差別，而且聽的更清楚、更明白，也感覺自己的數學概念和發表能力都有進步。

四、了解學童的解題表現類型比計分重要

建構反應題是以答案正確、理由說明清楚歸為「2 分類型」，答案或理由有一錯誤歸為「1 分類型」，答案或理由都不正確歸為「0 分類型」；其目的是在分析學童的解題想法，對他們進行討論型態的教學回饋外，並作為教師教學反省和教學調整之用。通常會有較寬的「2 分類型」，例如：答案有 5 個，寫出 3 個就算，一般是採用嚴格的分類；有時答案問是

否正確？學童會直覺的回答正確或不正確，而理由空白或不知所云，歸為「1 分類型」可能是矇到的。教師若要放建構反應題在定期評量中計分，建議同學年教師要有評閱的共識外，也要讓學童了解分數不能完全代表程度，有時「2 分類型」的解法沒有扣到題目的內涵；當學童的解題想法扣緊題意且有推理思考時，可給予該生「2+」或「2*」特別獎勵！

五、學童解題表現討論從錯誤例到正確例

教師在建構反應題評量後，要進行學童解題表現的討論。根據教學現場的經驗，還是先處理「錯誤例」較好，這些相關數學概念錯誤或不足的學童，若是先聽到他生正確例的解法，他們馬上知道自己不正確，對哪裡有錯？哪裡沒弄清楚？哪裡沒想明白？就失去了切磋討論的機會，不但喪失改進的學習，也失去自己會進步的信心，重要的是同儕提醒或提問較無壓力。通常，典型的錯誤例處理好了，部分正確例也就差不多了，除非有特別的解題想法需要討論；接著，當然是正確例上場，讓全體學童看到有多元解法外，並可請他們評析一下，誰的解法最完整？誰的說明最清楚？誰的最簡潔有條理？藉此可協助學童提升他們的解題表現。教師若看到有高成就學童的解題錯誤，或是中、低成就學童有正確解，甚至是優良解時，一定要優先安排他們上台發表或說明。

六、學童錯誤例的發表需要多肯定和鼓勵

教師進行建構反應題「先評量、後討論」活動，從錯誤例開始是考量學童的整體學習效果。通常低成就的學童較欠缺解題、發表、學習等信心，當他們察覺到教師先討論錯誤例，就會問是否做錯才會被請上台？教師可宣告：「我是請有討論價值的解題者發表，上台說明都是很棒的。」透過同儕的指點、教師的指導，當事人一定感知到解題有錯誤；教師只要公開肯定他的認真說明、鼓勵他的學習態度外，請同學們拍手謝謝他的分享，並詢問他是否學會並知道修正？這樣正向的互動對他們是非常受用的。

七、學童正確例解題思維的三種可能狀態

親師千萬不要以爲學童的解題是「2 分類型」正確例，就覺得放心他們沒有問題了；請不要忽略筆者提過，有些只是按照解題分類歸在此類，它的答題內容沒有扣住題意內涵，只能算是正確，但不能算是到位的解法。「2 分類型」可以分爲不到位的正確例、到位的正確例、優秀的正確例三種狀態；優秀的正確例可稱爲優良例。優良例「可遇不可求」，看到在正確例中能掌握題意，並從推理、分析等數學思維來解題，親師可以請其說明解題的想法，並引導同學們多了解並學習。教師可將到位的正確例、優良例加上簡單批註，貼在「學生作品區」，讓學童多些觀摩學習的機會，創造好的班級經營氛圍；並配合班級榮譽制度，予以蓋章加分等增強，刺激學童共同追求更佳的表現。

· ·

總之，建構反應題是一種非例行性、稍高層次小型任務的評量，它的題目設計常會要求學童解釋理由，學童可用畫圖或敘寫等方式回答問題，這與回答課本習作中一般數學題目截然不同，提供了他們一個很不一樣的學習環境。而「先評量、後討論」可落實形成性評量外，也能促進學童學習；尤其公布優秀作品除了提供全體學童觀摩學習機會，一方面鼓勵高成就學童的表現、一方面延伸學習於課後，讓上課時間仍然不能完全掌握解題技巧的學童還有持續學習的管道；對於平時數學表現低成就的學童，在建構反應題的表現不一定比高成就的學童差，因此張貼其作品對於低成就的學童而言，更是一種鼓舞，能夠提高學習動機，減少對數學學習的恐懼。因此，臺北市有些國小將建構反應題融在數學核心的校訂課程，以一節課 40 分鐘進行一題的「先評量、後討論」活動，讓多一些錯誤例、部分正確例、正確例的學童能上台發表，同儕之間能有更豐富的分享和互動；教師覺得時間充裕很多，學童對此學習模式也有很好的回應，更重要的是延伸、擴展了數學的學習。

參考文獻

一、中文文獻

大考中心（2017）。**108 新課綱與素養導向命題精進方向**。取自 http://www. ceec.edu.tw。

王淵智（2021）。課室素養導向評量常見的問題與改進芻議。**臺灣教育評論月刊，10**(3)，26-29。

白玉如、黃俊儒（2023）。**110 學年三年級建構反應題解題分析與教學建議**。基隆市：基隆市國教輔導團國小數學輔導小組。

石瑩琦（2018）。**以建構反應題落實五年級數學課室形成性評量之行動研究**。國立臺北教育大學數學暨資訊教育學系碩士班，未發表碩士論文。

任宗浩（2018）。素養導向評量的界定和實踐。載於蔡清華（主編），**課程協作與實踐第二輯**（頁 75-82）。臺北：教育部中小學師資課程教學與評量協作中心。

江文慈（2007）。超越測量——評量典範轉移的探索與啟示。**教育實踐與研究，20**(1)，173-200。

吳正新（2019）。數學素養導向評量試題研發策略。**中等教育，70**(3)，11-35。

吳正新（2020）。**什麼才是適合的數學素養導向試題？**資料來自素養導向試題研發人才培訓計畫（計畫網址：https://tpwli.naer.edu.tw）。新北市：國家教育研究院。

吳正新、林裕豐、吳添寶（2022）。**素養好問題——素養導向評量研發指南**。新北市：國家教育研究院。

吳璧純（2017）。素養導向教學之學習評量。**臺灣教育評論月刊，6**(3)，30-34。

李孟柔、徐有慶、黃怡珍（2020）。**臺北市劍潭國小十二年國教課程研究專輯一：邏輯推理校定課程，低年級篇**。臺北市：臺北市劍潭國小。

李國偉、黃文璋、楊德清、劉柏宏（2013）。**教育部提升國民素養實施方案——數學素養研究計畫結案報告**。臺北市：教育部。

林旭霓、張淑芬（2017）。**國小數學領域 105 學年工作坊成果彙整**。臺北市：臺北市龍安國小。

林旭霓、盧佳霖（2018）。**國小數學領域 106 學年工作坊成果彙整**。臺北市：臺北市龍安國小。

林福來、單維彰、李源順、鄭章華（2013）。**十二年國民基本教育領域綱要內容前導研究整合型研究之子計畫三：十二年國民基本教育數學領域綱要內容之前導研究研究報告**。新北市：國家教育研究院。

林曉婷（2016）。**以建構反應題進行三年級數學課室評量之行動研究**。國立臺北教育大學數學暨資訊教育學系碩士班，未發表碩士論文。

胡詩菁（2015）。**以建構反應題進行四年級數學課室評量促進教學反思之行動研究**。國立臺北教育大學數學暨資訊教育學系碩士班，未發表碩士論文。

胡詩菁、鍾靜（2015）。數學課室中應用建構反應題進行形成性評量之研究。**臺灣數學教師，36**(2)，26-48。

國中教育會考網頁 https://cap.rcpet.edu.tw/examination.html

國家教育研究院（2020）。**素養導向試題研發人才培訓計畫（第一期）：數學科試題研發成果**。新北市：國家教育研究院。

國家教育研究院（2021）。**素養導向試題研發人才培訓計畫（第二期）：數學科試題研發成果**。新北市：國家教育研究院。

基隆市國小數學輔導團網頁 https://king.kl.edu.tw/13

張鎮華（2017.5.30）。數學學科知識也是數學素養（數學素養系列之3）。高中**數學學科中心電子報**，第 122 期。

教育部（2004）。**國民中小學九年一貫課程學習成就評量指標與方法手冊**。臺北市：教育部。

教育部（2014）。**十二年國民基本教育課程綱要**。臺北市：教育部。

教育部（2018）。**十二年國民基本教育課程綱要國民中小學暨普通型高級中學：數學領域**。臺北市：教育部。

教育部（2019）。**國民小學及國民中學學生成績評量準則**（民國 108 年 6 月 28 日修正）。臺北市：教育部。

郭生玉（1999）。**心理與教育測驗**。臺北市：精華。

陳俐文（2021）。**以建構反應題探討國小學童整數運算之表現**。國立臺北教育大學數學暨資訊教育學系碩士班，未發表碩士論文。

陳滄智主編（2019）。**建構反應題解析與課室融入之應用**。臺北市：臺北市國教輔導團國小數學輔導小組。

新北市國民教育輔導團網頁 https://ceag.ntpc.edu.tw/p/412-1007-608.php?Lang＝zh-tw

楊美伶主編（2011）。**數學建構反應題與學生解題表現分析**。臺北市：臺北市

福德國小。

楊美伶主編（2014）。**學生數學解題思維探究──建構反應題解題分析（上）**。臺北市：臺北市政府教育局。

楊美伶主編 (2014)。**學生數學解題思維探究──建構反應題解題分析（下）**。臺北市：臺北市政府教育局。

溫世展（2022）。國小素養導向評量命題設計原則──以建構反應題為例。載於新北市國教輔導團國小數學輔導小組（2022），**國小數學素養導向評量與設計**（頁 6-12）。新北：國小數學輔導小組。

甄曉蘭（2008）。促進學習的課堂評量──概念分析與實施策略。**中等教育，59**(2)，92-109。

臺北市國民小學基本學力檢測網頁 http://tebca.tp.edu.tw/downloads.html

鄭章華（2018）。十二年國教素養導向評量。國家教育研究院研習。取自 http://www.fyjh.ntpc.edu.tw

盧雪梅（2009.3.17）。**評量工具箱**。取自 http://web.cc.ntnu.edu.tw/~smlu/toolbox.doc

謝豐瑞（2016.3）。數學科有約──國中教育會考數學科非選擇題評分精神與實務。**飛揚雙月刊，96**。取自 http://cap.ntnu.edu.tw/fly/105/1059602.html/

鍾靜（2016）。「建構反應題」命題及運用原則。臺北市國小數學輔導團命題種子研習講義。

鍾靜（2017）。以建構反應題落實數學課室形成性評量。載於鍾靜（主編），**建構反應題在國小數學課室形成性評量之運用**（頁 1-13）。臺北市：國立臺北教育大學。

鍾靜、石玫芳、林心怡、白玉如（2022）。**數學素養導向評量──北北基國小學力檢測之建構反應題、非選題彙編**。新北市：新北市國教輔導團國小數學輔導小組。

鍾靜主編（2014）。**數學課室形成性評量的理論與實踐**。臺北市：國立臺北教育大學。

鍾靜主編（2017）。**建構反應題在國小數學課室形成性評量之運用**。臺北市：國立臺北教育大學。

鍾靜指導（2019）。**建構反應題融入數學領域素養教學活動設計**。臺北市：臺北市國小數學輔導團。

鍾靜指導（2022）。**國小數學素養導向評量與設計**。新北市：新北市國教輔導

團國小數學輔導小組。

鍾靜指導（2023）。**新北市 110 學年度國小數學領域非選擇題命題種子教師工作坊試題設計彙編**。新北市：新北市國教輔導團國小數學輔導小組。

鍾靜、陸育任（2014a）。以形成性評量為主體的課室評量新趨勢。載於鍾靜主編（2014），**數學課室形成性評量的理論與實踐**。臺北市：國立臺北教育大學。

鍾靜、陸育任（2014b）。以數學課室形成性評量為主體之專業對話與成長。載於鍾靜主編（2014），**數學課室形成性評量的理論與實踐**。臺北市：國立臺北教育大學。

二、英文文獻

Anderson, A. (1993). Assessment: A means to empower children? In N. Webb, & A. Coxford (Eds.), *Assessment in the Mathematics Classroom, 1993 Yearbook* (pp. 103-110). Reston, VA: National Council of Teachers of Mathematics.

Bell, B., & Cowie, B. (2001). Teacher development for formative assessment. *Waikato Journal of Education, 7*, 37-49.

Black, P., & William, D. (1998). *Inside the black box: Raising standards through classroom assessment.* London: School of Education, King's College London.

Brookhart, S. M. (2007). Expanding views about formative classroom assessment: A review of the literature. In J. H. McMillan (Ed.), *Formative classroom assessment: Research, theory and practice* (pp.43-62). New York, NY: Teachers College Press.

Cifarelli, V. V., & Cai, J. (2005). The evolution of mathematical explorations in open-ended problem solving situations. *Journal of Mathematical Behavior, 24*, 302-324.

Cowie, B., & Bell, B. (1996). Validity and formative assessment in the science classroom. Invited keynote paper to Symposium on *Validity in Educational Assessment* (pp.28-30, June). Dunedin, New Zealand.

Cowie, B., & Bell, B. (1999). A model of formative assessment in science education. *Assessment in Education: Principles, Policy & Practice, 6*(1), 101-116.

Earl, L. M. (2006). *Rethinking classroom assessment with purpose in mind.*

Manitoba Education, Citizenship and Youth.

Earl, L. M. (2013). *Assessment as learning: Using Classroom assessment to maximize student learning* (2nd ed.). Thousand Oaks, CA: Corwin Press.

Fennell, F., Kobett, B., & Wray, J. (2017). Formative Assessment: Monitoring Your Classroom Canvas with The Formative Five. Highlighted and invited speaker in *NCTM 2017 annual meeting and exposition.* San Antonio, USA.

Ginsburg, H. P. (2009). The challenge of formative assessment in mathematics education: Children's Minds, Teachers' Minds. *Human Development, 52*(2), 109-128.

Henningsen, M., & Stein, M. K. (1997). Mathematical tasks and student cognition: Classroom-based factors that support and inhabit high-level mathematical thinking and reasoning. *Journal for Research in Mathematics Education, 28*(5), 524-549.

Heritage, M. (2007). Formative assessment: What do teachers need to know and do? *Phi Delta Kappan, 89*(2), 140-145.

Hodgen, J., & Wiliam, D. (2006). *Mathematics inside the black box: Assessment for learning in the mathematics classroom.* London: Granada Learning Assessment Limited.

Kilpatrick, J. Swafford, J., & Findell, B. (Eds). (2001). The Strands of Mathematical Proficlency. *Adding it up: Helping children learn mathematics* (pp.115-155). Nation Academies Press.

Kwon, O. N., Park, J. S., & Park, J. H. (2006). Cultivating divergent thinking in mathematics through an open-ended approach. *Asia Pacific Educational Review, 7*(1), 51-61.

Linn, R. L., & Gronlund, N. E. (2000). *Measurement and assessment in teaching* (8th ed). Upper Saddle River, NJ: Pearson Education Ltd.

McMillan, J. H. (2007). *Formative classroom assessment: theory into practice.* Teachers College, Columbia University.

McMillan, J. H. (2011). Reporting and discussing effect size: Still the road less traveled? *Practical Assessment, Research & Evaluation, 16*(4). http://pareonline.net

Moss, C. M., & Brookhart, S. M. (2009). *Advancing formative assessment in every* classroom: A guide for instructional leaders. Alexandria, VA: Association for Supervision & Curriculum.

Munter, C. (2014). Developing visions of high-quality mathematics instruction. Journal for Research in Mathematics Education, 45(5), 584-635.

National Council of Teachers of Mathematics (1989). Curriculum and evaluation on standards for school mathematics. Reston, VA: NCTM.

National Council of Teachers of Mathematics (1995). Assessment Standards for School Mathematics. Reston, VA: NCTM.

National Council of Teachers of Mathematics (2000). Principles and standards for school mathematics. Reston, VA: NCTM.

National Council of Teachers of Mathematics (2013). Formative assessment. Retrieved 29 May 2013, from http://www.nctm.org/Standards-and-Positions/Position-Statements/Formative-Assessment/

OECD (2018). PISA 2021 Mathematics Framework (Draft). Retrieved from https://pisa2021maths.oecd.org/files/PISA%202021%20Mathematics%20Framework%20Draft.pdf

Popham, W. J. (2003). Constructed-response items. Test Better, Teach Better (pp.86-105). Alexandria, VA: Association for Supervision and Curriculum Development.

Popham, W. J. (2008). Transformative assessment. Alexandria, VA: Association for Supervision & Curriculum Development.

Remillard, J. T., & Bryans, M. B. (2004). Teachers' orientations toward mathematics curriculum materials: Implications for teacher learning. Journal of Research in Mathematics Education 35(5), 352-388.

Schoenfeld, A. (2016). Creating classrooms that produce powerful mathematical thinkers. 2016 The Eighth International Conference on Technology and Mathematics Education and Workshop of Mathematics Teaching. Taiwan: Taichung.

Shepard, L. A. (2000). The role of classroom assessment in teaching and learning. Los Angeles: National Center for Research on Evaluation, Standards, and Student Testing.

Stein, M. K., & Smith, M. S. (1998). Mathematical tasks as a framework for reflection. *Mathematics Teaching in the Middle School, 3*, 268-275.

Stein, M. K., Grover, B. W., & Henningsen, M. (1996). Building student capacity for mathematical thinking and reasoning: An analysis of mathematical tasks used in reform classrooms. *American Educational Research Journal, 33*, 455-488.

Stiggins, R. J. (2001). The unfulfilled promise of classroom assessment. *Educational Measurement: Issues and Practice, 20*(3), 5-15.

Stiggins, R. J. (2010). Essential formative assessment competencies for teachers and school leaders. In H. L. Andrade & G. J. Cizek (Eds.), *Handbook of Formative Assessment* (pp. 233-250). New York: Routledge.

Stiggins. R. J. (2002). Assessment crisis: The absence of assessment for learning. *Phi Delta Kappan, 83*(10), 58-65.

Tankersley, K. (2007). Constructed response: Connecting performance and assessment. *Tests That Teach.* 5-20. [electronic resource] Alexandria, VA: Association for Supervision and Curriculum Development.

Tayler, R. W. (1949). *Basic principle of curriculum and instruction.* Chicago: University of Chicago press.

Webb, D. C. (2009). Designing professional development for assessment. *Educational Designer, 1*(2). Retrieved from http://www.educationaldesigner. org/ed/volume1/issue2/article6/

Wilson, M. (2009). Assessment for Learning and for Accountability. Paper presented at *the Exploratory Seminar: Measurement challenges within the race-to-the-top agenda.* http://www.k-12center.org/rsc/pdf/WilsonPresenterSession4.pdf

國家圖書館出版品預行編目資料

鍾靜談教與學. 二：數學素養導向評量設計實
務／鍾靜著. ——初版. ——臺北市：五南
圖書出版股份有限公司, 2024.02
面；　公分
ISBN 978-626-366-926-0 (平裝)

1.CST: 數學教育　2.CST: 教學設計　3.CST:
小學教學

523.3207　　　　　　　　112022008

117Y

鍾靜談教與學(二)
數學素養導向評量設計實務

作　　者 ─ 鍾　靜

發 行 人 ─ 楊榮川

總 經 理 ─ 楊士清

總 編 輯 ─ 楊秀麗

副總編輯 ─ 黃文瓊

責任編輯 ─ 黃淑真、李敏華

封面設計 ─ 封怡彤

出 版 者 ─ 五南圖書出版股份有限公司

地　　址：106臺北市大安區和平東路二段339號4樓

電　　話：(02)2705-5066　　傳　　真：(02)2706-6100

網　　址：https://www.wunan.com.tw

電子郵件：wunan@wunan.com.tw

劃撥帳號：01068953

戶　　名：五南圖書出版股份有限公司

法律顧問　林勝安律師

出版日期　2024年2月初版一刷

定　　價　新臺幣450元

◎本書所引用教科書頁面的案例、圖片，經翰林出版事業
　股份有限公司授權使用。

經典永恆・名著常在

五十週年的獻禮——經典名著文庫

五南，五十年了，半個世紀，人生旅程的一大半，走過來了。

思索著，邁向百年的未來歷程，能為知識界、文化學術界作些什麼？

在速食文化的生態下，有什麼值得讓人雋永品味的？

歷代經典・當今名著，經過時間的洗禮，千錘百鍊，流傳至今，光芒耀人；

不僅使我們能領悟前人的智慧，同時也增深加廣我們思考的深度與視野。

我們決心投入巨資，有計畫的系統梳選，成立「經典名著文庫」，

希望收入古今中外思想性的、充滿睿智與獨見的經典、名著。

這是一項理想性的、永續性的巨大出版工程。

不在意讀者的眾寡，只考慮它的學術價值，力求完整展現先哲思想的軌跡；

為知識界開啟一片智慧之窗，營造一座百花綻放的世界文明公園，

任君遨遊、取菁吸蜜、嘉惠學子！